国家社会科学基金项目"聚类分析视角的多层次CPI指
（项目编号：14BTJ023）

多层次CPI构建研究

Research on Multi-level CPI
Construction

黄秀海　滕清秀　著

中国财经出版传媒集团

经济科学出版社
Economic Science Press

图书在版编目（CIP）数据

多层次 CPI 构建研究／黄秀海，滕清秀著.
—北京：经济科学出版社，2019.2
ISBN 978 – 7 – 5218 – 0459 – 1

Ⅰ.①多…　Ⅱ.①黄…　②滕…　Ⅲ.①消费品
价格指数 – 研究 – 中国　Ⅳ.①F726.2

中国版本图书馆 CIP 数据核字（2019）第 071188 号

责任编辑：凌　健
责任校对：蒋子明
责任印制：邱　天

多层次 CPI 构建研究
黄秀海　滕清秀　著
经济科学出版社出版、发行　新华书店经销
社址：北京市海淀区阜成路甲 28 号　邮编：100142
总编部电话：010 – 88191217　发行部电话：010 – 88191522
网址：www. esp. com. cn
电子邮件：esp@ esp. com. cn
天猫网店：经济科学出版社旗舰店
网址：http：//jjkxcbs. tmall. com
固安华明印业有限公司印装
787 × 1092　16 开　17 印张　340000 字
2019 年 4 月第 1 版　2019 年 4 月第 1 次印刷
ISBN 978 – 7 – 5218 – 0459 – 1　定价：68.00 元
（图书出现印装问题，本社负责调换。电话：010 – 88191510）
（版权所有　侵权必究　打击盗版　举报热线：010 – 88191661
QQ：2242791300　营销中心电话：010 – 88191537
电子邮箱：dbts@ esp. com. cn）

前　言

本书是作者2014年主持的国家社科基金项目的直接成果，主要研究中国目前CPI存在的问题及多层次CPI编制问题。CPI是世界各国重要的基础性经济指标，是社会各方长期关注的焦点，但是中国CPI准确性饱受外界质疑，消费者对它的感受是异质的，那么如何解决这一问题，提高我国CPI的准确性，是学术界急需研究的基础问题。针对这一现象，经过长期仔细的思考，作者认为中国居民生活的分层现象严重，用单一的CPI未能充分反映各阶层生活商品的价格变化情况，应该根据各消费群体的消费结构差异性，编制相对应的多层次CPI，准确反映各阶层居民消费商品价格变化情况。根据文献检索的结果可知，这一问题的相关研究尚处起步阶段。在这样的背景下，根据客观分层、编制多层次CPI的思想，作者申报并立项了2014年的国家社科基金项目。

相比较其他文献成果，本书对多层次CPI编制研究的突出贡献在于：第一，根据学术界居民CPI异质性感受的文献成果，本书从统计角度实证分析了我国CPI单一性情况。第二，根据抽样调查数据，运用聚类分析客观分层结果，测度居民的消费结构、多维度自由探索与编制了分层CPI。第三，为了佐证居民多层次CPI的成果，本书同时基于层次分析法（AHP），多视角比较分析了居民的消费结构，并编制了对应的多层次CPI，更加丰富了本书研究成果。

本书研究内容属于统计学基础研究，"系统性、原创性"是它的最大特色。本书从"研究设想—抽样调查—数据处理及分析—实证结论—政策建议"等进行一系列研究，是一个完整的统计工作过程。同时，运用抽样调查数据，多维度自由探索多层次CPI编制问题尚属首次。本书内容对从事统计基础研究、统计实务工作者及相关政府管理部门来说，具有一定的参考价值，对于想要系统学习CPI相关问题的学者来说，也可以作为一本不错的参考书。

作者

2018年12月9日于杭州

目　　录

第一章　导　论

第一节　消费者价格指数起源及作用

一、消费者价格指数起源与发展

消费者价格指数（Consumer Price Index，CPI）是研究居民消费商品与服务价格在一段时间内变化情况的相对数。统计史学家一般认为正式对经济生活中的价格指数进行研究始于欧洲 17 世纪中叶，1650 年，英国著名学者沃根（Voughan）出版了一部专著《货币铸造论》，在该书中沃根以当时的简单生活用品，如鱼类、谷物、棉花、布匹与蔬菜等作为考察的篮子商品，考察这些商品从 1352～1650 年的价格变动情况并进行了比较分析，编制了简单的对比相对数，沃根当时的目的是借以考察这个时期内金融货币内在价值的变动情况，这是学术界公认的价格指数的起源。

随后，受到沃根指数理论的启示，各国专家学者纷纷对价格指数进行了研究，文献成果主要集中在两个方面：一是早期初级价格指数的研究成果。影响比较大的有三个，首先，法国经济学家杜托（Dutot）于 1738 年对法国路易十四时期的商品价格编制了初级价格指数并且做了比较分析说明，提出了著名的 Dutot 指数。它是运用两个时期商品简单平均价格进行对比，该指数含义明确、逻辑简单，一定程度上对当时商品价格变动情况进行了描述，具有里程碑的历史作用。其次，是意大利经济学家卡利（Carli）对初级价格指数的贡献，他提出了 Carli 价格指数，该指数对两个时期商品初级价格指数进行简单算术平均得到。1764 年他在其专著《铸币金融的价值与比例》一书中，利用酒、谷物、油三类产品对它们在 1500～1750 年的价格变动情况进行了比较分析。Carli 指数与 Dutot 指数具有一定的区别，但都在一定程度上说明了商品价格变动情况。最后，是英国经济学家杰文斯（Jevons）在其专著《1782 年以来的价格波动与通货膨胀》一书中提出的 Jevons 指数，它是求两个时期商品价格变动的简单几何平均数。由于几何平均数具有数学上稳健的性质，因此 Jevons 指数迅速为大家所接受。杰文斯对英国 1782～1865 年的商品价格变动情况编制了 Jevons 指数，对当时的商品价格情况进行了深入分析。这三个初级价格指数影响广泛，至今仍为各国学术界与统计实践工作者普遍接受。

二是高级价格指数的研究成果。由于早期经济结构相对简单，经济规模小，人们的日常生活用品与服务项目种类少，消费结构相对简单。但是，随着生产力的飞速发展，特别是新技术、新工艺推动的工业革命，使得社会经济的产业结构日益复杂，社会分工更加严密，人们生活消费品与服务种类繁多，理论上要对居民所有的日常生活产品与服务价格变动情况进行计量，仅靠初级价格指数显得太过简单。于是各种高级指数模型应运而生。主要有 Lowe 指数、Young 指数、Laspeyres 指数、Paasche 指数、Fisher 指数、Konüs 指数、Divisia 指数、Diewert 指数及 Marshall-Edgeworth 指数等。

1864 年德国经济学家拉斯佩尔（Laspeyres）在 Lowe 指数基础上，提出了著名的价格综合指数——拉氏指数（Laspeyres Index），他主张利用基期数量指标作为同度量因素，对居民生活的各种消费品与服务价格进行综合与对比分析。在实践中，由于该模型含义明确、操作简单、滞后的权重设置节省了较大的 CPI 编制工作量，因此迅速为大家所认同与接受。派氏指数（Paasche Index）是德国经济学家帕舍（Paasche）于 1874 年提出的，他主张使用报告期的数量指标作为同度量因素对居民生活消费品与服务价格进行综合与对比，也比较好地说明了商品价格变化特征，它不仅能够描述居民消费商品在报告期的价格变化情况，还能够说明在报告期由于商品价格的变化居民实际消费支出额发生的变化情况。但是，派氏指数在实际运用中存在的问题也很明显，因为它要求使用报告期的数量指标测度商品价格变化情况，这无疑大大增加了统计实践工作量，因而它在实际运用受到了一定限制。

1887 年，英国经济学家马歇尔（Marshall）提出以基期与报告期数量指标的平均数作为同度量因素构建价格综合指数的思路，这一想法又被英国统计学家艾奇沃斯（Edgeworth）所推广，后人将这一公式及思想统称为马歇尔－艾奇沃斯（Marshall-Edgeworth）公式。虽然从数学角度看此公式似乎不偏不倚，但它失去了 Laspeyres 指数与 Paasche 指数应有的经济意义而为大家所质疑。费歇尔（Fisher）为美国统计学家，他于 1911 年提出了 Fisher 指数公式，即交叉计算指数的公式，求 Paasche 指数与 Laspeyres 指数的几何平均，他在其代表作《指数的编制》一书中提出一套优良的指数检验标准，核心检验标准有三个：时间互换测验、因子互换测验与循环互换测验。Fisher 指数均通过了这些指数检验标准，因而它又往往被称为"理想指数"。但是，Fisher 指数由于缺乏明确的经济意义、计算困难且所需要数据资料巨大等缺点在实践中并不实用。1924 年，俄罗斯（苏联）经济学家柯拉氏（Konüs），首次从经济理论方面提出构建价格指数模型的思路，提出了居民为了保持一定的效用水平的生活费用指数，这一理论为美国、荷兰等少数国家接受。法国经济学家蒂文森（Divisia）1926 年则将商品数量与价格变化视为连续变量，通过引入积分的方法开发了 Divisia 价格指数及物量指数，该指数在金融领域、生产率测定等方面应用广泛。加拿大哥伦比亚大学教授迪韦尔特（Diewert）1974 年对指数理论研究比较深入，突出表现在对指数方法的系统分析、高级指数等概念体系方面。

指数理论是统计学与经济学之间的一门交叉科学。美国统计学家查多克（Chaddock）、洛维特（Lovitt）与霍尔泰洛（Holtaelaw）都认为"指数理论是统计学最杰出的理论"[①]。美国经济学家朗纳（Ragnar）也认为"价格指数是经济学的伟大发明之一"[②]。著名的计量经济学家奥斯卡（Oskar）认为"价格指数的构造与编制既是一个技术问题，也是一个经济理论问题"[③]。

虽然，指数理论经过长期发展，取得了丰硕成果，但是，价格指数的研究也远没有我们想象得那么完善。几百年来，无数的统计学家与经济学家在指数理论与方法方面展开了不懈的努力与探索，但是仍然存在着许多尚未解决的问题，没有充分满足我们经济政策决策与统计实践工作的需要。因此，如何开发出更加适应现实需要的指数理论方法，解决我们关心的现实问题，仍然是统计学家、经济学家及世界各国统计工作者需要努力探索的问题。

二、CPI 作用

在市场经济环境下，商品价格广泛地影响着我们每一个人的生活，那么作为描述商品价格变动情况的 CPI 自然受到了多方关注，有着极为广泛应用。CPI 的主要作用有以下几点。

（一）指数化

对各种货币收入进行指数化处理是编制 CPI 的主要目的。指数化的含义就是我们按照某个价格指数的实际变动情况，对等地按照一定的比例减少或者增加某些特定的资产存量或者付款额的货币数量。现在很多的西方国家，对社会保障、福利性质的应付款项做指数化处理是相当普遍的做法。指数化处理措施还广泛应用在职工工资、利息、租金、税收等货币流量方面，当然也可同样用于某些特定的货币负债与资产的资

---

① 高庆丰：《欧美统计学史》，中国统计出版社 1987 年版。

② Frisch, Ragnar, 1936, Annual Survey of General Economic Theory: The Problem of Index Numbers, *Econometric*, Vol. 4, No. 1, pp. 1 – 38.

③ Morgenstern, Oskar, 1965, *On the Accuracy of Economic Observation*, Princeton：Princeton University Press.

本价值。这些指数化处理的根本目的就是为了保持相关收入对一些参照商品与服务的购买力，换言之，就是维持占有这些收入的相关人员的生活福利与水平保持不变。

从指数的应用方面我们同时可以了解到 CPI 编制方面的一些区别。例如，就工资指数化而言，如果将编制 CPI 作为对职工工资作指数化处理的主要原因时，那么，它同时也就明确地表明了 CPI 覆盖范围应该只局限于那些特定类型的商品、住户与服务。那么，很多别的商品与服务就可能因为某种政治因素的原因而被排除在外，就是因为它们相对于 CPI 来说，显得不必要或者不合适。这种思想同样可能导致编制 CPI 时被迫剔除那些诸如假期、烟草、赌博或者酒精方面的消费支出。当然，另一种可能解决的方法就是对经济生活中不同的住户类型，我们可以分别编制相对应的 CPI。例如，某种类型的 CPI 范围可能涵盖以社会保障养老金作为主要的生活收入来源的住户购买的商品篮子。一旦我们决定这样做的时候，就决定了必须将某些奢侈品或不适当支出费用排除在外，理由是在这些项目方面的消费支出与以社会保障养老金为主要收入来源的资金目的冲突。

另外，当我们对工资或者社会保障福利等货币收入流量作指数化处理时，涉及另一个重要因素就是选择恰当的价格指数。目前，国际上使用广泛的 CPI 有生活费用指数与固定篮子价格指数。编制这些价格指数模型使用的是 Laspeyres 指数模型与 Paasche 指数模型，Laspeyres 指数编制中权数采用的是基期数据，而 Paasche 指数权数则是采用报告期数据。国际上广泛采用"固定篮子"编制 CPI，而美国、荷兰等少数国家则编制生活费用指数。生活费用指数理论上可以比较两个时期可能不完全相同的篮子商品与服务，但是这两个时期的篮子商品给消费者带来的效用却是相同的。

采用 Laspeyres 指数公式编制 CPI 时，可能会发生对货币流量收入者较多的生活成本补偿。从理论上讲，指数化处理的本意是：根据基期篮子商品成本的变化，适当按比例的增加收入，以便确保取得收入的人们可以继续享受过去同样的消费篮子商品（前提条件是他们的消费习惯与偏好保持不变），消费者至少可以享受到与以前一样的福利水平。但是，现实情况可能存在这样的情形，在商品价格发生变化的情况下，人们往往通过调整他们的支出类型、改变消费模式，以应对其购买的商品与服务等篮子商品相对价格的变化，保持或者改善其生活福利水平，这是典型的商品替代效应。他们很有可能主动使用那些价格变得相对便宜的商品与服务项目替代那些价格相对较贵的商品与服务。另外，随着新产品的不断涌现，他们也可能通过购买新商品增加他们的效用，而这些商品是在前期市场上还不曾出现的商品。新商品由于没有前期参考价格，所以当这些新商品出现时，通过购买新商品，理论上一般会降低生活费用指数，而此时如果我们仍然按照其他商品价格对人们的货币收入流量进行等比例调整，有可能出现对人们生活过多补偿现象。

（二）国民经济核算

实践中，当发生了明显的通货膨胀情况，我们需要对各种名义统计指标进行核算，运用 CPI 进行缩减与折算，测度统计指标的实际变动情况。理论上，要求编制 CPI 时收集到的价格数据资料与居民消费支出的实际数据保持一致性。这主要是指这两套数据，必须覆盖相同范围的商品与服务，并且还要求它们对商品与服务的界定方法与分类是一样的。但在实践中，可能因为价格指数与住户消费支出序列数据的采集，往往是由不同的统计机构收集编制而会出现一些偏差。

CPI 的覆盖范围有时并不一定要与国民账户住户的消费支出数据范围一致。CPI 往往是以一些特定的住户消费情况作为研究对象。理论上，核算缩减消费支出的价格指数范围可能要宽广一些，同时还必须包括 CPI 中那些没有包含的其他一些额外商品与服务。但是，实践中这种要求可能不太容易做到，因为价格数据的收集流程本身就是以 CPI 为出发点。同时，即使我们拥有需要的所有基本价格数据资料，但仍然存在着运用于缩减目的价格指数使用的公式或类型不同而与 CPI 存在差异。

对国民账户估计值进行缩减，一般要求编制准确、定义合理的价格指数数据，该价格指数一般不同于 CPI，但是编制的原始数据可能来源于相同的价格数据库。它们之间的差别不仅体现在编制数据覆盖的范围方面，还有指数公式、权数、编制频率、覆盖的时间长度等。由于它们衡量的对象不同，指数的变化异于 CPI。尽管编制的本意主要是用来缩减消费支出数据，但是它们却提供了居民消费品价格变动方面更多的信息，是一个很重要的补充指数，有助于我们全面了解社会商品与服务价格变动情况，补充与增加 CPI 的信息。同时，CPI 本身的设计并不是主要用作缩减指数。

但是，当经济生活中发生持续性的通货膨胀情况下，我们需要将 CPI 用于核算目的。主要对现行购买力账户、现行成本进行核算，原则上，用于资产初始购买价格调整的价格指数应该就是与这些资产密切相关的具体价格指数。但是，如果不具备这样的指数时，我们就使用 CPI 来替代。

（三）CPI 其他作用

1. CPI 与通货膨胀目标

理论上，CPI 作为广义通货膨胀率的替代指标明显具有一些局限性，但尽管这样，它仍然被中央银行与政府用于制定通货膨胀目标的理想指标，其中的主要原因就是实际中还没有哪个指标相对于 CPI 来说更加适宜这一任务的要求。同时，由于它经常被媒体和公众理解为通货膨胀的判断指标，无形中使得这一指标的运用逐渐固定成了习惯，尽管学术界、中央银行与政府意识到 CPI 有时并不是测度广义通货膨胀率的理想指标。

虽然，CPI一般并不直接用于衡量通货膨胀情况，但如果是住户的消费支出在社会最终总支出占比很大，人们一般就认为CPI走势情况与那些所谓的更广义的指标高度相关，根据CPI就能够基本上判定广义通货膨胀情况。由于CPI发布的周期很短、更新及时，它很好地提供了社会通货膨胀是否加速及减速情况、提供了通货膨胀率是否具有任何拐点等参考指标情况。即使我们运用CPI估计广义通货膨胀率时导致了系统性低估或高估情况，这样的参考信息也非常有价值。

2. CPI与通货膨胀国际比较

CPI还常常被用来进行通货膨胀率的国际比较。这方面，欧盟提供了它被用于该目的的一个重要事例。当时，为判断20世纪90年代中期欧洲货币联盟形成之前各成员国通货膨胀率的趋同程度，欧盟决定在《马斯特里赫特条约》中采用CPI。尽管CPI衡量消费品价格上涨的情况，而不衡量广义的通货膨胀，但是，可以用它来评估通货膨胀的趋同情况。CPI的趋同情况可能与广义通货膨胀的趋同情况高度相关，因此，使用特定而非广义的通货膨胀指标，可能会得出关于趋同程度以及哪些国家最偏离平均值的相同结论。

三、关于CPI独立性与信誉

因为CPI十分重要，为社会各界广泛关注，因此，CPI的变化情况对社会的经济、金融状况具有巨大的影响作用。CPI能够直接影响税收收入、利息支付、政府人员的工资状况和社会保障性货币支出，显然，光是对政府的影响就十分庞大。

特别是每当涉及财务利益时，总会存在着政治的与非政治的各种压力，各种利益集团皆试图对CPI的编制方法等各环节施加影响。理论上讲，一切统计指标包括CPI，应尽可能避免这些因素的干扰与影响，保持统计指标的客观性与真实性。为此，现在一些西方国家成立了咨询委员会，其根本任务就是确保经济政策与统计指标的独立性，以确保像CPI等指标免受外部干扰，维护统计指标的信誉。例如，美国就对CPI指标编制的数据来源、核算方法、汇总模型、计算结果等详细信息公布在美国劳工组织（Bureau of Labor Statistics，BLS）网站上，接受社会各方咨询与监督。

第二节　国内外CPI研究现状

一、CPI理论体系

CPI编制理论是统筹CPI编制整个过程的指导思想。目前相关的理论基础公认有两个：一个是固定篮子指数理论；另一个是生活费用指数理论（Cost of Living Index，COLI）（徐强，2006）。固定篮子指数是测度两个对比时期固定篮子商品与服务价格变动情况的相对数，生活费用指数是测度居民在两个对比时期为了某种固定效应（福利、生活标准等）所需要的最低支出的比例。

许涤龙、谢敏（2008）认为应该将欧盟根据通货膨胀理论测度的消费者价格调和指数（Harmonized Index of Consumer Prices，HICP），作为第三种 CPI 编制理论体系。HICP 又包含货币同盟消费者价格指数（Monetary Union Consumer Price Index，MUICP）、欧洲消费者价格指数（European Consumer Price index，EICP）和各国各自独立的 CPI。根据徐强（2006）的研究，HICP 的主要作用是满足对欧元区各国的通货膨胀情况便于国际比较的需要而专门研发的，主要目的是据此评估欧元区各国货币政策方面的稳定情况与商品及服务价格趋同状况。因此，欧元区成员国在独立编制各自本国的 CPI 外，还需要编制 HICP，主要用于监测各个国家的通货膨胀情况。显然，从 HICP 指数的作用与定位来看，将 HICP 作为一种独立的 CPI 理论体系待斟酌。

二、CPI 编制模型及检验标准

学术界对 CPI 编制模型研究有近 200 多年的历史，取得了许多很有价值的研究成果。CPI 编制模型主要分为两类：一类是初级价格指数模型，主要有 Carli 模型、Dotut 模型、Jevons 模型，这些模型主要用于规格品初级价格指数的计算；另一类是高级指数模型，主要有 Lowe 指数、Young 指数、Laspeyres 指数、Paasche 指数、Fisher 指数、Marshall-Edgeworth 指数、Törnqvist 指数、Walsh 指数等（Carsten，2006）。这些指数是对各分类指数进行汇总编制，计算最终的 CPI。

不管是初级价格指数模型，还是高级指数模型，部分学者认为它们应该具有一些优良的数学性质，用于评判各种指数模型或公式的好坏，于是各种检验方法应运而生。这些检验方法总的来讲分为两类：一类是公理性检验法则，主要是指数公式或者模型必须满足一些基本的、公理性要求；另一类是随机检验法，构建思想是将价格指数作为总体参数来对待，通过随机抽样的方法，运用抽选的个体指数来估计总指数。在这方面贡献突出的主要有沃西（Walsh）、费歇尔、迪韦尔特等。沃西（1901、1921）提出了许多影响深远的检验方法，如恒定数量检验法则、多期恒定性检验法则等。美国统计学家费歇尔（1911、1922），他于 1922 年在其专著《指数的编制》一书中，首次系统地概括与提出了 8 个指数模型的检验方法。迪韦尔特（1992）从指数构建角度，提出了 21 个检验法则。他们运用各自的检验方法对一些指数模型做了检验与评判，结果均证明了自己检验法则的合理性与科学性。

三、CPI 权重

（一）CPI 权重及对 CPI 影响

路易吉（Luigi）和劳拉（Laura）研究发现对于不同的住户来说，不同的消费模式导致了他们不同的消费结构差异，不同的消费结构群体对 CPI 的感受情况是异质的，特别是对于那些低收入群体来说需要专门编制特定的 CPI 予以考虑，他们运用样本数据检验了他们思想的正确性。目前，不同收入群体的权重差异性及他们对 CPI 的感受异质性文献成果很多（Amble，1994；Biggeri and Giommi，1987）。

马克（Marc，2004）运用加拿大居民支出数据，着重研究了 1991~1995 年、1996~2000 年居民生活商品指数及分类指数的变化情况，他发现在"外套和夹克"这一项目上，女人在 1996 年、2001 年的实际权重分别为 2.27%、1.49%，男人在这两年的权重分别为 1.47%、1.15%，小孩在"外衣"这一项目上 1996 年、2001 年权重分别为 0.45%、0.38%。这些权重与政府当年使用及发布的对应项目权重存在着显著性差异，这影响了 CPI 的准确性。

肯尼斯（Kenneth，2008）认为 CPI 指标是一个平均指标，测度的是所有群体物价变化的一般情况，他运用美国 1982 年 12 月~2007 年 12 月的数据，专门研究了 62 岁及以上群体的物价指数（CPI-E），他发现由于医疗费与庇护所费用上涨比较大、支出比较多，这方面老年人权重大，结果导致 CPI-E 指数比 CPI-U（CPI for All Urban Consumers，CPI-U）、CPI-W（CPI for Urban Wage Earners and Clerical Workers，CPI-W）指数都大，比此期间的通货膨胀率都高。

因此，正确测度权重对于编制准确的 CPI、降低 CPI 偏差具有重要意义。首先提出权重对 CPI 偏差（Weighting Bias）影响概念的是戴维（David）和杰米里（Jemery，2003），他们指出当权重本身存在偏差时，对 CPI 引起的偏差比较明显。卡斯滕（Carsten，2006）研究发现目前世界各国普遍编制的是链式 Laspeyres 指数，这个指数本质上是一个算术平均数，使用的是根据消费者在过去一段时期内的消费支出数据计算的权重，这样计算出来的权重具有明显的滞后性，未能充分反映报告期消费者消费支出的实际情况，他运用样本数据测度及比较分析了 Lowe 指数与 Young 指数对于权重更新前后的变化情况，实证结果发现权重的变化对于指数具有显著性影响。

（二）CPI 更新频率

格林利斯（Greenlees）和威廉姆斯（Williams，2010）的研究关注的是美国劳工统

计局（BLS）在 2002 年使用的 CPI-U 的补充编制公式 C-CPI-U（Chained CPI for All Ur-
ban Consumers，C-CPI-U）效果与权重更新时间之间的关系，运用 1997～2007 年的样
本数据实证结果显示：相对于两年权重更新情况，一年权重的 C-CPI-U 要降低约 1%。
他们的研究结论说明：及时更新权重有助于降低 CPI 偏差，更加接近于生活费用指数
COLI。

近年来，西方国家编制 CPI 一个显著性的特点就是缩短居民消费品分类项目权重
的更新周期。如美国从 2002 年起每两年更新一次，加拿大每四年更新一次商品篮子的
权重，法国和英国则每一年更新一次。我国从 1994 年开始编制 CPI，从 2001 年起逐月
编制并公布以 2000 年价格水平为基期的链式拉氏指数，居民消费的规格品目录与权重
5 年更新一次（徐国祥，2011）。另外，国际劳工统计局的《消费者价格指数手册：理
论与实践（2004）》是指导世界各国编制 CPI 的指导性文件，它要求汇编指数所使用的
分类应该与住户支出统计所使用的分类尽可能地一致，并且应该满足住户对特殊指数
的要求；为了便于国际比较，该分类还应符合按目的划分的个人消费分类（COICOP），
或至少在部门一级与之保持一致（ILO，2004）。

国际劳工组织 2004 年《CPI 编制的理论与实践》指出 CPI 权重建议每 5 年更新一
次。徐强（2013）对西方国家 CPI 权重更新周期情况做了详细的比较分析与说明，研
究显示绝大部分 OECD 国家 CPI 权重更新周期由原来的 5 年缩短到了 2 年，有的甚至是
1 年，各国对于 CPI 权重更新周期总的认识是周期越短越好。高艳云（2008）、徐国祥
（2011）等国内许多专家学者的研究认为 CPI 权重更新周期的缩短有助降低 CPI 偏差，
提高我国 CPI 准确性。

四、CPI 偏差问题

虽然，世界各国为了编制更加精确的 CPI 一直在不断地努力，其间也取得了许多
丰硕成果，但是 CPI 的准确性一直为社会各界所质疑，特别是对发展中国家来说，官
方发布的 CPI 与广大普通民众心中认为"真实的 CPI"是有差距的，即实际的 CPI 存在
偏差。

其实，正式提出并开展对 CPI 偏差问题进行研究的是博斯金（Boskin）等人。1996
年，美国 Boskin 委员会向美国参议院财政委员会提交他们的研究报告《构建更加精确
的生活费用指数》。这份报告指出了美国当时 CPI 编制工作中存在着的各种问题，使得
CPI 的真实性与准确性受到社会各方的质疑。这份报告标志着 CPI 偏差问题正式纳入人
们的视野。此后，各国专家学者纷纷展开了对 CPI 偏差问题的研究，研究的方法与范
围涉及 CPI 编制相关的一切环节。在许多国家中，CPI 被用作国民经济核算指标，如果

高估了 CPI，那么就意味着低估了实际经济的增长情况。再者，在许多国家 CPI 还被用作政府预算、劳资谈判及许多收付款合同处理等问题，偏差比较大的 CPI 将对正常的经济活动产生重大影响。

虽然，CPI 偏差问题的正式提出时间比较晚，其实世界各地的经济学家与统计学家一直在为编制更加精确的 CPI 努力工作，虽然期间我们取得了许多丰硕成果，但是关于什么是最佳的物价指数、如何编制最佳的 CPI 等问题至今仍在探索之中，CPI 偏差的存在及各种改进研究本身就说明了我们需要不断研究 CPI 理论与方法，为编制更加精确的 CPI 而努力。

CPI 偏差问题的研究内容极为广泛，从 CPI 编制的规格品定义、价格数据收集开始，到各种指数理论方法及消费者效用理论等各个环节均包含在内。目前，关于 CPI 偏差问题的研究成果主要集中在如下几个方面。

第一，CPI 偏差的定义与模型估计。西方国家对 CPI 偏差的定义是：CPI 与生活费用指数 COLI 之差[①]。关于这个偏差大小的问题，国内外学术界有三种观点，有的学者（Abraham，1997；Baker、Dean，1998）认为，居民消费结构涵盖的范围比较广，局部结构性的差异不会对 CPI 测度结果产生显著性差异，总体偏差比较小，这种观点基本上是一种中性即无偏的观点。但是，有些学者（Deaton，1998；Kreuger，1998；Pollak，1998）认为，在其他条件不变的情况下，世界各国普遍使用的是 Laspeyres 指数，这个公式本质上是算术平均公式，对 CPI 存在高估现象。同时，杜查梅（Ducharme，1997）、路易斯（Louis，1997）和菲威克（Femwick，1997）认为，政府出于宏观经济政策需要，特别是发展中国家，统计信息缺乏透明度，对 CPI 存在操纵与低估嫌疑。例如，南方基金的投资与管理方面的专家学者万晓西就在 2006 年的一份讨论稿中分析认为"1978～2005 年我国 CPI 年均低估约为 9.5%"，徐奇渊（2010）的研究报告也认为我国"2006～2010 年 CPI 被系统性低估 7% 以上"。

在 1996 年，博斯金、杜尔伯格（Dulberger）和 约根森（Jorgensen）[②] 等人，1996年在给美国参议院财政委员会一份研究报告中明确提出了现有的 CPI 未能及时反映产品质量变化的问题，该报告明确指出，住户消费的商品质量发生变化也能导致 CPI 产生偏差。随后，博斯金等人对美国 CPI 偏差问题进行了初步研究，将 CPI 偏差影响因

[①] 作者认为这种定义值得商榷，因为首先它隐含的前提条件就是 COLI 指数是真实的、正确的，但实际情况是统计实践中 CPI 与 COLI 各有所长，很难说明哪一个指数是真实的；其次，长期的统计实践说明 CPI 也具有强大的生命力，并且世界上绝大多数国家目前编制的仍然是 CPI，只有美国、荷兰、瑞士等少数国家编制 COLI。当然，西方学者也承认 COLI 只是一个替代指标，理论上真实、准确的 CPI 肯定存在，只不过目前还没有找到所谓的"理想"指数而已，暂且以 COLI 指数替代（Carl，2000）。

[②] Michael Boskin 是 Boskin 委员会主席，Ellen Dulberger, Zvi Griliches, Robert Gordon and Dale Jorgensen 为 Boskin 委员会成员。

素进行归纳总结，认为导致 CPI 偏差的主要因素是上层替代、下层替代、零销点变化、新产品及产品质量变化等因素，并且通过实证分析发现美国 CPI 每年总偏差在 0.8% ~ 1.6% 之间，其中因为新产品及产品质量变化产生的偏差约为 0.60%、上层替代偏差为 0.15%、下层替代偏差为 0.25%、零销点替代偏差为 0.10%。

其实，关于 CPI 数据真实性的质疑声音，早在 1970 年就已经存在，当时美国居民收入的滞涨现象就引起了经济学家们的注意，拉克姆拉（Nakamura，1995）发现这个时期居民的食品占比持续下跌，但是经过 CPI 折扣以后的居民实际收入也在减少，这与恩格尔定理是相违背的。内克姆拉研究发现那个时期居民的实际收入水平是增加的，但现有研究却没有捕捉到经济增长的事实。显然，一个可能的情况就是 CPI 高估了居民生活费用成本的想法。汉米尔顿（Hamilton，2001）与科斯塔（Costa，2001）对美国 20 世纪以来的官方统计数据进行了分析，发现 30 年代的食品支出份额低于 20 年代，但是居民的实际消费支出经过 CPI 的缩减以后也出现了下降的现象。这种特征与 70 年代居民实际收入下降、CPI 停滞性质极为吻合，汉米尔顿与科斯塔把这种现象的原因也归结为 CPI 存在偏差，并在 AIDS（Almost Ideal Demand System，AIDS）基础上对 CPI 偏差进行数理推导，利用样本数据进行实证性分析研究，结果发现这两个时期 CPI 都存在高估现象。

尽管学术界对 CPI 偏差问题研究时间不长，但是目前还是取得了一些初步的研究成果。学者们在消费理论基础上，从数学角度研究消费者的效用函数形式，结合样本数据，不断提高 COLI 的估计技术与精度，更加精确地解释经济现实情况和经济福利问题。例如，萨缪尔森（Samuelson）和斯威明（Swamy，1974）通过对支出函数作出齐次假设后，对柯拉氏提出的生活费用指数的计量模型进行探索。泰尔（Theil，1975）对消费者的效用函数提出对数线性形式的假设，指出可用一阶近似任意函数的 Rotterdam 计量模型。克里斯坦森（Christensen）、劳（Lau）和约根森（1975）提出了一类超越对数（Ttranslog）的支出函数形式，它的二阶形式近似于任意的支出函数。米尔鲍尔（Muellbauer）和迪顿（Deaton，1980）提出了一组 PIGLOG（Price Independent Generalized Logarithmic）偏好假设，基于消费者的成本函数，提出了一套性质优良的似需求系统（Quadratic Almost Ideal Demand System，QAIDS），QAIDS 系统所揭示的形式刚好是恩格尔曲线表述的意思，很好地拓展了对消费者需求方面的分析方法。布伦德尔（Blundell）、帕沙德斯（Pashardes）、韦伯（Weber，1993）通过对英国消费者的消费支出数据分析后认为，二次的似理想需求系统（QAIDS）能够更好地解释观测到的个人消费模式。

布鲁斯（Bruce，2001）提出通过恩格尔曲线（Engel Curve）来测度 CPI 偏差思想。他假定在其他条件不变的情况下，居民在食品方面的消费比例与他们的实际收入是一致的，当他们发生不一致时，可以认为这是由于食品价格变化引起的，可以据此推断 CPI 的偏差。他运用美国居民 1950～1995 年的实际收入、食品价格及 CPI 数据对此进行实证分析，基本验证了他的想法。随后，许多学者沿袭他的方法，纷纷对 CPI 偏差进行研究，取得了不错的研究成果。

班克斯（Banks）、布伦德尔（Blundell）与刘易尔（Lewbel，1997）发现居民在不同收入水平阶段，他们消费的商品在必需品与奢侈品之间具有一定的转变特征，他们提出运用包含收入对数二次项的恩格尔曲线来描述这个消费性质。他们运用 QAIDS 模型对英国住户的消费支出数据进行实证分析，结果发现不考虑曲线二次项性质的计量模型具有一定的偏差。迪顿、姆顿（Mountain）与斯宾塞（Spencer，1999）在 QAIDS 基础上，进一步分析了年龄、消费趋势等解释变量的影响，实证分析显示这些变量也具有显著性影响。洛根（Logan，2009）在仔细研究了汉米尔顿与科斯塔研究方法后发现，他们忽略了家庭规模对于消费支出的影响，如果采用汉米尔顿与科斯塔分析方法估算 CPI 偏差，将会遗漏来自人口结构变动导致的偏差。进一步，洛根通过对恩格尔曲线作出适当改进后的实证分析发现人口结构对纠正 CPI 偏差具有显著性影响。同时，洛根的研究成果表明，影响 CPI 偏差的因素可能并不局限于 Boskin 委员会所总结的那四个因素，也可能源自一些其他的影响因素。

石刚（2012）则从我国 CPI 构建方法、质量调整、季节性的产品处理等三个方面评估与分析我国 CPI 编制的数据质量、减少偏差，他对当前国内外使用的各种质量调整方法进行了系统比较与分析，提出了提高 CPI 质量、减小 CPI 偏差的有益建议。张伟、朱孔来（2014）则从 CPI 编制的"固定篮子"视角，全面分析了我国 CPI 编制的一些环节，发现我国 CPI 编制在理论设计上存在不足之处，在抽样设计、权重测度及 CPI 编制的模型等方面均有不妥之处，导致我国 CPI 数据质量不高，可信度差。

第二，CPI 偏差来源及影响机理。针对 CPI 偏差的原因，多数人认为是统计实践活动违背了篮子商品同质可比性条件（Genereux，1983；Berube，1996；Greenlees，1997a）。历来学术界编制 CPI 的前提假定条件就是居民消费的商品与服务在基期与报告期必须满足同质可比性条件，目的在于运用 CPI 单纯反映篮子商品在两个时期商品纯价格的变化情况。那么当这个基本的前提条件不满足时，就有可能产生 CPI 偏差，导致 CPI 偏差发生的主要原因是商品的替代行为。当商品价格变化时[①]，居民一般会用价格相对不变或者便宜的商品替代那些价格上涨的商品。当替代行为发生时，就会使得商品价格相对发生变化，特别是当那些替代商品如果没有选入篮子商品时，我们根据原有的

---

① 实际上，商品替代行为可能不仅仅是因为价格的变化，当消费者的口味、时尚、收入及产品工艺变化时，均可以发生替代行为，因此，商品的替代行为是一种相当普遍的现象。

价格已经上涨的篮子商品测度出来的价格指数偏差就有可能变大。

导致 CPI 偏差的主要因素可归结为：上层替代偏差、初级汇总偏差、产品质量变化引起的偏差、新产品偏差与销售点替代偏差等。上层替代偏差可能是研究最早、也广为大家所熟悉的偏差因素。上层替代偏差是指对初级价格指数选用什么样的汇总模型时产生的偏差。目前上层汇总模型主要有 1864 年德国经济学家 Laspeyres 提出的 Laspeyres 指数，1874 年德国经济学家 Paasche 提出的 Paasche 指数，1922 年美国经济学家 Fisher 提出的 Fisher 指数，1924 年苏联经济学家柯拉氏提出的生活费用指数，1926 年法国经济学家蒂文森提出的 Divisia 指数，1936 年芬兰经济学家提出的 Törnqvist 指数，1976 年英国经济学家迪韦尔特提出的 Diewert 指数等。这些指数公式的假设条件、应用范围均具有一定的差别，显然选用什么样的汇总指数模型，对 CPI 的精度具有一定的影响，这也是 CPI 偏差存在的原因。例如，当我们决定使用 Laspeyres 指数编制 CPI 时，就可能产生了偏差，因为当规格品价格有一个快速向上或者向下的变化趋势时，运用基期权重来测度规格品报告期的价格变化情况就存在明显偏差。理论上，Laspeyres 指数一般会产生一个偏上的 CPI，偏差的程度可以通过比较 Laspeyres 与理想指数的结果来测度，例如 Fisher 理想指数或者 Törnqvist 理想指数。阿伊科尔比（Aizcorbe，1993）和劳内柯斯（Généreux，1983）发现上层替代偏差大小不仅取决于规格品价格的水平值，还与两个对比时期商品数量指标变化情况相关。

初级汇总偏差是在对规格品价格数据进行初级计算时产生的偏差。初级指数模型主要有 Carli 模型、Dotut 模型、Jevons 模型，从模型的数学性质分析，Carli 模型是简单算术平均数，Dotut 模型是简单算术平均数的比值，Jevons 模型是简单几何平均数。因为对于一组价格样本数据来说，一般几何平均数偏小，算术平均数偏大。因此，当我们决定选用什么样的初级价格指数时，就可能已经带来了相应的系统性偏差。亚伯拉罕（Abraham）、格林利斯、莫尔顿（Moulton，1998）研究发现如果所有的商品价格以同样的方式变化时，那么这三个基本模型测度的结果是一样的，并不会出现偏差，但是，这种情况很少会发生。一般情况下，理论与实证结果显示 Dotut 指数有一个向上的偏差（Dalen，1992；Diewert，1995），这一事实已经渐渐为大家所熟悉与认同（Moulton，1997）。

质量变化的定义与调整也许是所有价格指数构建中最难的。从实践角度看，由于产品质量的变化，消费者消费相同数量商品得到的效用也发生了变化，那么如何剔除商品质量变化因素，测度它在两个对比时期纯价格变化情况是一件比较困难的事情。考虑到篮子商品同质可比性的前提条件，还需要我们区分商品价格变化部分中有多大比例是因为数量的变化所致，多大比例是因为纯粹价格变化所致。当我们未能对这两者进行准确的区分时，那么产品质量变化就会引起 CPI 偏差。对于质量变化偏差，我们往往根据新旧商品质量性质与价格关系情况进行调整，这样的调整由于我们往往未能准确把握产品价格效果，导致对产品价格变化情况进行高估或者低估的现象经常发生（Diewert，1996b）。迪顿（1998）曾经就产品价格、数量与质量变化的关系进行过简洁解释，但他同时认为，要想构建一个真正的质量调整指数是不可能的。

同时，随着科技的发展，产品更新换代速度加快，新产品不断涌现，旧产品逐渐被淘汰。当新产品出现时，居民日常消费的篮子商品将发生变化，同样违背了商品同质可比性条件而产生新产品偏差。新产品导致 CPI 偏差的机理是：新产品往往一上市时价格较高，然后逐渐下降，这样将新产品纳入 CPI 篮子商品时，使得 CPI 产生向下的偏差。理论上，新产品产生的偏差大小取决于商品初始价格对指数的影响程度。新产品的价格变化程度与指数中所有其他项目的价格变化有关、指数中新产品所占的权重等因素有关（Lequiller，1997；Fixler，1993；Schultz，1995）。实际上，新产品偏差计量在统计实践中也存在许多困难，主要是新产品的价格数据难以收集、权重难以分配、存在时滞等因素。同时，因为新产品纳入篮子商品时没有可供对比的基期数据，价格变化的推导是不可能的。西方国家对于这个问题往往通过希克斯保留价格方法予以解决（Hicks，1940）①。

销售点替代偏差主要涉及两个问题：一是消费者在旧的与新的销售点间消费转移时，需要考虑到商品权重与范围问题；二是不同销售点间商品的质量变化问题。对于消费者在销售点间转移的原因，一般认为是消费者从价格高的销售点转向价格低的销售点。这样，对于特定的商品来说，就降低了它的平均价格，从而降低了 CPI。但是，当政府编制 CPI 时，如果没有考虑到消费者在销售点间转移的现象，仍然按照旧的销售点商品价格编制 CPI，就会高估 CPI。这种偏差通常与新的、低成本销售点数量相关，通常也被称为新销售点偏差（Hill，1997）。

五、辅助性 CPI

1996 年，西亚（Thesia）、戴维、玛丽（Mary）就专门测度了美国贫困阶层的权重情况，运用样本数据，对比分析了美国贫困阶层与所有城市消费者（CPI-U）的 Laspeyres 指数、Paasche 指数、Fisher 指数，实证结果显示美国贫困阶层权重与所有的城市消费者权重具有显著性差异，编制的 CPI 也差异明显。

近年来，一些西方国家在编制核心 CPI 外，针对特定群体编制了一些辅助性指标

---

① Hicks 保留价格是指首先确定一个足够高的、确保无人购买的价格，产品价格的变化情况根据理论保留价格与实际价格变化情况确定。

进行补充。例如，欧盟许多国家在发布本国的 CPI 以外，同时编制了消费者价格协调指数（HICP），包括货币同盟消费者价格指数（MUICP）、欧洲消费者价格指数（EICP）（Atuk，2013）；美国的劳工统计局（BLS）主要编制了城市工薪阶层的物价指数（CPI-W）与所有城市消费者物价指数（CPI-U），也开展了对老年人与低收入群体CPI 的研究（Thesia，1996）；我国的香港地区则根据住户的消费支出情况，将居民分成综合、甲类、乙类、恒生四类，并分别编制相对应的 CPI 指标，且同时计算和发布这些 CPI 指标（熊剑，1996）。可见，辅助性指数一定程度上弥补了核心 CPI 的不足，也为我们编制更加科学的 CPI 提供了很好的启示。

六、文献评论

综上所述，西方国家一般市场经济发展时间长，经济一体化程度高，基尼系数比较低。那么，通过及时更新 CPI 权重、编制辅助性指标等措施能够较好地测度 CPI 的变化情况。但是，我国目前还处于经济转型与经济体制改革的初期，经济一体化与市场化程度低，基尼系数比较高，这样，不同收入阶层、不同地区的居民消费结构在多个维度上存在着显著性的差异，因此，我国目前的 CPI 未能充分反映社会各阶层居民生活用品的价格变化情况。

这样，与西方国家 CPI 相比较，目前我国的 CPI 存在的一些主要问题就是：首先，国内对 CPI 编制范围的分类基本上是一种主观性的定性分类，未能客观地揭示不同收入阶层居民消费的自然结构。当前的 CPI 类型主要有：全国 CPI、城镇 CPI 及农村 CPI 等核心指标。但是，这种分类的最大缺陷就是不能反映城镇居民间消费的同质特征，未能反映城乡居民间消费的异质性（何晓群，2012），这种分类方法与 CPI 编制体系的代表性存疑。同时，随着我国经济持续发展与城乡一体化进程的加快，城乡居民间的收入及消费需要重新研究，按照什么标准对我国所有的消费者进行分类，进而编制相对应的 CPI 需要深入的理论及实证结论支撑。

其次，CPI 编制使用的是拉氏（Laspeyres）指数公式。目前世界各国普遍编制的是链式拉氏指数，随着权重更新周期的缩短，这种编制方法的目的就是及时反映居民在报告期消费情况及物价变化情况。那么，理论上分析，随着权重更新周期的缩短，要充分反映居民报告期的物价变化情况及实际消费情况，最好使用派氏（Paasche）指数模型，至少我们需要在学术上对不同计量模型的效果进行探讨。

再其次，目前国内研究定性分析过多，实证研究不足。国内学者对我国 CPI 编制工作从规格品的定义、价格数据的收集方法、权重测度、初级指数模型、高级汇总模型、数据管理与发布等各个环节均进行了详细的比较分析与说明，但是，这些研究基本没有实证结论的支撑，显得不太完善。

最后，国内对多层次 CPI 编制研究比较薄弱。虽然，世界其他一些国家和地区，例如，美国、新加坡、中国香港、中国澳门等，针对不同的目标人群，编制了针对性的 CPI。我国作为一个发展中国家，人口众多、地域辽阔，经济发展水平参差不齐，各民族地区的居民生活习俗、消费模式差别较大。在这种情况下，核心 CPI 指标只发布全国性的 CPI 指标、城镇 CPI 及农村 CPI，效果存疑。虽然，目前国内有少量的研究涉及了分层 CPI 思想，例如，王勇（2015）在其博士论文"我国分层消费者价格指数的编制与应用研究"中运用扩展的线性支出模型（Extended Liear Expenditure System，ELES），将我国城乡居民各自划分为 3 个阶层，运用历年《中国统计年鉴》数据编制了对应的 CPI，没有对分层 CPI 进行深入研究。在统计实践工作中，北京市统计局从 2010 年起，定期发布核心 CPI 外，率先编制了低收入阶层 CPI，在社会上引起广泛关注。

总之，在核心 CPI 指标外，针对不同的目标人群，编制辅助性的 CPI，是满足各级政府与民众需要的有益尝试。

第三节　选题说明、研究结构及主要创新

一、选题说明

（一）CPI 的单一性

虽然我国对 CPI 编制工作投入了巨大的人力与物力，编制了全国性的 CPI、城镇 CPI 与农村 CPI。但是，这样的分类与编制结果是否科学，是否符合我国居民生活的实际情况，是否能够准确地反映我国居民生活用品的价格变化情况？这些问题需要实践的检验。但是，我国居民对 CPI 感受的异质性（李红玲、戴国海，2008；肖争艳、唐寿宁、石冬，2005）、普遍质疑 CPI 的准确性（陈宝泉、李春玉、陈新钱，2007；李永杰，2013；何运信、耿中元、李翔，2016）现象说明我国 CPI 编制工作需要进一步的研究与探索。

（二）居民消费结构的差异性

我国是一个发展中国家，市场经济时间不长，必然出现经济发展的不平衡性。不同地区居民的收入水平具有显著性差异，消费模式、消费习惯、地理环境等多维度方

面存在差异性，最终使得居民的消费结构具有很大的差异性，这表现在不同消费群体居民的生活用品有差异，消费结构有差异。显然，目前单一性的 CPI 不能充分反映不同消费层次居民生活用品及服务价格情况；同时，我国市场经济初期的经济结构远未完善与定型，CPI 编制的理论与方法尚处于探索阶段，存在着偏差及与现实的不适应在所难免。因此，面对居民消费结构的差异性，我们必须不断探索与之相对应的 CPI，提高居民对 CPI 的信心，增强 CPI 的权威性。

（三）编制多层次 CPI 的可行性

我国 CPI 单一性与居民消费结构多样性之间的矛盾，使得我国居民对 CPI 感受是异质的、有偏差的。针对这一矛盾，结合目前国际上比较成熟的做法，编制与居民消费结构相适应的多层次 CPI 是一个可行的举措。

理论上，正常情况下，不同商品与服务的价格变化不会都按照同一比率、同一方向变动，往往呈现出不完全一致性的变化关系，如果改变指数的覆盖范围必定将使得相关指数数值发生变化。因此，一般来说，理论上不存在单一的 CPI，实践中往往需要一系列相关的 CPI。

但是，学术界及实务部门却一直希望编制一个能够尽可能覆盖广泛的 CPI，以覆盖所有住户的消费商品与服务，但是出于某些特定分析或政策分析需要为目的，还是存在着许多其他的方法对特定范围的商品与服务编制特定的分析指数。因此，我们一般没有必要只编制一个单一的 CPI。当政府部门编制或发布单一的 CPI 时，会使得广大的消费者质疑 CPI 的准确性与权威性。而当我们发布不同用途的系列 CPI 时，就可以满足不同消费层次的消费者感受需要或政策使用方面的需要。

许多西方国家在核心 CPI 外都编制了辅助性 CPI。例如，美国在核心指数 CPI-U、CPI-W 外，针对贫困人口与 62 岁及以上的老年人也编制了辅助性的 CPI，指导政府的社会福利与救济政策。中国香港、中国澳门、新加坡等经济发展水平较高、地域狭窄的市场经济体，针对不同的目标人群编制有相对应的多个 CPI。可见，编制多层次的 CPI 是目前世界各国 CPI 编制工作的一种有益尝试。

二、研究结构

（一）研究思路及理论方法

1. 研究思路

本书总的研究思路是：通过统计实证指出我国 CPI 存在单一性、居民消费结构具有差异性特征，导致了现实中居民对我国 CPI 感受异质性这个现象发生。本书认为：编制与居民消费结构相对应的多层次 CPI 是一个有益的尝试。为此，本书具体的研究思路及步骤如下：（1）根据官方历年的 CPI 数据，结合中国香港、中国澳门、美国等国家（地区）的 CPI，统计实证我国现有 CPI 的单一性特征。我国 CPI 的单一性虽然已经是一种社会经济现象，但是必须通过一些统计检验与论证，才能明确指出现实中这一需要研究的问题的必要性。（2）设计调查方案、获取研究的样本数据。首先，通过多次对浙江省居民消费品与服务价格数据进行小范围的抽样调查，制定并完善调查问卷；其次，大规模的抽样调查，获取足够的样本数据；最后，对抽样调查数据进行录入、预处理，形成正式的研究数据。（3）对样本数据进行信度、效度检验。运用聚类分析探索居民生活消费的自然分层结构，对判断矩阵作一致性检验，多维度、多层次探索影响居民生活消费的自然差异性结构，从差异性因素视角研究居民多层次消费结构的差异性特征，并测度居民多层次的差异性消费结构权重。（4）对派氏指数公式进行适当修正与变形，编制多层次 CPI。根据测度的多层次差异性消费结构权重，结合浙江省 2015 年现有的官方 CPI 中 8 个大类的分类指数，编制多层次 CPI。（5）对利用样本数据编制的多层次 CPI 与官方 CPI、居民真实感受的 CPI 进行对比分析，检验利用样本数据编制得到的多层次 CPI 满意度与有效性。（6）对多层次 CPI 进行实证分析，对影响 CPI 准确性的相关因素做必要的研究与展望。

2. 相关理论与方法

在各个不同的研究阶段，对不同的研究问题需要一些相对应的研究方法，归纳起来使用的相关理论与方法主要有以下两种：（1）相关理论。主要运用指数理论、消费理论、抽样理论等，基于居民消费结构的分层特征与 CPI 的单一性，研究相对应的 CPI。（2）研究方法。主要运用基尼系数、泰尔系数、样本均值比较、单因子方差分析、动态压力系数、假设检验等方法研究居民消费结构差异性与 CPI 的单一性特征；运用聚类分析、层次分析法测度居民生活消费的自然结构权重，编制多层次 CPI。

（二）本书研究的技术路线

本书研究的技术路线如图 1-1 所示。

按照本书最终的研究目标，相关的研究思路与研究方法，本书的研究结构及各章节研究内容与安排如下。

第二章 CPI 基本问题。本部分介绍 CPI 编制工作的一些基本问题及本书使用的 CPI 编制模型方法。首先，回顾 CPI 编制相关的一些基本统计问题：CPI 商品与服务分类、数据结构、编制方法等。其次，梳理初级指数模型各种类型，指数模型之间简单的

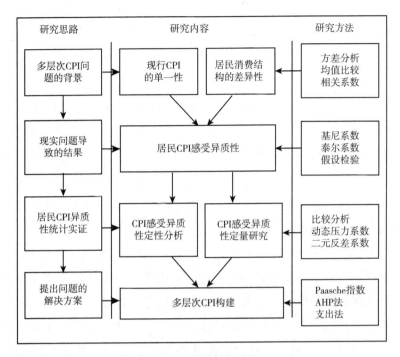

研究思路　　　　　研究内容　　　　　研究方法

| 多层次CPI问题的背景 | 现行CPI的单一性 | 居民消费结构的差异性 | 方差分析 均值比较 相关系数 |

| 现实问题导致的结果 | 居民CPI感受异质性 | 基尼系数 泰尔系数 假设检验 |

| 居民CPI异质性统计实证 | CPI感受异质性定性分析 | CPI感受异质性定量研究 | 比较分析 动态压力系数 二元反差系数 |

| 提出问题的解决方案 | 多层次CPI构建 | Paasche指数 AHP法 支出法 |

图1-1 本书技术路线

关系，各种指数模型特点及一些公理性的检验法则。同时，对各种高级指数模型发展历程、类型进行简短的归纳与总结，对各种高级指数间的关系进行分析，对目前世界各国使用的指数模型进行介绍，对进一步完善 CPI 编制及可能运用的指数模型进行分析。最后，对高级指数模型的公理性检验法则及随机性检验法则进行系统性的归纳总结。

主要观点：第一，CPI 的编制涉及许多问题，对相关的一些基本问题进行了解是有必要的，有助于我们准确定位学术界关于 CPI 各种学术问题研究的背景与条件。第二，CPI 编制的模型主要分为初级指数模型与高级指数模型两部分，特别是对规格品初级价格指数的编制世界各国并不统一，虽然高级指数模型普遍使用 Laspeyres 指数模型，但是了解 Laspeyres 指数与 Paasche 指数模型的演化背景，有助于我们把握未来高级指数模型的发展方向，同时，本书使用的 CPI 编制模型是 Paasche 模型的演化形式，只有通过介绍相关的高级指数模型基本知识，才能更好地了解该指数的适用性。第三，近年来，围绕"理想指数"或者"最佳指数"的研究及各种检验法则的讨论是一个热门话题，本书通过系统的梳理与归纳总结后，将这些问题的来龙去脉描述清楚，有助于我们全面、系统地了解相关问题本质。

第三章 CPI 单一性与消费结构差异性。本部分内容是课题研究问题的背景。首先，对我国 CPI 编制工作现状及特征进行简短介绍。其次，对我国目前城乡居民 CPI 的来源、分类进行比较，运用相关系数、方差分析、样本均值比较、假设检验等方法，统计实证我国目前CPI的单一性特征。然后，从基尼系数、泰尔系数、收入分配体制等方面，分析我国居民消费结构差异性与多样性。最后，分析居民消费结构差异性的影响因素。

主要观点：第一，我国目前的CPI具有单一性特征，未能充分反映城乡居民消费品价格变动的差异性情况，体现不了城乡居民CPI统计分组编制的应有作用。第二，我国居民生活消费受到收入、地理环境、分配体制、政策等多因素影响，呈现出强烈的多样性与差异性特征。因此，通过对本章内容的研究，明确指出我国目前单一的CPI不能充分反映居民消费结构的差异性，这是目前经济现象中亟待研究的热点问题，也是学术界迫切需要研究的难点问题。

第四章居民CPI感受异质性与辅助性CPI。本部分主要通过定量研究居民对CPI压力感受的差异性，提出本书需要解决的问题，并简单介绍其他国家对此问题的解决办法。首先，从我国CPI的单一性与居民消费结构的差异性这一矛盾指出现实中这一亟待研究的热点问题，也是本书要研究的问题——多层次CPI。其次，对国内外居民CPI感受异质性文献成果进行梳理，通过借鉴物理学压强定理，构建居民CPI压力感受异质性情况的计量理论与方法，对居民CPI感受异质性情况首次进行定量研究。最后，针对这一矛盾问题，介绍国际上一些国家编制辅助性CPI的办法，总结可供借鉴经验。

主要观点：第一，CPI单一性与居民消费结构差异性矛盾，使得居民对CPI感受是异质的，解决这一矛盾的有益尝试就是编制与居民消费结构相适宜的多层次CPI。第二，目前对居民CPI感受异质性研究基本囿于定性分析，主要问题就是缺乏相应的计量理论方法。本书通过借鉴物理学压强定理，构建了相应的计量指标，定量研究居民CPI感受异质性情况。第三，其他国家在核心CPI指标体系外，对特定的目标群体，编制辅助性CPI的实践，启发了本书对这一矛盾问题的研究思想——多层次CPI。

第五章调查方案设计及数据处理。本书需要大量的抽样调查数据，本部分主要介绍样本数据的来源及数据的预处理。首先，本书通过小范围的试验性抽样调查，完善抽样调查表格、确定必要样本容量。其次，运用完善后的调查问卷，进行抽样调查工作，获取研究所需要的样本数据。再其次，对抽样调查数据经过简单的审核后，对调查问卷做信度、效度检验，对判断矩阵进行一致性检验。最后，运用聚类分析、统计分组等方法，对居民消费数据进行多维度差异性分析研究。

主要观点：第一，本书需要抽样调查数据，现有相关的文献成果基本囿于定性分析，缺乏研究需要的样本数据，政府各类统计年鉴也没有针对性数据，因此本书首先需要获取样本数据。第二，对抽样调查工作中一些关键问题，如必要样本容量、信度、效度、一致性等问题处理，事关课题研究成果的质量，需要作出分析研究。第三，运用样本数据，从聚类分析、统计分组等角度，详细地、灵活地、多维度地研究与统计实证居民实际生活消费的差异性与影响因素，为编制多层次 CPI 提供支撑。

第六章多层次 CPI 构建。本部分是本书研究的核心与最终目的所在，主要研究多层次 CPI 的构建问题。首先，依据对居民生活消费多维度的差异性情况的研究，对居民生活不同消费群体做相对应的分类，测度对应的多层次 CPI 权重。其次，简短介绍层次分析法（Analytic Hierarchy Process，AHP）后，多维度测度居民生活相应分类的 AHP 权重。再其次，运用支出法、AHP 法等测度 CPI 的权重，结合浙江省 2015 年 CPI 的 8 大分类指数，编制多层次 CPI；然后，对构建的多层次 CPI 与官方 CPI、居民真实感受的 CPI 对比，分析居民对多层次 CPI 的满意度情况。最后，对研究结论的意义进行评价，对与 CPI 相关的一些热点问题作出简要评论。

主要观点：第一，居民生活消费存在着多维度的差异性，从这些存在着显著性差异的影响因素视角，测度 CPI 权重，编制对应的 CPI，能够针对性地反映这些群体居民生活消费品的价格变化情况。第二，物价上涨已经是影响居民生活压力的主要来源，运用 AHP 法分析居民生活压力、进行赋权、编制 CPI，有助于直接从居民生活压力的心理层面研究 CPI 的大小，这是一种有益探索。第三，把构建的多层次 CPI 与官方 CPI、居民真实感受的 CPI 进行对比，可以对比分析本书构建的多层次 CPI 满意度情况。第四，对研究结论进行一些简单评价与总结，关于研究结论的理论、现实价值做一些简单的举例说明，给人一些直观的感受。第五，对影响我国 CPI 准确性的热点问题，本书做了一些简短分析与评价，对进一步需要研究的学术性问题进行了展望。

（三）本书的研究目标

本书的研究目标是根据抽样调查数据，运用聚类分析与层次分析法，探索居民生活消费的"自然"层次结构，测度相对应权重，编制与居民生活消费结构相适应的多层次 CPI，力求准确反映各层次居民生活消费品价格真实变动情况。

三、本书的主要创新之处

（一）研究特色

本书的目标是探索居民消费结构的自然层次特征，编制相对应的多层次 CPI。与其他同类研究相比，本书的特色有以下两点。

第一，基于抽样调查数据研究居民消费结构。国内现有文献成果研究居民消费分层 CPI 问题时，或者是定性分析，或者是基于历年《中国统计年鉴》中的收入分组数据，测度不同收入阶层的消费支出权重编制分层 CPI。这在很大程度上束缚了学术研究的灵活性与自由性，不能充分演绎居民消费结构自然的差异性特征，使得研究结果不太充分。本书在抽样调查基础上，获取研究所需要的样本数据，基于抽样调查数据充分探索居民生活消费的自然分层情况，编制与居民生活消费结构相对应的多层次 CPI。

第二，CPI 感受异质性计量研究。本书针对居民 CPI 感受异质性的现实问题，在对国内外相关文献成果梳理基础上，根据压强理论启示，提出居民物价压力计量理论，构建相应的计量指标，对居民 CPI 感受异质性情况进行计量研究。

（二）研究创新

本书研究可能形成的主要创新有以下四点。

第一，对居民 CPI 感受的异质性进行计量分析。在我国 CPI 单一性背景条件下，不同收入群体居民对 CPI 感受的异质性非常普遍，但是，如何就居民 CPI 感受的异质性进行计量研究，目前缺乏定量研究成果。究其原因，学术界还没有居民 CPI 感受异质性方面的计量理论与方法。本书基于物理学压强定理，提出了居民 CPI 感受异质性的计量理论方法[①]，构建了相应的计量分析指标，并且对城乡居民不同收入阶层的 CPI 感受异质性情况进行了实证研究。

第二，运用聚类分析，在抽样调查数据基础上探索居民消费结构的自然分层情况。本书在抽样调查数据基础上，从居民生活消费的影响因素方面，运用聚类分析方法，充分探索它们的自然分层情况，测度各自然层次居民的消费结构权重进行对比分析，研究它们自然分层的差异性情况。

第三，运用层次分析法测度居民 CPI 权重。据"舆情研究实验室、社会科学文献出版社共同发布《民调蓝皮书：中国民生调查报告（2015）》"显示：物价上涨已经成为居民生活压力的主要来源。但是，面对物价的上涨，不同收入阶层居民对 CPI 感受异质性本质上是一种心理现象，是个体或者群体对多种影响因素的主观感受，是对各种影响因素的综合性判断。

层次分析法（AHP）是对人们主观心理感受进行客观赋权的评价方法。现有 CPI 权重都是使用支出法进行赋权，而在统计实践工作中，支出法也存在因为各种原因价格数据难以收集齐全、准确，难以对各种商品全面覆盖与分类等问题，而 AHP 法并不

---

① 作者将居民 CPI 感受异质性在相关研究成果《城乡居民物价压力的测度及比较研究》中定义为居民的物价压力差异性，这篇论文发表于《经济学家》2015 年第 6 期。

需要居民统计详细的生活支出数据，只需要居民对影响其正常生活的各种因素进行一种本能的、综合性、主观性评判即可，是居民对 CPI 波动情况的一种综合感受。因此，本书运用 AHP 方法研究 CPI 权重具有一定的合理性，是对现有指数理论体系的有益补充与完善，是一种积极的学术性方法的探讨与拓展。

第四，编制多层次 CPI。根据抽样调查数据，运用聚类分析探索的自然群体编制相对应的多层次 CPI，根据层次分析法的结果编制相对应的多层次 CPI。将各种视角编制的多层次 CPI 与浙江省 2015 年的官方 CPI 数据进行对比分析，与居民对 CPI 的感受情况及心中对真实 CPI 的估计值进行对比分析，就本书汇编的多层次 CPI 效果进行检验，丰富 CPI 编制理论体系。

第二章 CPI 基本问题

第一节 CPI 基本要素及数据结构

一、与 CPI 相关的基本要素

（一）目标人群的范围

CPI 总是针对特定的人群范围编制的，这种人群范围又称为目标人群或者参照人群。对于任何一个国家来说，一般的综合性 CPI 覆盖的应该是本国所有住户，针对特殊的目标人群，还可以编制特定的 CPI。例如，我国发布的 CPI 主要有全国 CPI、城镇 CPI 及农村 CPI。全国 CPI 涵盖全国所有居民，城镇 CPI 仅覆盖城镇居民，农村 CPI 则说明了全国农村居民消费品与服务价格变动情况。

但是，这种目标人群在不同的国家却有着不一样的理解与做法（徐强，2006）：一是一些国家对私人住户与机构住户进行了区分，而有些国家对这两类人群不做区分。许多西方国家，例如，加拿大、澳大利亚、瑞士、西班牙、波兰、葡萄牙、荷兰、挪威、新西兰、希腊、捷克等国家的 CPI 目标人群只包括私人住户，不包括机构住户；而英国、德国、瑞典、意大利、法国、芬兰、丹麦等国家的 CPI 目标人群既包括私人住户又包括机构住户。二是部分国家的 CPI 目标人群中排除了一些特定人群。例如，美国、澳大利亚、法国、韩国的 CPI 目标人群只包括城市住户而不包括农村住户，并且美国、墨西哥、澳大利亚的目标人群只包括特定的城市住户，如美国 CPI 的目标人群不包括人数少于 2500 人的城市住户，墨西哥的 CPI 目标人群只针对那些 20000 人以上的城市住户，日本对那些单人住户消费情况不予以考虑，而澳大利亚只考虑 8 个首府城市的私人住户。三是对外国旅游者的处理差别。许多西方国家编制 CPI 时也考虑到外国旅游者在本国的消费情况，例如，英国、法国、瑞典、丹麦等国家，而希腊则对外国旅游者在本国的消费情况不考虑。

（二）消费品与服务范围

消费者消费的商品与服务由于文化、地理、经济收入、习惯等因素影响具有很大的差异性。理论上，只要是消费量比较大、时间比较长、价格变化具有一定趋势性的商品都要纳入 CPI 编制考虑的范围内。为了指导世界各国的 CPI 编制工作，并且使得编制的 CPI 具有一定的可比性，国际劳工组织（International Labor Office，ILO）2003年通过的《国际劳工组织关于 CPI 的决议（2003）》是世界各国划分消费者消费品与服务范围的指导性文件。这个文件总的要求是"CPI 的消费品与服务范围应该覆盖所有各类消费品与服务，不应该剔除各种非法或者认为不可取的任何商品类别"。

但是，世界各个国家由于本国国情的特殊性，并不是完全按照这个文件要求执行，而是在参照这个文件的条件下，都适当做了一些修改，以力求尽量准确反映本国居民的消费实际情况。同时，考虑到在统计调查实践中，由于存在着许多非人力因素的影响，许多国家制定的消费品与服务范围也不尽相同。特别是许多国家剔除了赌博及各种非法活动，如美国、澳大利亚、爱沙尼亚、波兰、斯洛文尼亚、西班牙等。对于保险业务中的各种隐性服务性费用理论上也应该纳入 CPI 范围，但是一些国家剔除了人寿保险方面的支出，如法国、丹麦、波兰、瑞典等；还有一些国家剔除了各种间接税，如瑞士、斯洛伐克等；排除二手车之外消费的国家，如捷克、斯洛文尼亚、爱沙尼亚等。

（三）地理范围的分析

CPI 的地理范围有两方面的意思：一方面是指 CPI 的价格采集范围；另一方面是指 CPI 权重的采集范围。理论上这两个范围应该是同属于一个统计总体，具有一致性。但实际情况并不是这样的，目前情况分为三类：第一类，CPI 权重覆盖整个国家，也有些国家对 CPI 权重范围进行了限制。如美国、澳大利亚、韩国、法国、智利、墨西哥等国家的 CPI 权重只包括城市地区，新西兰则将近海岛屿与偏远地区排除在外。第二类，CPI 权重数据在城市采集，然后用以计算整个国家的 CPI。这种做法的假设条件就是这个国家的经济一体化程度高，城市与农村住户生活消费没有显著性差异，但是这种假设显然不太符合实际情况。因此，有些国家在城市采集数据计算 CPI 权重仅适用于城市，而不适用于农村或者根本就不编制农村 CPI，如美国、韩国、澳大利亚就是这样的情况。第三类，对 CPI 的编制提出"国内原则"与"国民原则"，这种做法主要是对跨境消费问题的处理。国内原则是指只要在该国领地内消费的人都应该计入目标人群，不区分是本国人还是外国人；国民原则是指 CPI 编制的目标人群应该局限于本国居民（常住在外的本国居民剔除），在国内消费的外国居民消费不计入目标人群，编制 CPI

时要剔除这部分人群。对 CPI 地理范围的确立，日本、美国、斯洛文尼亚、荷兰等国家使用国民原则；英国、智利、瑞典、丹麦、波兰、意大利、法国、芬兰等国家则使用国内原则，中国也是使用国内原则。

二、消费品与服务项目分类

（一）国际通用分类标准

消费者日常消费的商品与服务成千上万，种类繁多。为了全面、系统、准确地计量这些消费品与服务的价格变动，同时为了便于结构化的比较与更新，使用统计分组则是一种简单且有效的方法。目前世界上许多国家使用《消费者价格指数：国际劳工组织手册（1989）》推荐的"按照目的划分的个人消费分类"（Classification of Individual Consumption by Purpose，COICOP）。COICOP 将住户最终的消费品与服务划分为 12 个大类、47 个中类、117 个小类、200 多个基本分类的结构。相关的大类与中类目录如表 2 - 1 所示。

表 2 - 1　　　联合国按 COICOP 划分的住户大类与中类个人消费支出目录

大　类	中　类
01 食品和不含酒精饮料	01.1 食品
	01.2 不含酒精饮料
02 酒精饮料、烟草和麻醉品	02.1 酒精饮料
	02.2 烟草
	02.3 麻醉品
03 衣着和鞋类	03.1 衣着
	03.2 鞋类
04 住房、水、电、煤气和其他燃料	04.1 住房实际租金
	04.2 住房的估算租金
	04.3 住房的保养和维修
	04.4 住房的供水和其他服务
	04.5 电、煤气和其他燃料
05 陈设品、家用设备和住房的日常维修	05.1 家具和陈设品、地毯和其他地面装饰物
	05.2 家用纺织品
	05.3 家庭器具
	05.4 玻璃器皿、餐具和家用器皿
	05.5 住房和庭院使用的工具和设备
	05.6 住房日常维修所需物品和服务

大　　类	中　　类
06 卫生保健	06.1 医药产品、器械和设备
	06.2 门诊服务
	06.3 住院服务
07 运输	07.1 车辆的购置
	07.2 个人运输设备的操作
	07.3 运输服务
08 通信	08.1 邮递服务
	08.2 电话和电传设备
	08.3 电话和电传服务
09 娱乐和文化	09.1 音像、摄影和信息处理设备
	09.2 其他主要娱乐和文化耐用品
	09.3 其他娱乐用品和设备、花园和宠物
	09.4 娱乐和文化服务
	09.5 报纸、图书和文具
	09.6 一揽子度假服务
10 教育	10.1 学前和初等教育
	10.2 中等教育
	10.3 中等教育后的非高等教育
	10.4 高等教育
	10.5 无法定级的教育
11 餐馆和旅馆	11.1 饮食服务
	11.2 住宿服务
12 其他物品和服务	12.1 个人护理
	12.2 宿娼
	12.3 未另分类的个人用品
	12.4 社会保护
	12.5 保险
	12.6 未另分类的金融服务
	12.7 未另分类的其他服务

资料来源：国际劳工组织网站 http://www.ilo.org/stat。

（二）部分国家分类情况

目前世界上多数国家对消费者消费品与服务分类情况都是参照国际劳工组织（ILO，1989）文件精神，结合本国国情有选择性地进行分类。首先，绝大多数国家对居民消费商品与服务分类体系按照 ILO 的 COICOP 进行，只有少数国家例外。例如，美国、加拿大对居民消费商品与服务按照本国的分类体系进行；墨西哥按照墨西哥银行标准进行分类；新西兰基于 COICOP 研发出了自己的分类体系；以色列、智利等国家的分类体系与 COICOP 很接近；其余国家均按照 COICOP 体系进行。其次，对居民消费品与服务大类分类一般没有超过 ILO（1989）文件规定的 12 个，但也有例外。如美国、加拿大、墨西哥将居民消费品与服务只分为 8 大类，荷兰、匈牙利为 14 大类，日本只有 10 个大类，其余多数为 12 大类。最后，中类情况中，除了瑞士、匈牙利外，其余基本没有超过 ILO 倡议的 47 个，美国居民的消费品与服务中类只有 34 个。至于在小类与具体的规格品方面则差异较大，基本分类少的有 78 类（如丹麦），多的有 600 多类（如爱尔兰和冰岛），代表性的规格品则是从几百个到几千个不等，其中卢森堡最多，达到 7000 多个，普遍超过了 COICOP 规定数量，体现了世界各国居民消费品彼此之间丰富多彩的差异性特征。

（三）中国分类情况

中国居民消费品与服务分类经过了一个逐步完善的过程，最近一次的修改时间为 2016 年，国家统计局考虑到随着与世界经济交往越来越密切，为了与国际分类尽量一致，便于对比分析，中国对消费者的消费支出同样是在参照《消费者价格指数：国际劳工组织手册（1989）》的基础上，结合我国居民消费实际情况，制定与发布了《中国居民消费支出分类（2016 更新）》，共分为 8 个大类[①]：食品烟酒、衣着、居住、生活用品及服务、交通和通信、教育、文化和娱乐、医疗保健、其他用品和服务，24 个中类，80 个小类。

2016 年进入规格品及权重调整新周期，此次分类对居民消费支出侧重于"满足居民自身和家庭成员日益生活需要为目的，经常性、多次性的消费支出，总体分类原则与以往一样，还是不包括资本的投资性支出，以及保值、增值为目的支出，以及居民最终消费中由政府支出的部分（包括政府在卫生保健、教育等方面的支出）等"。此次分类对 CPI 调整的主要变化体现在两个方面。

1. 分类的变化

首先，原 CPI 八个大类中的"食品"与"烟酒"进行了合并，构成新的"食品烟酒"项，同时增设了"其他用品和服务"一项。虽然，仍然是八大类，但是，

---

① 2016 年 1 月 1 日起，我国 CPI 编制实行了新的商品与服务目录分类，新、旧 CPI 对居民生活消费商品与服务目录均分作 8 个大类。但本书在 2016 年开展的抽样调查，收集统计资料的时间是浙江省居民 2015 年的生活与消费情况，故相关的 CPI 中 8 大分类仍然按照原来的分类项目。

顺应居民消费实际情况的变化，与原来的八大分类项目范围及名称相比有一定的变化。

其次，"食品"与"非食品"两分法没有变化，保持一致。虽然新的分类法将原来八大分类中的"食品"与"烟酒"进行了合并，但原先使用的"食品"与"非食品"的两分法原则并没有改变，即"食品"项目中并不包含"烟酒"项目，这样就与原来的分类使用的统计口径一致，如表2-2所示。

表2-2　　　　　　　　CPI分类变化的对比分析（新的分类2016年1月启用）

旧两分法	旧八大类	新八大类	新两分法
食品	食品	食品烟酒	食品
	烟酒		
非食品	衣着	衣着	非食品
	家庭设备	生活用品	
	医疗保健	医疗保健	
	交通通信	交通通信	
	娱乐教育	娱乐教育	
	居住	居住	
	——	其他用品	

最后，除了大类的变化，其他的方面也有一定的变化。例如，原来"食品"大类下分为16个中类：粮食、淀粉及薯类、干豆类及豆制品、油脂类、肉禽及其制品、蛋类、水产品、菜、调味品、糖、茶及饮料、干鲜瓜果、糕点饼干面包、奶及奶制品、在外用膳食品、其他食品及食品加工服务。在新的CPI分类中，食品大类下分为食品、饮料（不含酒精）、烟酒、饮食服务4个中类。在食品中类下又分为谷物、薯类、豆类、食用油和食用油脂、蔬菜及食用菌、畜肉类、禽肉类、水产品、蛋类、奶类、干鲜瓜果类、糖果糕点类、其他食品13个小类。可见，虽然仍然使用"大类、中类、小类、规格品与服务"等四级目录结构形式，但是分类进行了重新组合，与原来的分类相比，具有一定的变化。

按照国际惯例，CPI权重与商品及服务的分类目录，每间隔一定的时间要适当做出调整。我国从2016年启用新的分类标准与权重正是顺应我国经济实际情况的举措。分类的原则遵循以支出目的进行划分的原则、完备性原则及可操作性原则进行分类。在这样的分类原则指导下，基本上能够满足相关的统计调查对居民日常消费支出进行分类的需求。

此次分类的一些概略性信息具体如表2-3所示。

表 2 - 3   中国居民消费支出分类（2016 年 1 月 1 日启用）

大　类	中　类
01 食品烟酒	0101 食品
	0102 饮料（不含酒精）
	0103 烟酒
	0104 饮食服务
02 衣着	0201 衣着
	0202 鞋类
03 居住	0301 租赁房房租
	0302 住房保养、维修及管理
	0303 水、电、燃料及其他
	0304 自有住房折算租金
04 生活用品及服务	0401 家具及室内装饰品
	0402 家用器具
	0403 家用纺织品
	0404 家庭日用杂品
	0405 个人护理用品
	0406 家庭服务
05 交通和通信	0501 交通
	0502 通信
06 教育、文化和娱乐	0601 教育
	0602 文化和娱乐
07 医疗保健	0701 医疗器具及药品
	0702 医疗服务
08 其他用品和服务	0801 其他用品
	0802 其他服务

资料来源：相关分类信息根据 http://www.stats.gov.cn 网站资料整理得到。

2. 权重的变化

2016 年 CPI 调整的另一个重大变化就是 CPI 权重的变化。CPI 编制取决于两个因素的变化，一个是规格品与服务项目分类的价格指数，另一个就是相应规格品与服务的分类权重。其中，CPI 权重我们国家坚持 5 年一大调，每年一小调的原则，但是真实的权重数据及权重调整方法并不对外公布，这使得广大的专家学者分析 CPI 时所涉及的权重具有一定的差别。现根据国家统计局对外发布的数据，将相应年份 CPI 所使用的权重数据整理如表 2 - 4 所示。

| 表 2 – 4 | | 历年 CPI 分类及权重 * | | | 单位：% |

项目名称（2016 年前）	2006 ~ 2010 年	2011 ~ 2015 年	项目名称（2016 年起）	2016 ~ 2020 年
食品	33.60	31.79	食品烟酒	29.72
烟酒及用品	14.40	3.49	衣着	8.45
衣着	9.00	8.52	居住	20.00
家庭设备用品及维修服务	6.20	5.64	生活用品及服务	4.73
医疗保健及个人用品	9.40	9.64	交通和通信	10.48
交通和通信	9.30	9.95	教育、文化和娱乐	14.07
娱乐教育文化用品及服务	4.50	13.75	医疗保健	10.34
居住	13.60	17.22	其他用品和服务	2.21

* 由于目前我国 CPI 编制相关的样本权重数据及计算方法等许多数据并不对外发布，且我国 CPI 权重坚持 5 年一大调，每年一小调的原则，使得外界缺乏 CPI 分类权重的权威性数据，许多的学者运用一切可能的方法来估算 CPI 权重，彼此估计使用的 CPI 权重数据均具有细微的差别。

资料来源：根据相关统计数据估算得到。

从表 2 – 4 可知，我国居民消费结构变化也具有一定规律性，主要表现为食品、衣着等满足居民温饱型需求的消费项目所占比重逐渐减少，医疗保健、交通通信、教育文化娱乐、居住等享受型需求项目所占比重逐渐提高。按照经济学理论，随着居民收入的提高，食品、衣着消费所占比重的降低，医疗保健、交通通信、教育文化娱乐、居住等享受型需求项目所占比重的提高意味着居民的生活消费结构逐渐优化，已经从过去低层次的消费需求转向了高层次的消费需求。在这些项目变化中，以娱乐教育文化与居住消费提高的比重最为显著，其中娱乐教育文化消费比重从 2006 ~ 2010 年的 4.50% 大幅提升至 2011 ~ 2015 年的 13.75%[1]，这主要与我国居民收入提高，对娱乐、教育、文化需求提高密切相关；居住消费从 2006 ~ 2010 年的 13.60% 上升至 2011 ~ 2015 年的 17.22%，直至 2016 ~ 2020 年的 20%，每次上涨的幅度较大，这与我国近十几年房价快速上涨因素密切相关。

三、CPI 编制的数据结构

目前世界主要国家包括我国编制 CPI 的模型基本是使用链式的 Laspeyres 指数，而 Laspeyres 指数本质上是一个平均指标指数，它主要取决于两个影响因素，一个是由规格品的价格个体指数演化而来的分类指数，另一个就是分类指数的权重。由于在一个

---

① 娱乐教育文化这一大类比重的提高到底是归根于娱乐、还是归根于教育文化的变化，或者它们各自贡献了多大的比重，其实要仔细区分娱乐教育文化大类比重的变化关系，还需要具体分析研究中类至小类比重的变化，才能全面准确地掌握它们的变化特征。

不太长的时期内，居民的消费模式、消费习惯不会出现显著性的变化特征，因此，对规格品分类权重通过预先设置后，就可以及时计算出报告期的 CPI。这些工作的基本对象就是结构化的数据结构，表 2-5 是某市 2015 年的 CPI 测度数据结构图，通过这个结构图我们可以对 CPI 的编制进行条理化的陈述。此处首先陈述 CPI 编制的数据结构，由于 2016 年刚好处于 CPI 权重轮换周期的第一年，且 CPI 分类与权重均发生了一些变化，为了比较分析说明，现将新旧 CPI 数据结构一同列出，相关数据结构如表 2-5 所示。

表 2-5   某市 2015 年 CPI 数据结构[*]

名称	平均价格（元）		权数	个体指数（%）（比上年同期）
	基期	报告期		
居民消费价格总指数	—	—	1000	
一、食品	—	—	455	
1. 粮食	—	—	84	
（1）细粮	—	—	985	
大米	2.645	2.505	747	
面粉	2.658	2.733	34	
糯米	3.143	3.283	14	
挂面	4.419	4.855	205	
（2）粗粮	—	—	15	
玉米面	6.000	5.550	500	
小米	4.261	3.648	500	
2. 淀粉及薯类	—	—	4	111.0
3. 干豆类及豆制品	—	—	36	98.5
4. 油脂类	—	—	23	114.9
5. 肉禽及其制品	—	—	195	97.6
6. 蛋类	—	—	18	98.6
7. 水产品	—	—	150	96.0
8. 菜	—	—	101	102.9
9. 调味品	—	—	10	96.8
10. 糖	—	—	12	99.4
11. 茶及饮料	—	—	62	96.9
12. 干鲜瓜果	—	—	73	120.6
13. 糕点饼干面包	—	—	53	102.2
14. 奶及奶制品	—	—	31	100.2
15. 在外用膳食品	—	—	125	99.7

续表

名称	平均价格（元）		权数	个体指数（%）（比上年同期）
	基期	报告期		
16. 其他食品及食品加工服务	—	—	24	97.6
二、烟酒及用品	—	—	68	100.4
三、衣着	—	—	116	101.1
四、家庭设备用品及服务	—	—	71	96.6
五、医疗保健及个人用品	—	—	66	97.5
六、交通和通信	—	—	75	99.4
七、娱乐教育文化用品及服务	—	—	87	101.3
八、居住	—	—	62	102.5

＊由于新的分类及权重于2016年1月1日启用，但是本书的样本数据时间为2015年，相关数据显然还得借用以往数据结构进行研究，因此，表中的规格品分类及权重数据是原先编制CPI的分类与权重数据。并且，由于我国CPI编制的数据并不对外公开，表中数据是为了便于介绍CPI的编制原理，带有一定的假设性质，并非真实数据。

资料来源于2015年《杭州市统计年鉴》。

表2-5是2016年前CPI编制的数据结构，它对居民消费品与服务等规格品分为八大类，其中分类商品的权重只是为了说明问题的方便设定的。按照国家统计局CPI编制调整周期，从2016年1月启用新的CPI权重，当然商品分类也有调整，相关基本情况如表2-6所示。

表2-6 某市2016年CPI数据结构＊

一级代码	二级代码	三级代码	名称	平均价格（元）		权数	个体指数（%）（比上年同期）
				基期	报告期		
01			食品烟酒	—	—	0.455	114.16
	0101		食品	—	—	0.450	106.06
		010101	谷物	—	—	0.084	98.23
			大米	2.645	2.505	0.747	94.71
			小麦	2.658	2.733	0.034	102.82
			高粱	3.143	3.283	0.014	104.45
			挂面	4.419	4.855	0.205	109.87
		010102	薯类	—	—	0.036	98.5
		010103	豆类	—	—	0.123	114.9
		010104	食用油和食用油脂	—	—	0.101	102.9
		010105	蔬菜及食用菌	—	—	0.195	97.6
		010106	畜肉类	—	—	0.084	97.6
		010107	禽肉类	—	—	0.015	96.0
		010108	水产品	—	—	0.028	98.6

一级代码	二级代码	三级代码	名称	平均价格（元）		权数	个体指数（%）（比上年同期）
				基期	报告期		
		010109	蛋类	—	—	0.031	100.2
		010110	奶类	—	—	0.097	120.6
		010111	干鲜瓜果类	—	—	0.053	102.2
		010112	糖果糕点类	—	—	0.149	97.6
		010113	其他食品	—	—	0.036	98.5
	0102		饮料（不含酒精）	—	—	0.156	108.3
	0103		烟酒	—	—	0.192	110.4
	0104		饮食服务	—	—	0.202	140.3
02			衣着	—	—	0.068	100.4
03			居住	—	—	0.116	101.1
04			生活用品及服务	—	—	0.071	96.6
05			交通和通信	—	—	0.073	99.4
06			教育、文化和娱乐	—	—	0.087	101.3
07			医疗保健	—	—	0.062	102.5
08			其他用品和服务	—	—	0.068	100.4

* 随着新的商品与服务分类措施的执行，便于对新的 CPI 编制有比较深刻的理解，本表是对表 2-5 的结构进行了平行变化得到，主要用于说明 CPI 编制的原理。

资料来源于 2016 年《杭州市统计年鉴》。

四、CPI 编制流程及方法

（一）CPI 编制流程

1. "从上往下"的规制

正如 CPI 本意所揭示的含义那样，CPI 是计量居民日常消费的篮子商品与服务价格变化情况的相对数。因此，消费者日常消费的商品我们需要用一个"篮子商品"予以表达，在学术研究与实务工作中则用表 2-6 所示的数据结构作为编制基础。它首先是需要国家统计局从顶层进行设计，就是对居民消费品与服务进行分类，按照"大类—中类—小类—规格品"的结构把所有商品形成有序数据结构，便于进一步的数据处理及分析，CPI 编制流程图如图 2-1 所示。

2. "从下往上"的编制与逐步汇总

在具体操作中，CPI 的编制规则是按照"从下往上"的顺序进行操作。首先，是计算一段时期内每一个规格品的价格个体指数。以表2－6为例，我们第一步必须计算最后一级即第四级"谷物"的小类下面4个具体的规格品"大米、小麦、高粱、挂面"价格个体指数，利用它们各自报告期数据与基期数据进行对比得到"谷物"小类的具体规格品的价格个体指数分别为大米94.71%、小麦102.82%、高粱104.45%、挂面109.87%。

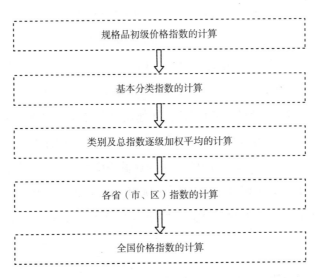

图2－1　我国CPI编制与计算流程

第二步，利用预先设置的对应权重[①]，计算"谷物"小类的分类指数。这里"谷物"小类4个具体规格品对应的权重分别为大米0.747、小麦0.034、高粱0.014、挂面0.205（合计等于100%，其余类同）。加权平均得到"谷物"小类的分类价格指数98.23%，说明与基期相比，"谷物"小类价格总的来说价格降低了，下降的幅度为1.77%，其余小类算法同理。

第三步，利用计算的各小类价格指数，结合预先设置的权重，计算"食品"中类的分类指数。这里"谷物"中类包含有13个小类，对应的权重数据分别为谷物0.084、薯类0.036、豆类0.123、食用油和食用油脂0.101、蔬菜及食用菌0.195、畜肉类0.084、禽肉类0.015、水产品0.028、蛋类0.031、奶类0.097、干鲜瓜果类0.053、糖果糕点类0.149、其他食品0.036。相应的基本分类指数为谷物98.23%、薯类98.5%、豆类114.9%、食用油和食用油脂102.9%、蔬菜及食用菌97.6%、畜肉类97.6%、禽肉类96%、水产品98.6%、蛋类100.2%、奶类120.6%、干鲜瓜

① 目前我国CPI编制采用的是链式拉氏指数（Chained Laspeyres Index），权重调整周期是5年一大调，每年一小调的措施。在每年的权重微调中，利用上一年1～10月住户消费支出数据以及预测的11、12月份数据，调整下一年的CPI权重数据。由于权重是预先设置，因此，每月的CPI数据只要把采集的规格品数据代入相应结构关系中，即得规格品个体价格指数、分类价格指数以及报告期CPI数据，大大提高了统计实务工作的及时性。

果类 102.2% 、糖果糕点类 97.6% 、其他食品 98.5% 。加权计算得到食品中类分类价格指数为 106.06% 。

第四步，计算食品烟酒大类的分类指数。食品烟酒共包含有 4 类，对应的权重分别为食品 0.450、饮料（不含酒精）0.156、烟酒 0.192、饮食服务 0.202。对应的价格分类指数分别为食品 106.06% 、饮料（不含酒精）108.3% 、烟酒 110.4% 、饮食服务 140.3% 。加权计算得到食品烟酒大类的分类指数为 114.16% 。

第五步，计算八大类的价格综合指数，得到 CPI。CPI 八大类对应的权重分别为食品烟酒 0.455、衣着 0.068、居住 0.116、生活用品及服务 0.071、交通和通信 0.073、教育文化和娱乐 0.087、医疗保健 0.062、其他用品和服务 0.068。价格分类指数分别为食品烟酒 114.16% 、衣着 100.4% 、居住 101.1% 、生活用品及服务 96.6% 、交通和通信 99.4% 、教育文化和娱乐 101.3% 、医疗保健 102.5% 、其他用品和服务 100.4% 。加权计算得到的 CPI 为 106.61% 。这说明该城市 CPI 上涨了 6.61% 。总的来说，居民消费品与服务价格上涨的幅度比较大。这就是国家统计局计算 CPI 的实务性工作与操作流程。

（二）CPI 编制方法

CPI 的编制方法本质上是对代表性的规格品价格初级指数进行加权平均而得。但是，怎样对规格品的个体指数进行平均，目前主要有两种方法：

1. 多阶段加权平均

我国目前使用多阶段层层加权平均方法计算 CPI，并且这种指数计算的是国家一级的 CPI。具体的编制流程是：首先，在统计工作的最基层，编制市、县一级的本地 CPI；其次，各省根据市、县指数加权计算得到省级的 CPI；最后，国家统计局根据各省上报的价格指数，根据全国消费结构加权计算全国性的 CPI。这种价格指数编制方法的优点是满足了各级地方政府分级管理的需要，简化了国家与省级等上级机构的价格指数编制工作量。存在的缺陷就是：层层加权，中间环节多，增加了许多不确定性因素，降低了价格指数的代表性，增加了基层统计工作量，使得最终的数据质量难有保障。

2. 一次性加权平均

西方大部分国家一般直接汇总编制国家一级的价格指数，即首先直接计算各种规格品全国范围内的平均价格与价格个体指数，然后根据预置的权重计算商品与服务的分类价格指数，直至全国最终的消费者价格总指数。这样的编制方法好处是：第一，增强规格品价格空间代表性；第二，一次性的进行综合汇总，避免干扰；第三，操作简单、规范，减少基层统计工作负担。

第二节　初级价格指数模型及公理法则

编制 CPI 时具有众多可用的指数模型与方法，目前世界上绝大部分国家在编制 CPI 时，使用的模型主要有两个层面：一是规格品基本初级价格指数的编制；二是分类价格指数的编制，现对这两方面的模型进行概括性介绍。

一、初级价格指数模型

（一）基本初级指数模型

假设被选择的初级商品类别中有 M 个最低级的商品项目或者具体规格品。在对应的时期 t，项目 m 的价格表示为 p_m^t，其中 $t=0$，1（0 指基期，1 指报告期），项目 $m=1$，2，$\cdots$，M。将时期 t 的价格向量定义为 $p^t \equiv [p_1^t, p_2^t, \cdots, p_m^t]$，其中 $t=0$，1。

第一个被广泛使用的初级价格指数公式是法国经济学家杜托（Dutot，1738）提出的：

$$P_D(p^0, p^1) = \frac{\sum_{m=1}^{M} \frac{1}{M} p_m^1}{\sum_{m=1}^{M} \frac{1}{M} p_m^0} = \frac{\sum_{m=1}^{M} p_m^1}{\sum_{m=1}^{M} p_m^0} \tag{2-1}$$

从式（2-1）可知，Dutot 初级价格指数等于时期 1 内 M 个商品价格的算术平均数除以时期 0 内 M 个商品价格的算术平均数。

第二个被广泛使用的初级价格指数公式是意大利经济学家卡利（Carli，1764）提出的：

$$P_C(p^0, p^1) = \sum_{m=1}^{M} \frac{1}{M} \frac{p_m^1}{p_m^0} \tag{2-2}$$

式（2-2）表明，Carli 初级价格指数等于 M 个项目的价格比率或价格比 p_m^1/p_m^0 的算术平均数。

第三个被广泛使用的初级价格指数公式是由英国经济学家杰文斯（Jevons，1863）首次以指数公式形式提出了该公式：

$$P_J(p^0,p^1) = \prod_{m=1}^{M} \sqrt[M]{\frac{p_m^1}{p_m^0}} \qquad (2-3)$$

式（2-3）表明，杰文斯初级价格指数等于 M 个项目的价格比率或价格比 p_m^1/p_m^0 的几何平均数。

第四个初级价格指数公式 p_H 等于 M 个项目价格比的调和平均数。杰文斯（1865）和科格斯豪尔（Coggeshall，1887）提出了如下的指数公式：

$$P_H(p^0,p^1) = \left[\sum_{m=1}^{M} \frac{1}{M} \left(\frac{p_m^1}{p_m^0} \right)^{-1} \right]^{-1} \qquad (2-4)$$

第五个初级价格指数公式是 Carli 指数和调和指数的几何平均数，也就是等于 M 个价格比的算术平均数和调和平均数之几何平均数。

$$P_{CSWD}(p^0,p^1) = \sqrt{p_C(p^0,p^1)p_H(p^0,p^1)} \qquad (2-5)$$

美国经济学家费歇尔（Fisher，1922）第一次提出了该指数公式。Fisher 指出，以其数据集的经验来说，p_{CSWD} 与 Jevons 指数 p_J 非常接近，这两个指数是"最佳"未加权指数公式。同时，卡鲁瑟斯（Carruthers）、塞尔伍德（Sellwood）和沃德（Ward，1980）以及达伦（Dalen，1992）也提议将 p_{CSWD} 作为一个初级指数公式。

现在，根据这些指数的数理性质及各自的经济意义，对规格品初级价格指数进行计量时，使用最多的是 Dutot、Jevons、Carli 三个指数模型。

（二）初级指数间的数值关系

根据数学不等式性质，Carli 初级价格指数、Jevons 初级价格指数和调和初级价格指数均满足以下不等式：

$$P_H(p^0,p^1) \leqslant P_J(p^0,p^1) \leqslant P_C(p^0,p^1) \qquad (2-6)$$

也就是调和指数总是等于或小于 Jevons 指数，而 Jevons 指数总是等于或小于 Carli 指数。事实上，如果时期 0 的价格向量 p^0 与时期 1 的价格向量 p^1 不成比例，那么式（2-6）将是严格不等式情形。

（三）初级指数 P_C 与 P_D 间偏差关系

现在对 Carli 指数 P_C 和 Dutot 指数 P_D 之间的近似关系做些简单的数理说明。

对每个时期 t，确定 M 个价格的算术平均数：

$$p^{t^*} = \sum_{m=1}^{M} \frac{1}{M} p_m^t \quad t = 0,1 \qquad (2-7)$$

现将时期 t 项目 m 价格相对于该时期平均价格的偏差 e_m^t 定义如下：

$$p_m^t = p^{t^*}(1 + \varepsilon_m^t) \quad m = 1, 2, \cdots, M \quad t = 0, 1 \qquad (2-8)$$

式（2-7）与式（2-8）意味着每个时期的偏差 e_m^t 和为零，也就是：

$$\sum_{m=1}^{M} \varepsilon_m^t = 0 \quad t = 0, 1 \qquad (2-9)$$

注意 Dutot 指数可以表示为平均价格的比率 p^{1^*}/p^{0^*}，也就是：

$$P_D(p^0, p^1) = \frac{p^{1^*}}{p^{0^*}} \qquad (2-10)$$

现在将等式（2-8）代入 Jevons 指数公式，有：

$$
\begin{aligned}
P_J(p^0, p^1) &= \prod_{m=1}^{M} \sqrt[M]{\frac{p^{1^*}(1 + \varepsilon_m^1)}{p^{0^*}(1 + \varepsilon_m^0)}} \\
&= \frac{p^{1^*}}{p^{0^*}} \prod_{m=1}^{M} \sqrt[M]{\frac{(1 + \varepsilon_m^1)}{(1 + \varepsilon_m^0)}} \quad \text{代入式}(2-10)，得： \\
&= P_D(p^0, p^1) f(\varepsilon^0, \varepsilon^1) \qquad (2-11)
\end{aligned}
$$

其中 $\varepsilon^t \equiv [\varepsilon_1^t, \cdots, \varepsilon_M^t]$，$t = 0,1$，其中函数 f 令为：

$$f(\varepsilon^0, \varepsilon^1) \equiv \prod_{m=1}^{M} \sqrt[M]{\frac{(1 + \varepsilon_m^1)}{(1 + \varepsilon_m^0)}} \qquad (2-12)$$

现我们用二阶 Taylor 级数近似法，围绕 $\varepsilon^0 = 0_M$ 和 $\varepsilon^1 = 0_M$ 展开 $f(\varepsilon^0, \varepsilon^1)$。代入等式（2-9），卡鲁瑟斯、塞尔伍德和沃德（1980）最早证明了 p_J 与 p_D 之间存在下列二阶近似关系：

$$
\begin{aligned}
P_J(p^0, p^1) &\approx P_D(p^0, p^1)\left[1 + \frac{M}{2}\varepsilon^0\varepsilon^0 - \frac{M}{2}\varepsilon^1\varepsilon^1\right] \\
&= P_D(p^0, p^1)\left[1 + \frac{1}{2}\mathrm{var}(\varepsilon^0) - \frac{1}{2}\mathrm{var}(\varepsilon^1)\right]
\end{aligned}
\qquad (2-13)
$$

其中 $\mathrm{var}(\varepsilon^t)$ 为时期 t 偏差的方差，这样如果 $t = 0$，1，就有：

$$
\begin{aligned}
\mathrm{var}(\varepsilon^t) &\equiv \frac{1}{M}\sum_{m=1}^{M}(\varepsilon_m^t - \varepsilon_m^{t^*})^2 \\
&= \frac{1}{M}\sum_{m=1}^{M}(\varepsilon_m^t)^2 \quad \text{由于}\ \varepsilon_m^{t^*} = 0，代入等式(2-9)，得 \\
&= \frac{1}{M}\varepsilon^t\varepsilon^t \qquad (2-14)
\end{aligned}
$$

在非正常条件下，每个时期各个价格偏离其平均数的方差可能接近于常数。因此，在某些条件下，二阶 Jevons 价格指数将接近二阶 Dutot 价格指数。

（四）初级指数 P_C、P_J、P_H、P_{CSWD} 间偏差关系

除了 Dutot 指数公式外，其余 4 个初级指数是汇总的 M 个项目比价的函数。据此可以推算这 4 个初级指数之间的某种近似关系，现将第 m 项价格比定义为：

$$r_m \equiv \frac{p_m^1}{p_m^0}, \quad m = 1, 2, \cdots, M \tag{2-15}$$

将 m 个价格比的算术平均数定义为：

$$r^* \equiv \frac{1}{M} \sum_{m=1}^{M} r_m = P_C(p^0, p^1) \tag{2-16}$$

其中，最后一个等式是根据 Carli 指数公式得出的。最后，第 m 项价格比 r_m 相对于 M 个价格比的算术平均数 r^* 的偏差可以定义为：

$$r_m = r^*(1 + \varepsilon_m), \quad m = 1, 2, \cdots, M \tag{2-17}$$

等式（2-16）与式（2-17）意味着偏差和等于零：

$$\sum_{m=1}^{M} \varepsilon_m = 0 \tag{2-18}$$

现在将等式（2-17）代入 p_C，p_J，p_H，p_{CSWD} 等初级指数公式，然后根据偏离向量 $\varepsilon \equiv [\varepsilon_1, \cdots, \varepsilon_M]$，获得这些指数的如下表达式：

$$P_C(p^0, p^1) = \sum_{m=1}^{M} \frac{1}{M} r_m = r^* f_C(\varepsilon) \tag{2-19}$$

$$P_J(p^0, p^1) = \prod_{m=1}^{M} \sqrt[M]{r_m} = r^* \prod_{m=1}^{M} \sqrt[M]{1 + \varepsilon_m} = r^* f_J(\varepsilon) \tag{2-20}$$

$$P_H(p^0, p^1) = \left[\sum_{m=1}^{M} \frac{1}{M} (r_m)^{-1} \right]^{-1} = r^* \left[\sum_{m=1}^{M} \frac{1}{M} (1 + \varepsilon_m)^{-1} \right]^{-1}$$
$$= r^* f_H(\varepsilon) \tag{2-21}$$

$$P_{CSWD}(p^0, p^1) = \sqrt{p_C(p^0, p^1) p_H(p^0, p^1)} = r^* \sqrt{f_C(\varepsilon) f_H(\varepsilon)}$$
$$= r^* f_{CSWD}(\varepsilon) \tag{2-22}$$

其中，式（2-19）～式（2-21）中最后一个恒等式用以定义偏离函数 $f_C(\varepsilon)$、$f_J(\varepsilon)$、$f_H(\varepsilon)$ 和 $f_{CSWD}(\varepsilon)$。这些函数在点 $e = 0_M$ 附近的二阶 Taylor 级数近似值为：

$$f_C(\varepsilon) \approx 1 \tag{2-23}$$

$$f_J(\varepsilon) \approx 1 - \frac{M}{2}\varepsilon\varepsilon = 1 - \frac{1}{2}\mathrm{var}(\varepsilon) \qquad (2-24)$$

$$f_H(\varepsilon) \approx 1 - \frac{1}{M}\varepsilon\varepsilon = 1 - \mathrm{var}(\varepsilon) \qquad (2-25)$$

$$f_{CSWD}(\varepsilon) \approx 1 - \frac{M}{2}\varepsilon\varepsilon = 1 - \frac{1}{2}\mathrm{var}(\varepsilon) \qquad (2-26)$$

其中，为了推算上述近似值，重复使用了等式（2-18）。二阶 Carli 指数 p_C 将比二阶 Jevons 指数 P_J 和二阶 Carruther-Sellwood-Ward-Dalen 指数 P_{CSWD} 大 $r^* \mathrm{var}(\varepsilon)/2$，$r^* \mathrm{var}(\varepsilon)/2$ 等于 r^* 乘以 M 个价格比 p_m^1/p_m^0 的方差的 $1/2$。同样，二阶调和指数 P_H 将小于二阶 Jevons 指数 P_J 和二阶 Carruther-Sellwood-Ward-Dalen 指数 P_{CSWD}，其差值为：r^* 乘以 M 个价格比 p_m^1/p_m^0 的方差的 $1/2$。

从公式来看，Jevons 指数和 Carruther-Sellwood-Ward-Dalen 指数非常接近。根据上述近似结果式（2-23），Dutot 指数 P_D 也非常接近 P_J 和 P_{CSWD}，但随着时间的推移，会出现某些波动，因为在时期 0 和时期 1，偏差向量 e^0 和 e^1 的方差可能会发生变化。因此，在实际应用中，许多国家根据本国的实际情况对这 3 个公式进行选择。

二、初级指数公式编制的公理法则

作为计量价格变动情况的指数模型，一般还要求它们必须满足一些基本的公理性质。目前学术界认为应该满足的主要公理检验性质有：

T1：连续性。$P(p^0, p^1)$ 是时期 0、M 个正价格 $p^0 \equiv [p_1^0, \cdots, p_M^0]$ 和时期 1、M 个正价格 $p^1 \equiv [p_1^1, \cdots, p_M^1]$ 的连续函数。

T2：恒等性。如果 $P(p, p) = 1$，即时期 0 的价格向量等于时期 1 的价格向量，那么指数将等于 1。

T3：报告期价格的单调性。如果 $p^1 < p$，那么 $P(p^0, p^1) < P(p^0, p)$，如果时期 1 的任何价格上涨，价格指数也会上涨。

T4：基期价格的单调性。如果 $p^0 < p$，那么 $P(p^0, p^1) > P(p, p^1)$，如果时期 0 的任何价格上涨，价格指数也会下降。

T5：报告期价格的正比性。如果 $\lambda > 0$，那么 $P(p^0, \lambda p^1) = \lambda P(p^0, p^1)$，如果时期 1 的所有价格变为原来的 λ 倍，那么初始价格指数变为原来的 λ 倍。

T6：基期价格的反比性。如果 $\lambda > 0$，那么 $P(\lambda p^0, p^1) = \lambda^{-1} P(p^0, p^1)$，也就是如果时期 0 的所有价格变为原来的正 λ 倍，那么初始价格指数变为原来的 $1/\lambda$ 倍。

T7：平均值检验。$\min_m \{p_m^1/p_m^0: m = 1, \cdots, M\} \leqslant P(p^0, p^1) \leqslant \max_m \{p_m^1/p_m^0: m =$

$1, \cdots, M$ ｝，即：价格指数在最小的价格比与最大的价格比之间。

T8：商户的对称处理。$P(p^0, p^1) = P(p^{0*}, p^{1*})$，其中 p^{0*} 和 p^{1*} 表示元素 p^0 和 p^1 的置换顺序相同。也就是：对于两个时期报价的商户（或住户），如果改变这些商户（或住户）排列的顺序，那么初级指数保持不变。

T9：价格回弹检验。$P(p^0, p^1) = P(p^{0*}, p^{1*})$，其中 p^{0*} 和 p^{1*} 表示元素 p^0 和 p^1 可能存在着不同的置换顺序。也就是：如果以不同的方式改变两个时期价格排列，那么初级指数不变。

T10：时间逆检验。$P(p^1, p^0) = 1/P(p^0, p^1)$，即：如果将时期 0 和时期 1 商品价格数据进行交换，得到的价格指数就等于原来价格指数的倒数。

由于在双边指数情况下，很多价格统计人员主张采用 Laspeyres 价格指数，而这种指数并不能通过时间逆检验，所以就初级指数而言，并不是所有价格统计人员都会将其作为必须通过的基本检验。

T11：循环性检验。模型表达 $P(p^0, p^1) \times P(p^1, p^2) = P(p^0, p^2)$，也就是说，我们如果把将时期 0 到 1 的价格指数，乘以时期 1 到 2 的价格指数，那么就等于直接从时期 0 到时期 2 的价格指数。

T12：共量性检验。对于所有 $\lambda_1 > 0$，$\cdots$，$\lambda_M > 0$ 的情况，$P(\lambda_1 p_1^0, \cdots, \lambda_M p_M^0; \lambda_1 p_1^1, \cdots, \lambda_M p_M^1) = P(p_1^0, \cdots, p_M^0; p_1^1, \cdots, p_M^1) = P(p^0, p^1)$。也就是：如果每个商品的度量单位发生变化，那么初级指数不变。但在初级指数的情况下，这一检验较易引起争议。如果基本分类中的 M 个项目都是同质性的，那么可以用同一单位衡量所有的项目。但是，如果同质性商品的度量单位发生了变化，就应当对检验 T12 进行修改，从而将所有 λ_m 限于同一个数（比如 λ），修改后的检验 T12 为：

$$P(\lambda p^0, \lambda p^1) = P(p^0, p^1), \lambda > 0$$

同时，如果能够满足检验 T5、T6，就能满足修改后的检验 T12。这样，如果基本分类中的项目是同质性的，那么就不需要原（没有修改过的）检验 T12。

通过简单的计算就可以发现，Jevons 初级指数 P_J 通过了所有检验。因此，从编制初级指数的公理法这个特定的角度看，Jevons 初级指数是"最佳"的。

Dutot 初级指数 P_D 几乎通过了所有检验，但却没有通过重要的共量性检验 T12，如果基本分类中有异质性项目，那么不能通过共量性检验的后果将很严重。因此，在这些情况下，价格统计人员应慎用该指数。

Carli 初级指数和调和初级指数的几何平均数 P_{CSWD} 仅仅没有通过价格回弹检验 T9 和循环性检验 T11。

Carli 初级指数 P_C 和调和初级指数 P_H 没有通过价格回弹检验 T9、时间逆检验 T10

和循环性检验 T11，但通过了其余检验。同样，没有通过检验 T9 和检验 T11 并不会使这两个指数失去作用，但没有通过 T10 却是一个非常严重的问题。因此，价格统计人员应该慎用这些指数。

相关初级指数模型的公理性质情况如表 2 - 7 所示。

表 2 - 7　　　　　　　　　　　　初级指数模型具有的公理性质

检　验	Dutot 模型	Carli 模型	Jevons 模型	P_{CSWD} 模型
T1 连续性	√	√	√	√
T2 恒等性	√	√	√	√
T3 报告期价格单调性	√	√	√	√
T4 基期价格单调性	√	√	√	√
T5 报告期价格的正比性	√	√	√	√
T6 基期价格的反比性	√	√	√	√
T7 平均值检验	√	√	√	√
T8 商户的对称处理	√	√	√	√
T9 价格回弹检验	√	×	√	×
T10 时间逆检验	√	√	√	√
T11 循环性检验	√	×	√	×
T12 共量性检验	×	√	√	√

注：在表中√表示通过相应检验，×表示没有通过相应检验。

第三节　高级指数模型及公理检验法与随机检验法

一、高级指数模型

高级指数模型主要用于汇总计算 CPI 分类指数。许多高级指数编制的目的就是将居民在两个时期篮子商品的消费支出总量分解为由价格引起的变化部分与由数量引起的变化部分。CPI 计量的仅仅只是居民消费支出变化中的价格变化成分。

（一）Lowe 指数

首次系统论述且影响比较广泛的价格指数是洛伊（Lowe，1823）构建的 Lowe 指数，它是对固定数量商品与服务（通称为"固定篮子"）在两个时期总的购置成本对比的相对数。这一指数定义通俗易懂，含义明确、逻辑严谨，也容易被用户理解与接受。因而，Lowe 指数影响比较大，后续的统计学家纷纷在此基础上进行拓展与完善，形成了各具特色的指数模型与方法，这其中就包括著名的 Laspeyres 指数与 Paasche 指数。

假设固定篮子中的商品数量为 n，价格为 p_i，数量为 q_i，对基期 0 与报告期 t 支出费用进行对比，Lowe 指数 P_{Lo} 定义为：

$$P_{Lo} = \frac{\sum_{i=1}^{n} p_i^t q_i}{\sum_{i=1}^{n} p_i^0 q_i} \qquad (2-27)$$

理论上讲，任意一组固定数量的生活用品均可作为考察的篮子商品。作为权数的商品数量也不局限于基期与报告期两个时期之间。例如，商品数量用两个时期的算术平均数或者几何平均数皆可，也可用两个时期之外任何一个时期的篮子商品数量。考虑到指数的实际操作需要，这个固定的商品数量一般在编制指数之前，确定对比基期之前就应该确定好了的，当然这个固定的篮子数量应该是对居民消费支出的抽样调查的结果。由于数据采集与处理往往需要很长时间，CPI 的计算具有一定的时滞。因此，指数编制可以是月度或者季节指数，但篮子商品却必须至少是年度篮子，相关对比时间选择情况如图 2-2 所示。

图 2-2　CPI 权重时间选择示意图

除了运用两个时期的消费支出总额进行对比外，大家还发现这个固定数量的篮子商品其实充当了指数权重作用。基于此，Lowe 指数模型可以进行适当变形，得到更加简洁的表达式：

$$P_{Lo} = \frac{\sum_{i=1}^{n} p_i^t q_i}{\sum_{i=1}^{n} p_i^0 q_i} = \sum_{i=1}^{n} \left(p_i^t / p_i^0 \right) s_i^{ob} \qquad (2-28)$$

其中，$s_i^{ob} = \dfrac{p_i^0 q_i^b}{\sum_{i=1}^{n} p_i^0 q_i^b}$

在实际运用中，由于居民的消费结构一般在相当一段时间内是固定的，即固定篮子的商品数量所占比重可以事先预定（当然这样的消费支出比重是通过对居民的消费支出抽样调查的结果，并且每隔一段时间就要更新），那么反映价格变化的指数就可以很快计算出来，极大地提高指数编制的及时性与可操作性。

（二）Young 指数

实践中也会假设时期 b 的收入份额不变，而不是在假设时期 b 的数量不变的情况下，以单个价格比率的加权算术平均数，计算 CPI。

这一指数被称作 Young 指数，此指数因另一位指数创始人扬（Young）而得。Young 指数的定义如下：

$$P_{Yo} = \sum_{i=1}^{n} s_i^b \left(\frac{p_i^t}{p_i^0} \right) \qquad 其中\ s_i^b = \frac{p_i^b q_i^b}{\sum\limits_{i=1}^{n} p_i^b q_i^b} \qquad (2-29)$$

调整的 Young 指数：

$$P_{Yo}^* = \frac{1}{\sum\limits_{i=1}^{n} s_i^b (p_i^0 / p_i^t)} \qquad (2-30)$$

Young 指数的几何平均数：

$$P_{Yo}^{**} = \sqrt{P_{Yo} P_{Yo}^*} \qquad (2-31)$$

其中，P_{Yo} 为 Young 指数，P_{Yo}^* 为调整的 Young 指数。

在相应的 Lowe 指数等式中，权数是以时期 0 的价格计算时期 b 的数值而获得的混合收入份额。如前所述，由于采集和处理收入数据需要时间，价格参照期 0 往往在权数参照期 b 之后。在此种情况下，统计部门可以选择设定时期 b 的数量保持不变，或设定时期 b 的支出份额保持不变。如果在 b 和 0 之间发生价格变化，两者都保持不变是不可能的。如果在 b 和 0 之间支出份额实际上保持不变，数量肯定已随着价格变化而反向变化，说明替代弹性为 1。

（三）Laspeyres 指数与 Paasche 指数

在洛伊基础上，后人纷纷对此进行拓展研究，这其中影响最为深远的是 1864 年德国统计学家拉斯佩尔构建的 Laspeyres 指数，1874 年德国统计学家帕舍构建的 Paasche 指数。

Laspeyres 指数的定义是：

$$P_L = \frac{\sum\limits_{i=1}^{n} p_i^t q_i^0}{\sum\limits_{i=1}^{n} p_i^0 q_i^0} = \sum\limits_{i=1}^{n} (p_i^t/p_i^0) s_i^0 \qquad (2-32)$$

式（2-32）中 s_i^0 是基期商品 i 的实际支出在总支出中所占的比重，即 $p_i^0 q_i^0 \big/ \sum p_i^0 q_i^0$。

Paasche 指数的定义是：

$$P_P = \frac{\sum\limits_{i=1}^{n} p_i^t q_i^t}{\sum\limits_{i=1}^{n} p_i^0 q_i^t} = \left\{ \sum\limits_{i=1}^{n} (p_i^t/p_i^0)^{-1} s_i^t \right\}^{-1} \qquad (2-33)$$

式（2-33）中 s_i^t 是报告期商品 i 的实际支出在总支出中所占的比重，即 $p_i^t q_i^t \big/ \sum p_i^t q_i^t$。很显然，Laspeyres 指数与 Paasche 指数是在 Lowe 指数基础上，对固定数量进行变化得到的，Laspeyres 指数将商品数量固定在基期，Paasche 指数将商品数量固定在报告期。

（四）Laspeyres 指数与 Paasche 指数对价格变化的反映

本质上，Laspeyres 指数与 Paasche 指数是对 Lowe 指数的修正与完善。Laspeyres 指数将 Lowe 指数中的固定商品数量确定在基期，这样两个时期消费支出费用的比值只反映了价格变动情况。Laspeyres 指数最大的设计优势在于居民消费结构的支出权重可以预先设置，这样在及时获取居民各个消费品与服务的具体价格个体指数之后，能够迅速得到 CPI，在实践工作中具有简化操作、反映及时等优良性质，因而为世界各国所普遍接受。时至今日，虽然过去了 150 多年，其间也涌现出了许多优良的价格指数公式，但是因为各种原因都没有被统计实践工作所广泛采用，由此可以看出 Laspeyres 指数的强大生命力。

Paasche 指数则是对 Lowe 指数进行了另一种对应修改，帕舍将 Lowe 指数中固定商品数量确定在报告期。理论上，Paasche 指数也反映了两个时期商品价格的变动情况。除此之外，Paasche 指数还反映了由于商品价格的变化，从基期到报告期居民消费支出的实际变动额情况。可见，理论上 Paasche 指数比 Laspeyres 指数更进一步。但是，Paasche 指数的编制除了要输入商品价格个体指数之外，它还需要及时输入各规格商品的报告期销售数量。这样，在统计实践工作中无疑会增加巨大的工作量。所以，目前世界各个国家基本上没有编制 Paasche 指数。但是，如果价格指数编制的目的是为了缩减国民账户中住户现价消费支出，突出实际消费变化情况，为了获取不变价格的消费支出序列数据，往往运用 Paasche 价格指数对现价消费序列数据进行缩减处理。

（五）Laspeyres 指数与 Lowe 指数比率关系

Lowe 指数是编制一切价格指数的基石，除了模型含义明确、公式简洁、逻辑严谨自然等性质外，它还具有一些非常优良的性质。首先，Lowe 指数具有很好地传递性。也就是说，如果两个 Lowe 指数采用的固定商品数量是一样的，那么这两个 Lowe 指数的比值也是 Lowe 指数。例如，时期 $t+1$（以基期价格为参照）的 Lowe 指数除以时期 t（价格参照仍以基期为准）的 Lowe 指数，则有：

$$\frac{P_{Lo}^{0,t+1}}{P_{Lo}^{0,t}} = \frac{\sum_{i=1}^{n} p_i^{t+1} q_i^b \Big/ \sum_{i=1}^{n} p_i^0 q_i^b}{\sum_{i=1}^{n} p_i^t q_i^b \Big/ \sum_{i=1}^{n} p_i^0 q_i^b} = \frac{\sum_{i=1}^{n} p_i^{t+1} q_i^b}{\sum_{i=1}^{n} p_i^t q_i^b} = P_{Lo}^{t,t+1} \qquad (2-34)$$

式（2-34）说明，基期 0 到 $t+1$ 期的 Lowe 指数与基期 0 到 t 期的 Lowe 指数之比，为 t 到 $t+1$ 期的 Lowe 指数。对于式中固定的商品数量我们可以使用任何时期的数量，只要使用同一数量商品即可。

其次，Lowe 指数可以表示为两个 Laspeyres 指数的比值。例如，基期 0 到时期 t 的 Lowe 指数等于时期 b 为参照的 Laspeyres 指数除以时期 b 为参照的基期 0 的 Lowe 指数，则有：

$$P_{Lo} = \frac{\sum_{i=1}^{n} p_i^t q_i^b}{\sum_{i=1}^{n} p_i^0 q_i^b} = \frac{\sum_{i=1}^{n} p_i^t q_i^b \Big/ \sum_{i=1}^{n} p_i^b q_i^b}{\sum_{i=1}^{n} p_i^0 q_i^b \Big/ \sum_{i=1}^{n} p_i^b q_i^b} = \frac{P_{La}^t}{P_{La}^0} \qquad (2-35)$$

对于这些指数间的大小关系，研究发现：Lowe 指数通常大于 Laspeyres 指数，但总结 Young 指数与 Laspeyres 指数之间的关系则较难。Young 指数可能大于、也可能小于 Laspeyres 指数，这取决于数量对价格比率变化的敏感度。如果替代弹性较高（即大于 1），Young 指数可能会大于 Laspeyres 指数，而如果弹性较低，Young 指数则可能会小于 Laspeyres 指数。

（六）链式 Lowe 指数

Lowe 指数也可以很容易修改成目前通用的链式指数形式，即通过更新时期 t 的指数，获取时期 $t+1$ 的指数。同时，由于 Lowe 指数的传递性，那么以基期 0 为价格参照

期的时期 $t+1$ 指数就等于基期 0 到时期 t 的 Lowe 指数乘以时期 t 到时期 $t+1$ 的指数 Lowe 指数，则有：

$$\frac{\sum_{i=1}^{n} p_i^{t+1} q_i^b}{\sum_{i=1}^{n} p_i^0 q_i^b} = \left[\frac{\sum_{i=1}^{n} p_i^t q_i^b}{\sum_{i=1}^{n} p_i^0 q_i^b}\right]\left[\frac{\sum_{i=1}^{n} p_i^{t+1} q_i^b}{\sum_{i=1}^{n} p_i^t q_i^b}\right] = \left[\frac{\sum_{i=1}^{n} p_i^t q_i^b}{\sum_{i=1}^{n} p_i^0 q_i^b}\right]\left[\sum_{i=1}^{n}\left(\frac{p_i^{t+1}}{p_i^t}\right) s_i^{tb}\right] \quad (2-36)$$

式（2-36）中，支出权重 s_i^{tb} 为混合权重，为：

$$s_i^{tb} = p_i^t q_i^b \Big/ \sum_{i=1}^{n} p_i^t q_i^b$$

式（2-36）即为我们现在日常发布的链式指数，也称环比相对数。

（七）固定篮子指数间的关系

一般情况下，从纯数学角度来看，Laspeyres 指数本质上是算术平均数，而 Paasche 指数是调和平均数，因此，对同一组数据来讲，编制的 Laspeyres 指数要大于 Paasche 指数[1]，但是，这其中是有条件的，就是经加权调整后，商品价格与数量满足负相关性的条件[2]。当我们需要对两个时期篮子商品与服务的价格变化情况做出唯一的估算时，或者在 P_L 与 P_P 之间进行取舍时，往往我们会选择编制 P_L 指数。因为编制 P_P 指数时，需要报告期的数量指标作为权数，而这种信息由于会增加庞大的工作量而往往无法及时获取，或者可以编制延期的 P_P 指数，或者干脆就不编制。因此，由于种种原因，我们现在编制 CPI 皆编制的是 Laspeyres 指数。

同时，伴随着价格长期趋势与替代效应，Lowe 指数会大于 Laspeyres 指数。因此，如果时期 b 早于基期 0，那么指数间的大小关系为：

Lowe 指数 $\geqslant$ Laspeyres 指数 $\geqslant$ Fisher 指数 $\geqslant$ Paasche 指数

这几个指数间的关系与时期 b 具有一定的关系，当价格的长期趋势与替代效应起

---

[1] 这种性质关系运用数学不等式可以得到证明：对于正变量序列 x_1，x_2，…，x_n 来说，有如下不等式关系成立：$\dfrac{n}{\dfrac{1}{x_1} + \dfrac{1}{x_2} + \cdots + \dfrac{1}{x_n}} \leqslant \sqrt[n]{x_1 x_2 \cdots x_n} \leqslant \dfrac{x_1 + x_2 + \cdots x_n}{n}$，当变量 x_1，x_2，…，x_n 全部相等时，等式才成立，否则就不成立。这就是在通常情况下 Laspeyres 指数大于 Paasche 的数学基础与依据。这里列举的是简单平均式，对于各变量的加权平均式来说，含义是一样的。

[2] 皮特·希尔（Peter Hill，1993）对这种不等式经济间的变化关系进行了概括：如果价格与数量比呈现出负相关性关系，那么 Laspeyres 指数就大于 Paasche 指数。对于大多数人来说都是价格变化的被动接受者，如果价格上涨，往往会用价格相对便宜的商品与服务替代价格相对高的商品与服务，那么就会出现这种负相关关系。因此，对于价格指数所覆盖的大多数情况来说，价格与数量会呈现负相关关系，也即 Laspeyres 指数的上涨要快于 Paasche 指数的上涨，并且这是一种系统性的变化特征，两者间的偏差往往会随着时间而扩大。

作用条件下，时期 b 越远，Lowe 指数就越高，时期 b 越近，Lowe 指数就越低。同时，在首次公开发布指数时，时期 b 必须在基期 0 之前，随着时间推移，在后来已经能够获取价格与数量条件下，b 的位置便不再受限制。

（八）对称指数

对称指数就是对两个比较时期的价格与数量做对称处理或者同等使用得到的指数。有三个指数影响比较广泛。

（1）Fisher 指数（P_F）定义为 Laspeyres 指数与 Paasche 指数的几何平均：

$$P_F = \sqrt{P_L P_P} \qquad (2-37)$$

（2）Walsh 指数（P_W）是一个篮子指数，其数量由基期与报告期数量的几何平均构成：

$$P_W = \frac{\sum_{i=1}^{n} p_i^t \sqrt{q_i^t q_i^0}}{\sum_{i=1}^{n} p_i^0 \sqrt{q_i^t q_i^0}} \qquad (2-38)$$

式（2-38）可知，权数采用两个时期数量的几何平均数，这样两个比较时期的数量权数相等。Walsh 从公式设计上看，能够反映商品价格变动情况。

（3）Törnqvist 指数（P_T）定义是对价格个体指数运用基期与报告期两个时期平均支出份额进行加权的几何平均数：

$$P_T = \prod_{i=1}^{n} (p_i^t / p_i^0)^{\sigma_i} \qquad (2-39)$$

其中，σ_i 是两个比较期产品 i 支出份额的算术平均数。

$$\sigma_i = \frac{s_i^t + s_i^0}{2}$$

其中，$s_i^0 = p_i^0 q_i^0 \Big/ \sum_{k=1}^{n} p_k^0 q_k^0$

$s_i^t = p_i^t q_i^t \Big/ \sum_{k=1}^{n} p_k^t q_k^t$

（九）链指数与定基指数

当我们使用一组固定的商品数量编制 Lowe 指数或 Laspeyres 指数时，得到的指数随着时间推移，参考价值会越来越低。因此，我们必须及时更新商品数量的基期，得到更能反映实际的指数序列。理论上讲，新、旧指数序列必须连接起来，便于对比与参考。

在链指数中，每一链都是由一个指数构成，每一期与前一期相比较，每往前移一期，价格参照期与权数参考期都往前移一期。西方许多国家 CPI 就是这样类型的 Lowe 年度指数，数量指标是固定时期的、在价格参照期之前的某些年份或者某年就已经确定的数量。例如，以 2014 年 1 月作为价格参照期的 2014 年 1 月～2015 年 1 月期间 12 个月的月度指数可以建立经过价格更新的 2013 年支出基础上的 Lowe 指数。而 2015 年 1 月～2016 年 1 月期间 12 个月的月度指数则可以基于价格更新的 2014 的支出，以此类推。

但是，在实践工作中，在首次发布指数时，价格与数量数据之间会存在着时滞，但此后，就可以使用当期的最终支出数据重新计算当年的月度指数序列。因此，我们可以长期编制以当年的权数计算的每年月度链指数。实际上，这个指数数量调整的时期间隔各个国家并不一样，有的是 5 年，有的是 2 年，有的是 1 年。使用的时间间隔越长，统计实践工作的工作量小，成本低，但指数的真实性与准确性大大降低。由于现在 CPI 的重要性越来越大，目前从对这个间隔时期处理的总的趋势来看，间隔时间越来越短。

同时，链指数具有"路径依赖"特征，即与首期及末期之间每期的价格与数量相关，这使得这段时间的经济情况影响着指数质量。如果在首期与末期之间经济发展平稳，逐渐变化，价格指数与数量指数波动性不大，那么环比指数会缩小，Laspeyres、Lowe、Paasche 指数间的差距，从而降低对指数编制公式间的偏差。但是，如果首期与末期之间价格与数量比率出现明显波动情况下，环比指数不仅会增大指数差异，还会扭曲首期与末期之间总体变化程度。例如，假设末期商品价格水平回到首期的初始水平值，这意味着首期与末期之间商品价格肯定有过波动，那么 Laspeyres 链指数就不会回到 100%，很可能是大于 100%。如果这一周期循环往复，所有的商品价格隔一段时间就回到初始水平值，那么即使价格变动无长期上涨趋势，但 Laspeyres 链指数也高于 100% 且不断攀升。因此，在价格出现浮动情况下，环比指数存在较大的偏差。如果月度价格指数定期有季节性大幅浮动，一般认为月度环比指数不要采用。现在，西方一些国家每年更新消费支出权重，其每年 12 个月度指数就不是链指数，而是运用每年固定数量编制的 Lowe 指数。

二、高级指数的公理检验法与随机检验法

当我们面对众多的高级指数模型时，同样面临着的基本问题就是对指数模型优劣

的评价，即对指数模型的选择问题，换句话说，就是需要我们选择最好的指数模型应用于统计实践工作。因此，对指数模型的各种检验方法就是在这样的背景下丰富与完善起来。

最早对指数模型检验方法进行系统研究的经济学家是沃西。沃西在 1901～1921 年的论文中对指数模型的检验方法进行了深入研究，提出了许多影响深远的检验方法，如恒定数量检验（constant quantities test）、多期恒定性检验（multiperiod identity test）等。对指数检验方法贡献比较大的还有美国经济学家费歇尔。费歇尔（1911、1921）提出他自己认为合理的几种检验方法，并对各种指数模型进行了系统研究，进一步丰富与完善了指数模型的检验方法。特别是进入 20 世纪 90 年代以后，许多经济学家与统计学家在这方面纷纷展开研究，取得了更加丰硕的文献成果（Diewert，1992，1993，1995；Balk，1995；Vogt & Barta，1997；von Auer，2001）。

在国内对指数检验方法进行验证性分析研究的主要有孙慧钧（1998）、伍超标（2000）、徐国祥（1999、2004）、杨灿（2002）等。这些研究的共同特点是局限于 Fisher 检验方法，同时主要为定性及验证性分析，对指数模型检验方法的掌控与认识不太全面，国内这些研究问题方面的不足需要加强。

目前对高级指数模型进行检验主要有两种检验方法：一种是随机检验法（Random Test），另一种就是公理检验法（axiom）。随机检验法主要检验的指数模型是否具有优良的数学性质，而公理检验法则更多地从社会经济视角审视指数模型应有的经济意义。学术界关于这两种检验方法的看法并不统一，有的学者认为随机检验就是要求指数模型满足基本的公理法则，没有必要区分太清楚；有的认为满足基本的经济与数学上的公理条件是必要的，作为影响很大的指数模型还应该具有一些优良的数学性质，对这两者检验方法要区别对待。本书按照检验方法的发展历程进行梳理与评述。

（一）第一种公理检验法

公理检验法是美国经济学家费歇尔首创与集成的传统检验法。费歇尔在其 1922 年出版的专著《指数的编制》（*The Making of Index Numbers*）中指出：人们在编制价格指数时，要有客观、科学与公正的检验依据。费歇尔在该书中提出了一套比较完善的指数模型检验方法与准则，随后许多经济学家纷纷完善了这些检验方法。这些检验将价格指数与物量指数视作两个比较时期价格向量与数量向量的函数，两个比较时期的成分价格向量与数量向量为自变量，这些检验方法又被学术界习惯称为第一公理检验法。

1. 检验法则

（1）基本检验。

T1：正值性。价格指数及其价格与数量向量均应为正数。

$$P(p^0,p^1,q^0,q^1)>0$$

T2：连续性。$P(p^0,\ p^1,\ q^0,\ q^1)$ 应该是其自变量的连续函数。

T3：恒等或价格不变检验。即如果在对比时期内，每一个商品的价格没有发生任何变化，那么，不管商品数量向量如何变化，价格指数都应该等于1。

即：$P(p,p,q^0,q^1)=1$

T4：固定篮子或者不变数量检验。

$$P(p^0,p^1,q^0,q^1)=\frac{\sum\limits_{i=1}^{n}p_i^1q_i}{\sum\limits_{i=1}^{n}p_i^0q_i} \tag{2-40}$$

式（2-40）表示，如果在对比的时期内，对比的商品数量保持不变，即 $q^0=q^1\equiv q$，那么价格指数为报告期1不变篮子的消费支出 $\sum\limits_{i=1}^{n}p_i^1q_i$ 除以基期0篮子的消费支出 $\sum\limits_{i=1}^{n}p_i^0q_i$。

（2）齐次检验。

T5：报告期价格的成比例性。

$$P(p^0,\lambda p^1,q^0,q^1)=\lambda P(p^0,p^1,q^0,q^1)，设 \lambda>0 \tag{2-41}$$

式（2-41）表示，如果所有报告期1商品的价格是基期商品价格的 λ 倍，那么也要求新的价格指数是旧价格指数的 λ 倍。

T6：基期价格的反比例性。

$$P(\lambda p^0,p^1,q^0,q^1)=\lambda^{-1}P(p^0,p^1,q^0,q^1)，设 \lambda>0 \tag{2-42}$$

式（2-42）表示，在基期，如果所有商品价格都乘以 λ，结果新的价格指数等于旧价格指数的 $1/\lambda$。

T7：报告期数量比例变化的不变性。

$$P(p^0,p^1,q^0,\lambda q^1)=P(p^0,p^1,q^0,q^1)，设 \lambda>0 \tag{2-43}$$

式（2-43）表示，如果报告期1数量向量都乘以 λ，那么价格指数保持不变。

T8：基期数量比例变化的不变性。

$$P(p^0, p^1, \lambda q^0, q^1) = P(p^0, p^1, q^0, q^1), \text{设} \lambda > 0 \qquad (2-44)$$

式（2-44）表示，如果基期数量向量乘以数值 λ，那么价格指数仍然保持不变。

（3）不变性与对称性检验。

T9：商品逆检验（即商品顺序变化的不变性）。

$$P(p^{0*}, p^{1*}, q^{0*}, q^{1*}) = P(p^0, p^1, q^0, q^1) \qquad (2-45)$$

式（2-45）中，p^{t*} 表示向量 p^t 各分量之间的排列，q^{t*} 表示向量 q^t 各分量（$t = 0，1$）之间的排列。

T10：度量单位变化时的不变性（即同度量性检验）。

$$P(\alpha_1 p_1^0, \cdots, \alpha_n p_n^0; \alpha_1 p_1^1, \cdots, \alpha_n p_n^1; \alpha_1 q_1^0, \cdots, \alpha_n q_n^0; \alpha_1 q_1^1, \cdots, \alpha_n q_n^1)$$
$$= P(p_1^0, \cdots, p_n^0; p_1^1, \cdots, p_n^1; q_1^0, \cdots, q_n^0; q_1^1, \cdots, q_n^1) \qquad (2-46)$$

$$\text{所有 } \alpha_i > 0, i = 1，2，\cdots，n$$

式（2-46）表示当每一个商品度量单位发生变化时，价格指数保持不变。

T11：时间逆检验

$$P(p^0, p^1, q^0, q^1) = 1/P(p^1, p^0, q^1, q^0) \qquad (2-47)$$

式（2-47）表示，将时期 0 与时期 1 的价格数据互换，得到的价格指数为原来价格指数倒数。

T12：数量逆检验（数量权数对称性检验）。

$$P(p^0, p^1, q^0, q^1) = P(p^0, p^1, q^1, q^0) \qquad (2-48)$$

式（2-48）表示如果将两个对比对比时期的数量向量互换，价格指数保持不变。

T13：价格逆检验（价格权数对称性检验）。

$$\frac{\left(\dfrac{\sum\limits_{i=1}^{n} p_i^1 q_i^1}{\sum\limits_{i=1}^{n} p_i^0 q_i^0} \right)}{P(p^0, p^1, q^0, q^1)} = \frac{\left(\dfrac{\sum\limits_{i=1}^{n} p_i^0 q_i^1}{\sum\limits_{i=1}^{n} p_i^1 q_i^0} \right)}{P(p^1, p^0, q^0, q^1)} \qquad (2-49)$$

式（2-49）表示价格指数的计算要相对应代入数量指数。

（4）平均值检验。

T14：价格的平均值检验。

$$\min_i(p_i^1/p_i^0 : i = 1, \cdots, n) \leqslant P(p^0, p^1, q^0, q^1) \leqslant \max_i(p_i^1/p_i^0 : i = 1, \cdots, n) \qquad (2-50)$$

式（2-50）表示：价格指数介于最小价格指数与最大价格指数之间。

T15：数量的平均值检验。

$$\min_i(q_i^1/q_i^0:i=1,\cdots,n)\leqslant\frac{V^1/V^0}{P(p^0,p^1,q^0,q^1)}\leqslant\max_i(q_i^1/q_i^0:i=1,\cdots,n)\quad(2-51)$$

式（2-51）中 V^i 表示居民消费的篮子商品在 $i=0$，1 期的总支出。

式（2-51）表示数量指数介于最大与最小的个体数量指数之间。

T16：Laspeyres 与 Paasche 指数的有界检验。

$$P_P\leqslant P(p^0,p^1,q^0,q^1)\leqslant P_L\quad(2-52)$$

式（2-52）表示，一般价格指数介于 Laspeyres 指数（P_L）与 Paasche 指数之间（P_P）。

（5）单调性检验。

T17：报告期价格的单调性。

$$P(p^0,p^1,q^0,q^1)\leqslant P(p^0,p^2,q^0,q^1)，如果\ p^1<p^2\quad(2-53)$$

式（2-53）表示，如果报告期 1 的某任一价格上升，那么价格指数必须上升。

T18：基期价格的单调性。

$$P(p^0,p^1,q^0,q^1)>P(p^2,p^1,q^0,q^1)，如果\ p^0<p^2\quad(2-54)$$

式（2-54）表示，如果基期 0 的任一价格上升，结果价格指数必须降低。

T19：报告期数量的单调性。当 $q^1<q^2$ 时，有：

$$\frac{\left(\dfrac{\sum\limits_{i=1}^{n}p_i^1q_i^1}{\sum\limits_{i=1}^{n}p_i^0q_i^0}\right)}{P(p^0,p^1,q^0,q^1)}<\frac{\left(\dfrac{\sum\limits_{i=1}^{n}p_i^1q_i^2}{\sum\limits_{i=1}^{n}p_i^0q_i^0}\right)}{P(p^0,p^1,q^0,q^2)}\quad(2-55)$$

T20：基数量的单调性。当 $q^0<q^2$ 时，有：

$$\frac{\left(\dfrac{\sum\limits_{i=1}^{n}p_i^1q_i^1}{\sum\limits_{i=1}^{n}p_i^0q_i^0}\right)}{P(p^0,p^1,q^0,q^1)}>\frac{\left(\dfrac{\sum\limits_{i=1}^{n}p_i^1q_i^1}{\sum\limits_{i=1}^{n}p_i^0q_i^2}\right)}{P(p^0,p^1,q^2,q^1)}\quad(2-56)$$

2. 几种常见高级指数检验

上述的这些检验法则为我们综合评价指数模型提供了一些有益的参考建议，现在就我们常用的一些指数模型检验通过情况进行汇总，结果整理如表 2-8 所示。

表 2 - 8   常用高级指数检验通过情况

检验法则	Fisher 指数	Laspeyres 指数	Paasche 指数	Walsh 指数	Törnqvist 指数
T1 正值性	√	√	√	√	√
T2 连续性	√	√	√	√	√
T3 恒等性	√	√	√	√	√
T4 固定篮子检验	√	√	√	√	×
T5 报告期价格成比例性	√	√	√	√	√
T6 基期价格的反比性	√	√	√	√	√
T7 对报告期数量比例变化的不变性	√	√	√	√	√
T8 对基期数量比例变化的不变性	√	√	√	√	√
T9 商品逆检验	√	√	√	√	√
T10 同度量性检验	√	√	√	√	√
T11 时间逆检验	√	×	×	√	√
T12 数量逆检验	√	×	×	√	×
T13 价格逆检验	√	×	×	×	×
T14 价格平均值检验	√	√	√	√	√
T15 数量平均值检验	√	√	√	√	×
T16 有界检验	√	√	√	×	×
T17 报告期价格单调性	√	√	√	√	×
T18 基期价格单调性	√	√	√	√	×
T19 报告期数量单调性	√	√	√	×	×
T20 基期数量单调性	√	√	√	×	×

注意：表中√表示通过相应检验，×表示没有通过相应检验。

在表 2 - 8 表明，在 20 个检验中，Fisher 指数模型通过了全部 20 个检验。Laspeyres 指数模型和 Paasche 指数模型有三个检验未能通过，分别是 T11、T12、T13，虽然 T12、T13 检验法则的合理性有些争议，但是未能通过 T11 的时间逆检验却暴露了指数模型的一个严重局限性。Walsh 指数有 4 个检验未获通过，分别是 T13、T16、T19、T20。最后，Törnqvist 指数有 9 个检验不能通过，分别是 T4、T12、T13、T15、T16、T17、T18、T19、T20。从这些检验可以看出 Fisher 指数具有许多优良性质，Törnqvist 指数模型存在的问题比较多。

（二）随机检验法与第二种公理检验法

一些经济学家与统计学家认为，由于价格指数的编制皆是对样本数据处理的结果，故指数中必须考虑到对抽样调查的样本数据的处理性质，也就是首先从随机检验法的角度来审视价格指数的特点。然后，从价格指数的经济背景与含义方面来考虑它的一些公理性检验法则。确实，从价格指数的编制历史可知，最早期的价格指数具有这样的性质，后来随着文献成果的积累与研究深入，公理化检验方法也日益丰富与完善起来。

1. 价格指数随机检验法

指数模型的随机检验法是将价格指数作为一个参数估计过程对待，其基本原理是：将产品的价格比率看作从总体抽取的一个随机样本，建立回归方程，对回归方程的参数进行估计，得到的参数估计值就是要编制的指数。实际上，这样的指数是由样本数据估计得到的，是对总体指数的一个估计，是样本的随机函数，是随机变量，具有相应的估计标准误差（standard error），估计标准误差说明了指数估计的准确性。可见，指数的随机检验法本质上就是回归分析法。指数估计常见的随机分析法有两类：未加权随机法与加权随机法。

（1）非加权随机检验法。价格指数的随机检验法始于100多年前的杰文斯（1863、1865）与艾奇沃斯（1888）的研究工作，把价格指数作为通货膨胀率的估计密切相关。

非加权随机法的检验思想是：每一个商品的价格比率 p_i^1/p_i^0（$i = 1, 2, \cdots, n$）都可以作为通货膨胀 α 的估计值。

设：

$$\frac{p_i^1}{p_i^0} = \alpha + \varepsilon_i, \quad i = 1, 2, \cdots, n \qquad (2-57)$$

式（2-57）中，α 为通货膨胀率，ε_i 是均值为0，方差为 σ^2 的随机变量。α 的极大似然估计或者最小二乘估计因子是 Carli（1764）价格指数 P_C：

$$P_C(p^0, p^1) = \sum_{i=1}^{n} \frac{1}{n} \frac{p_i^1}{p_i^0}$$

但是，Carli 价格指数存在的重要缺点就是：它不满足时间逆检验法则。

如果改变随机设定，假设每一个商品价格比率的对数 $\ln(p_i^1/p_i^0)$ 为介于时期0与时期1之间通货膨胀率的无偏估计，不妨设为 β，那么相应等式可变为：

$$\ln\left(\frac{p_i^1}{p_i^0}\right) = \beta + \varepsilon_i, i = 1, 2, \cdots, n \qquad (2-58)$$

式（2-58）中，$\beta = \ln\alpha$，ε_i 是均值为0、方差为 σ^2，独立分布的随机变量。β 的极大似然或者最小二乘估计是价格比率几何平均值的对数。那么，通货膨胀率 α 就是下列杰文斯（1865）价格指数 P_J：

$$P_J(p^0, p^1) = \prod_{i=1}^{n} \sqrt[n]{\frac{p_i^1}{p_i^0}} \tag{2-59}$$

Jevons 价格指数与 Carli 价格指数存在的同样问题就是这些模型设计虽然逻辑自然、简洁明了，但对每一个商品的价格比率都给予了相同的权重，即未加权。随着经济发展，这样未加权的指数理论模型含义受到学术界普遍地批评。

（2）加权随机检验法。早期的价格指数设计由于居民的生活水平整体比较低，居民生活用品与服务简单，结构单一等因素。随着生产力的极大发展，社会经济水平得到了长足进步，社会结构日益复杂，社会需求多样，特别是社会财富分配不均现象暴露了早期价格指数未加权的严重缺陷，实践迫使学术界研发符合社会实际的价格指数。

Theil 指数加权思路及指标构建。在指数检验方法方面 Walsh（1901）有着突出性的贡献，他是第一个提出加权随机检验法的指数理论家。他认为对商品价格比率变化的研究应该按照它们在研究期间的经济重要性或者交易价格来加权。但是，Walsh 当时并没有就如何对指数进行加权提出合理的建议。

第一个对加权指数建构提出具体解决方案的是泰尔（1967）。他对早期未加权的 Jevons 指数提出的修改意见是：首先，假设样本商品的价格比率是以随机方式抽取的，即基期内每个美元的支出（商品单位价值）都有相同的概率被抽到；

其次，抽取第 i 个商品价比的概率等于商品 i 在基期 0 总支出中所占比例 $s_i^0 = p_i^0 q_i^0 \big/ \sum_{k=1}^{n} p_k^0 q_k^0$；

再其次，按照商品在基期 0 时的权重加权，计算总体对数价格指数平均变化值 $\sum_{i=1}^{n} s_i^0 \ln(p_i^1/p_i^0)$；

最后，按照相同的思路，计算得到商品在报告期的对数价格平均值 $\sum_{i=1}^{n} s_i^1 \ln(p_i^1/p_i^0)$。

泰尔认为对样本商品价比的对比涉及基期与报告期两个时期，考虑任何一面的情况都有"偏见"，他提出了一种"很好的"对称指数模型，取这两个时期的权重平均值作为权重，"兼顾"两个时期的变化情况，得到的最终 Theil 总对数价格指数计量模型为：

$$\ln P_T(p^0, p^1, q^0, q^1) = \sum_{i=1}^{n} \frac{1}{2}(s_i^0 + s_i^1) \ln\left(\frac{p_i^1}{p_i^0}\right) \tag{2-60}$$

式（2-60）与 Törnqvist 提出的价格指数公式等同。

Theil 指标的数理性质。Theil 公式具有一些数理上的优良性质，我们可以做些简单的分析研究。

如果将第 i 个商品对数价格比率 r_i 定义为：

$$r_i = \ln\left(\frac{p_i^1}{p_i^0}\right) \quad \text{其中 } i = 1, 2, \cdots, n \tag{2-61}$$

如果我们定义随机变量 X 取值为 r_i，概率为 $\rho_i = \frac{1}{2}(s_i^0 + s_i^1)$，$i = 1$，$2$，$\cdots$，$n$ 的离散型随机变量的概率分布，那么变量 X 的期望值为：

$$E[X] = \sum_{i=1}^n \rho_i r_i = \sum_{i=1}^n \frac{1}{2}(s_i^0 + s_i^1)\ln\left(\frac{p_i^1}{p_i^0}\right)$$
$$= \ln P_T(p^0, p^1, q^0, q^1) \tag{2-62}$$

式（2-62）显示，指数 P_T 的对数就是对数价格比率分布的期望值。

如果我们对上式两侧取反对数，得到的便是 Törnqvist 和 Theil 指数 P_T。这样的指数满足报告期价格成比例性、时间逆检验这两个检验法则。

同时，Theil 随机法另一个优良性质是它的"对称性"。如果我们不考虑价格比率的对数 $r_i = \ln(p_i^1/p_i^0)$ 分布情况，而是考虑这些规格品价格比率倒数对数的分布，如：

$$t_i = \ln\left(\frac{p_i^0}{p_i^1}\right) = \ln\left(\frac{p_i^1}{p_i^0}\right)^{-1} = -\ln\frac{p_i^1}{p_i^0} = -r_i \quad \text{其中 } i = 1, 2, \cdots, n \tag{2-63}$$

同理，如果我们定义随机变量 R 取值为 t_i，概率为 $\rho_i = \frac{1}{2}(s_i^0 + s_i^1)$，$i = 1$，$2$，$\cdots$，$n$ 的离散型随机变量的概率分布，那么变量 R 的期望值为：

$$E[R] = \sum_{i=1}^n \rho_i t_i = -\sum_{i=1}^n p_i r_i = -E[X] = -\ln P_T(p^0, p^1, q^0, q^1) \tag{2-64}$$

显然，随机变量 X 的分布与随机变量 R 的分布互为相反数。因此，研究规格品初始对数价格比率的分布与研究其倒数对数价格比率的分布没有什么本质差别，结果得到的是同样的随机理论。

Theil 指数的变形。如果我们按照 Theil 指数构建思路，假定：商品价格比率的抽取是随机的，并且基期内每一美元的支出都有相同的概率被选中。此时，总体价格平均变化值为（按照基期 0 的权重进行加权）：

$$P_L(p^0, p^1, q^0, q^1) = \sum_{i=1}^n s_i^0 \frac{p_i^1}{p_i^0} \tag{2-65}$$

式（2-65）即为 Laspeyres 价格指数 P_L。

同理，如果我们假定：商品价格比率的抽取是随机的，并且报告期内每一美元的支出都有相同的概率被选中。此时，总体价格平均变化值为（按照报告期 1 的权重进行加权）：

$$P_{PAL}(p^0, p^1, q^0, q^1) = \sum_{i=1}^{n} s_i^1 \frac{p_i^1}{p_i^0} \tag{2-66}$$

式（2-66）即为 Palgrave（1886）价格指数 P_{PAL}。

如果我们考虑商品价格比率的倒数分布，求商品价格比率的倒数平均值（即调和平均数），可以得到如下公式：

$$P_{HP}(p^0, p^1, q^0, q^1) = \frac{1}{\sum_{i=1}^{n} s_i^1 \frac{p_i^0}{p_i^1}} = \frac{1}{\sum_{i=1}^{n} s_i^1 \left(\frac{p_i^1}{p_i^0}\right)^{-1}} = P_P(p^0, p^1, q^0, q^1) \tag{2-67}$$

式（2-67）即固定篮子 Paasche 指数。

可见，Theil 指数既符合商品比率的一些性质，又保有权重特征，理论上应用更加广泛。

指数构建的加权随机法主要特征是：首先，选择进行价格变化对比的两个时期与交易值的定义域，定义域 n 个商品中的每一个商品交易值分解为价格分量与数量分量。

其次，假定固定篮子中的商品，在对比时期内既没有新商品出现，也没有商品消失，有与 n 个商品价格比率相对应的 $2n$ 个支出比例（基期 n 个，报告期 n 个）。加权随机法只是假定：这 n 个价格比率或者这些价格比率 $f(p_i^1/p_i^0)$ 是某种离散型变量的统计分布形式，第 i 商品出现的概率 $p = m(s_i^0, s_i^1)$ 是所研究的第 i 个商品支出在对比时期支出比例 s_i^0 与 s_i^1 的函数。至于如何选择函数形式 f 与 m 决定着不同的价格指数模型。

最后，在众多的指数模型中，必须选择一个最好地概括了 n 个商品价格比率变化的分布。在上述的分析中虽然有许多种类型的变量分布形式，但是显然离散型变量的平均值被作为了价格比率分布的"最佳"概括尺度。在指数理论随机法方面还有一些学者也作出了突出贡献，如 Clements 与 Izan（1981、1987）、Diewert（1995）、Wynne（1997、1999）。

2. 第二种公理检验法

如果将价格指数定义为两组价格比率或者其价值比率的函数，这些检验法则就被称为第二种公理检验法。显然，第一种公理检验法中价格指数定义为价格向量或数量向量的函数，使用的是绝对数；第二种公理检验法中价格指数定义为价格比率的函数，使用的是相对数。如果指数不受计量单位影响，那么价格指数定义中使用绝对价格还是价格比率，则并无任何差别。第一种公理检验法使用了20项公理，第二种公理检验法使用了17项公理，相关检验法则整理如表2-9所示。

表2-9 高级指数公理检验法则

	检验准则	模型	含义
基本法则	T1 正值性	$P(p^0,p^1,v^0,v^1)>0$，v^t 表示 t 期（0或1）总支出	价格指数非负
	T2 连续性	$P(p^0,p^1,v^0,v^1)$	价格指数为自变量连续函数
	T3 恒等或不变价格检验	$P(p,p,v^0,v^1)=1$	如果在两个对比时期内，价格无变化，价格指数应该等于1
齐次检验	T4 报告期价格比例性	$P(p^0,\lambda p^1,v^0,v^1)=\lambda P(p^0,p^1,v^0,v^1)$ 设 $\lambda>0$	报告期价格都扩大 λ 倍，那么价格指数也扩大 λ 倍
	T5 基期价格反比性	$P(\lambda p^0,p^1,v^0,v^1)=\lambda^{-1}P(p^0,p^1,v^0,v^1)$ 其中 $\lambda>0$	如果基期商品价格都扩大 λ 倍，那么价格指数等于原来的 $1/\lambda$
	T6 报告期价值比例变化不变性	$P(p^0,p^1,v^0,\lambda v^1)=P(p^0,p^1,v^0,v^1)$ 设 $\lambda>0$	价格指数是报告期1价值向量 v^1 各分量的零次齐次函数
	T7 基期价值比例变化不变性	$P(p^0,p^1,\lambda v^0,v^1)=P(p^0,p^1,v^0,v^1)$ 设 $\lambda>0$	价格指数是基期0价值向量 v^0 各分量的零次齐次函数
不变性与对称性检验	T8 次序变化的不变性	$P(p^{0*},p^{1*},v^{0*},v^{1*})=P(p^0,p^1,v^0,v^1)$ 其中：p^{t*} 表示向量 p^t 各分向量的排序，v^{t*} 表示向量 v^t 各分向量排序（$t=0,1$）	商品价格个体指数排序不影响价格指数
	T9 度量单位变化的不变性	$P(\alpha_1 p_1^0,\cdots,\alpha_n p_n^0;\alpha_1 p_1^1,\cdots,\alpha_n p_n^1;\alpha_1 v_1^0,\cdots,\alpha_n v_n^0;\alpha_1 v_1^1,\cdots,\alpha_n v_n^1)=P(p_1^0,\cdots,p_n^0;p_1^1,\cdots,p_n^1;v_1^0,\cdots,v_n^0;v_1^1,\cdots,v_n^1)$，$\alpha_i>0,i=1,2,\cdots,n$	所有商品价格计量单位产生变化，价格指数不变
	T10 时间逆检验	$P(p^0,p^1,v^0,v^1)=1/P(p^1,p^0,v^1,v^0)$	如果将时期0与时期1数据互换，价格指数为原来的倒数
	T11 固定权重下价格传递性	$P(p^0,p^1,v^r,v^s)P(p^1,p^2,v^r,v^s)=P(p^0,p^2,v^r,v^s)$	价格指数具有传递性
	T12 数量权数对称性检验	$P(p^0,p^1,v^0,v^1)=P(p^0,p^1,v^1,v^0)$	互换两个对比时期的支出向量，价格指数不变
平均值检验	T13 价格平均值检验	$\min_i(p_i^1/p_i^0:i=1,\cdots,n)\leq P(p^0,p^1,v^0,v^1)\leq\max_i(p_i^1/p_i^0:i=1,\cdots,n)$	价格指数介于最小价格比率与最大价格比率之间

	检验准则	模型	含义
单调性检验	T14 报告期价格单调性	$p^1 < p^2$ 时，$P(p^0, p^1, v^0, v^1) < P(p^0, p^2, v^0, v^1)$	如果报告期价格上升，价格指数增大
	T15 基期价格单调性	$p^0 < p^2$ 时，$P(p^0, p^1, v^0, v^1) > P(p^2, p^1, v^0, v^1)$	如果基期价格上升，价格指数减小
加权检验	T16 自身比例价格加权	$P(p_1^0, 1, \cdots, 1; p_1^1, 1, \cdots, 1; v^0, v^1) = f\left(p_1^0, p_1^1, \left[v_1^0 / \sum_{k=1}^{n} v_k^0\right], \left[v_1^1 / \sum_{k=1}^{n} v_k^1\right]\right)$	除商品 1 外，其余商品价格都为 1，同时任意给定两个时期权重，则价格综合指数只与商品 1 个体指数有关
	T17 价格变动与微小价值权重的无关性	$P(p_1^0, 1, \cdots, 1; p_1^1, 1, \cdots, 1; 0, v_2^0, \cdots, v_n^0; 0, v_2^1, \cdots, v_n^1) = 1$	如果商品 1 的价值权数比较小，则对价格指数影响可以忽略

3. Lowe 和 Young 指数的检验特性

在价格指数公式中，Lowe 指数与 Young 指数产生比较早，对整个指数理论体系发展与完善有着重要作用。如果设 $q^b = [q_1^b, \cdots, q_n^b]$，且 $p^b = [p_1^b, \cdots, p_n^b]$ 代表与基期有关的数量向量与价格向量，对应的基期年份支出比例定义为：

$$s_i^b = \frac{p_i^b q_i^b}{\sum_{k=1}^{n} p_k^b q_k^b} \quad i = 1, 2, \cdots, n \tag{2-68}$$

同时，以 $s^b = [s_1^b, \cdots, s_n^b]$ 表示基期年份支出比例向量。则在对比时期 0 与 1 之间的 Young（1812）价格指数定义为：

$$P_Y(p^0, p^t, s^b) = \sum_{i=1}^{n} s_i^b \left(\frac{p_i^t}{p_i^0}\right) \tag{2-69}$$

在时期 0 与 1 之间的 Lowe（1823）价格指数定义为：

$$P_{LO}(p^0, p^t, s^b) = \frac{\sum_{i=1}^{n} p_i^t q_i^b}{\sum_{i=1}^{n} p_k^0 q_k^b} = \frac{\sum_{i=1}^{n} s_i^b \left(\frac{p_i^t}{p_i^b}\right)}{\sum_{i=1}^{n} s_k^b \left(\frac{p_k^0}{p_k^b}\right)} \tag{2-70}$$

我们可以从前面所述的指数公理法检验中寻找一些基本的公理检验法则，检验 Lowe 指数与 Young 指数的性质。

相关的检验法则汇集如表 2-10 所示。

表 2 – 10   基本的相关检验法则

检验准则	模型	含义
T1 正值性	$P(p^0, p^1) > 0$	价格指数非负
T2 连续性	$P(p^0, p^1)$	价格指数为自变量连续函数
T3 恒等性	$P(p^0, p^0) = 1$	如果在两个对比时期内，价格无变化，价格指数应该等于 1
T4 报告期价格的齐次检验	$P(p^0, \lambda p^1) = \lambda P(p^0, p^1)$ 设 $\lambda > 0$	报告期商品价格都扩大为原来 λ 倍，价格指数也为原来 λ 倍
T5 基期价格的齐次检验	$P(\lambda p^0, p^1) = \lambda^{-1} P(p^0, p^1)$ 设 $\lambda > 0$	如果所有商品价格基期价格扩大 λ 倍，那么价格指数为原来的 $1/\lambda$
T6 商品逆检验	$P(p^0, p^t) = P(p^{0*}, p^{t*})$ 其中 p^{0*} 与 p^{t*} 表示价格向量 p^0 与 p^t 各分量的排列相同	价格指数与商品排列次序无关
T7 同度量检验	$P(\alpha_1 p_1^0, \cdots, \alpha_n p_n^0; \alpha_1 p_1^1, \cdots, \alpha_n p_n^1) = P(p_1^0, \cdots, p_n^0; p_1^1, \cdots, p_n^1)$, $\alpha_i > 0$, $i = 1, 2, \cdots, n$	如果所有商品价格度量单位发生变化，价格指数不变
T8 时间逆检验	$P(p^0, p^1) = 1 / P(p^1, p^0)$	如果将时期 0 与时期 1 数据互换，价格指数为原来的倒数
T9 传递性检验	$P(p^0, p^1) P(p^1, p^2) = P(p^0, p^2)$	价格指数具有传递性
T10 价格平均值检验	$\min_i(p_i^1/p_i^0 : i = 1, \cdots, n) \leq P(p^0, p^1) \leq \max_i(p_i^1/p_i^0 : i = 1, \cdots, n)$	价格指数介于最小价格比率与最大价格比率之间
T11 报告期价格单调性检验	$p^1 < p^2$ 时，$P(p^0, p^1) < P(p^0, p^2)$	如果报告价格上升，价格指数增大
T12 基期价格单调性检验	$p^0 < p^{0*}$ 时，$P(p^0, p^1) > P(p^{0*}, p^1)$	如果基期价格上升，价格指数减小

经检验，Lowe 价格指数能够满足表 2 – 10 的全部 12 个检验，这同时证明了 Lowe 价格指数具有优良的数学性质。Young 价格指数仅满足表 2 – 10 所列的 12 个法则中的 10 个，它不满足的检验法则是"T8 时间逆检验"与"T9 传递性检验"。显然，Young 价格指数的公理特性不如 Lowe 价格指数，Lowe 指数与 Young 指数相关检验通过情况如表 2 – 11 所示。

表 2 – 11   Lowe 指数与 Young 指数检验情况

检验法则	Lowe 指数	Young 指数
T1 正值性	√	√
T2 连续性	√	√

续表

检验法则	Lowe 指数	Young 指数
T3 恒等性	√	√
T4 报告期价格齐次检验	√	√
T5 基期价格齐次检验	√	√
T6 商品逆检验	√	√
T7 同度量性检验	√	√
T8 时间逆检验	√	×
T9 传递性检验	√	×
T10 价格平均值检验	√	√
T11 报告期价格单调性	√	√
T12 基期价格单调性	√	√

注意：表中√表示通过相应检验，×表示没有通过相应检验。

第四节　检验法则的评论

从指数模型检验方法的演化历史可以看出，统计学家与经济学家对各种指数检验方法的意见存在分歧，没有形成一致性的意见。

除了上述的检验体系外，还有迪韦尔特，沃西等许多检验体系。对于众多的检验体系与法则来说，本书有以下看法。

1. 各种检验方法各具特色

从检验法则的数量上看，对指数检验方法有突出贡献的主要是美国统计学家费歇尔，他提出了 8 个检验法则，迪韦尔特首次提出 10 个检验法则，后来扩展到 20 个。从内容上分析，不同时期的检验法则侧重点也不一样，如迪韦尔特最终的 20 个检验法则并不是对原来检验法则的简单保持，而是选择性地进行了保留。同时，他们的检验法则呈现出很强的针对性，例如 Fisher 检验法则完全适用于 Fisher 指数公式，Diewert 指数公式则全部通过了 Diewert 检验法则，显然针对性强，有量体裁衣之嫌。

2. 检验法则的一些共性特征

不管是 Fisher 检验法则与 Diewert 检验法则如何差异，它们所提出的检验法则就对指数公式而言还是要求满足一些基本的优良性质与要求，具有一些基本的共同检验法则。例如，不管是何种指数模型，都要求满足正值性、单调性、时间逆检验等要求。

3. 重数学性质，轻经济含义

实质上价格指数的编制是一项宏大的社会工程，极其复杂，工作量巨大。虽然从理论上来说，反映居民生活用品价格变化的"真实"指数存在，但是人类对它的探索与接近是一个极其漫长的过程。我们认为，理论上"完善"与"理想"的价格指数编制公式与模型肯定存在，但是囿于人类的社会实践认识的渐近性，经济现象本质展开的缓慢性，需要我们不断地探索与研究价格指数编制理论方法。

但是，有些指数公式，特别是 Marshall-Edgeworth 指数、Walsh 指数、Fisher 指数，从指标公式设计到运用与 Laspeyres 指数、Paasche 指数相比，它们均不同程度地表现出数学上优良的"不偏不倚""折中"性质，但它们在现实应用中却存在着许多难以克服的缺点，如需要较多的数据资料、计量复杂，经济意义不明确等。因此，苏联经济学家、统计学家和西方许多统计学家对于这种过分从数学角度设计公式，不关注模型内在经济含义的做法提出了严厉的批评。时至今日，距 Laspeyres 指数的提出已经有150 年的历史了，但是由于该模型蕴含简洁明了的经济含义、严谨而自然的数理性质，以及实践中对权重简单要求，大家都愿意运用 Laspeyres 公式编制 CPI，可见这些模型设计的自然魅力所在。所以，对于统计实践工作中的价格指数编制方法与模型，需要我们辩证地对待，立足于在现有的条件下，尽可能地选择优良、适用、可操作的模型与方法应用于统计实践工作。

第五节　本章小结

通过研究，本章可以得到一些基本性的结论。

1. CPI 基本要素

CPI 目标人群、规格品范围及分类等问题，在总体参照 ILO（1989）文件精神条件下，不同国家结合本国的具体情况，均做了一些修改，并不要求绝对地一致性。这其中以规格品的分类最为重要，各个国家也是在总体参照 ILO（1989）的 COICOP 分类前提下，灵活分类本国居民的消费品与服务项目。

对于 CPI 编制的理论来说，世界上绝大部分国家使用"固定篮子"编制理论体系，以美国为首的少量国家使用"生活费用指数"理论体系。从 CPI 编制方法来说，西方大部分国家使用"一次性加权平均法"，我国使用的是"多阶段加权平均法"。

2. CPI 模型

CPI 模型主要分为两部分：一是初级指数模型，二是高级指数模型。从它们的演化历史与模型的各自特点来看，现在各个国家使用比较广泛的初级指数模型有 Dutot 模型、Carli 模型、Jevons 模型，这三个模型具有不同的特点与数学性质。高级指数模型有很多，其中常用的是 Laspeyres 指数，但是随着 CPI 权重更新周期缩短、频率加快，以及扫描数据与技术的成熟，可以预见，在不久的将来，更多地国家可能倾向使用 Paasche 指数编制 CPI。

3. 模型的检验法则

学术界对于 CPI 编制使用的初级指数模型与高级指数模型均提出了各种检验法则，我们必须辩证地看待这一问题：指数模型必须满足一些基本的公理性检验法则，同时，又要结合其背后的经济含义进行模型设计与取舍。

第三章 中国 CPI 单一性与消费结构差异性

第一节 中国 CPI 发展历程

一、中国 CPI 发展历程

中国 CPI 发展经历了一个长期的探索与完善过程，随着国际价格指数理论的发展而日益完善。总体来看，可分为三个阶段进行考察。

（一）萌芽阶段（1926~1993 年）

我国 CPI 最早编制的是生活费用指数。俄罗斯经济学家柯拉氏于 1924 年首创了生活费用指数，这一指数比较的是居民为了满足一定的效用水平在两个时期消费的篮子商品最低支出的比例。它对两个时期的篮子商品不要求完全一样，这是它与固定篮子指数的本质区别，同时这也更符合实际情况。因而，随着这一指数理论基础的问世，立即被以美国为代表的一些西方国家所接受，并迅速传到中国。

当时，以"南开大学社会经济研究委员会"为代表的学术团体在这方面起到了积极的推动作用，他们于 1926 年起开始编制"天津工人生活费用指数"，对当时的居民生活用品选用了 37 种规格品，采用加权算术平均法测度居民生活费用指数。随后，在 1926~1927 年，编制了北京、上海、天津 3 个城市的工人生活费用指数，指导政府的相关民生经济政策。当时，CPI 编制的目标人群局限于 3 个城市的工人，生活用品分类为"食品、衣着、房租、燃料及杂项 5 类"。

新中国成立后，国家商业部采用生活费用支出总值法继续测度并发布北京、上海、天津 3 个城市职工生活费用价格指数，1953 年将这一做法推广至 10 个省会城市。1956 年，我国政府将这一做法推广到了全国的省会城市，并补编了各城市 1950 年以来的历年职工生活费用指数。1957 年，在全国范围内规制了 110 个城市和 103 个县市的产品零售价格指数。1984 年，随着改革开放经济政策的执行与市场经济的深入推进，汇编了城乡居民生活费用指数。1990 年，国家统计局专门开展了居民消费品与服务价格的专项调查活动，编制了全国性的生活费用总指数与零售价格指数，选用的规格品有 434种（包括消费品 132 种、服务项目 30 种及农业生产资料 52 种，等等），[①] 对及时掌握全国居民生活用品的价格变动情况，制定有效的宏观经济政策起到很好的推动作用。

（二）起步阶段（1994～1999 年）

随着市场经济的逐步建立与改革开放的深入推进，零售价格指数已经越来越不能满足居民对消费品价格变动情况的了解要求。在这种情况下，从 1994 年开始，我国开始对居民消费品价格指数进行单独编制，国家统计局根据价格改革需要，正式取消了生活费用指数与零售商品价格指数的编制。只不过，在这一阶段价格指数的统计、发布与使用主要以商品零售价格指数为主，CPI 为辅。

当时编制 CPI 时对规格品与服务项目分为 8 大类，43 个中类。大类商品主要包括"食品、衣着、家庭耐用设备、医疗保健、交通通信、娱乐教育文化、居住、服务项目"类型。必报商品与服务项目确定为 325 种，各地允许根据地方情况适当增加一些规格品。根据 3 万多住户的消费支出抽样调查情况确定权重，一般是根据上一年 1～10月的居民消费实际支出数据，加上 11、12 月的预测数据计算权重，作为下一年的预置权重使用。价格分类及汇总指数采用加权算术平均法计算。

（三）发展阶段（2000 年以后）

随着市场经济的深入推进与经济的持续发展，社会经济水平、经济结构及产业结构发生了比较大的变化，特别是第三产业发展迅速。这使得服务类项目在家庭消费支出的比重呈现出快速上升的态势，并且所占比重也越来越大。在这种情况下，原有的反映城乡居民商品零售价格指数显然已不能充分反映居民消费品与服务的价格变动情况，不利于全面、真实反映居民日常消费品价格变动的实际情况，同时，随着指数理论体系与编制方法的日益成熟，对我国的 CPI 进行改革势在必行。

在这种情况下，国家统计局与国家发改委于 1997 年联合组织人力资源，对 CPI 编制方法进行了大量的调查研究工作，在大量查阅西方国家 CPI 的编制方法、咨询国际统计专家意见基础上，提出了既与国际接轨，又具中国特色的 CPI 编制与发布制度。并决定从 2000 年起，价格指数的统计、发布与使用由原来的商品零售价格为主转向以 CPI 为主。以 2000 年为基期，从 2001 年 1 月 1 日起编制对应的链式 Laspeyres 指数与定基指数。

---

① 苏月中：《我国居民消费价格指数的历史演变及其发展规律》，载《统计教育》2003 年第 6 期。

新的 CPI 对居民日常消费商品与服务仍然分 8 大类，为"食品、衣着、家庭耐用设备、医疗保健、交通通信、娱乐教育文化、居住、服务项目"。必报商品数量由原来的325 种增加至 550 种左右。每一年 8 大类的汇总权重根据上一年的城乡居民消费支出调查资料确定，年内固定不变。价格指数的计算主要分两步：第一步，最低层规格品的个体指数计算，考虑到稳健性原则，规格品价格个体指数运用几何平均法计算；第二步，分类价格指数及总指数采用链式 Laspeyres 指数（Chained Laspeyres Index）公式计算。

2002 年 4 月 15 日，我国正式加入国际货币基金组织（International Monetary Fund, IMF）主导的数据发布通用系统（General Data Dissemination System, GDDS），又称为统计入世。这是对我国统计工作改革与发展具有重大促进作用的一个重大机遇，采用 GDDS 系统，可以综合评估我国 CPI 的数据质量，可以借鉴国际成熟的指数理论体系，促进我国 CPI 深入发展。

总之，我国的 CPI 发展经历了一个比较长的时期，主要的特点可以归结为以下三个方面：第一，伴随经济发展水平，适应现实需求。新中国成立前，我国是一个农业大国，在北京、上海、天津等少数大城市，汇集了少量的城市工人，早期编制的北京、上海、天津 3 地工人的生活费用指数，就是反映这些少量工人受物价变动的影响情况。并且消费品的范围也只有 5 类，基本上没有什么服务类项目。新中国成立后，特别是随着第一个 5 年计划的逐步完成，我国生产力水平得到极大提高，产生了大量的城市工人，为了反映这些工人的生活状况，生活费用指数由原来的 3 个城市逐步扩展 1953 年的 10 个、1956 年的全国各省会城市、1957 年的 110 个城市、1984 年的全国城乡居民生活费用指数。可见，CPI 顺应历史发展，逐渐扩展影响。第二，不断完善、逐步深化。CPI 的名称历经了"生活费用指数—商品零售价格指数—消费者价格指数"的演变过程。消费品的范围也由原来的 5 类，扩展到 8 大类，400 多种规格品。在代表性的规格品目录中，服务类项目从无到有，权重逐渐增大，基本上涵盖了居民日常生活用品的范围，对我国经济政策的参考价值日益提升。第三，任重道远、不懈努力。虽然我国的 CPI 经历了一个漫长的发展过程，但是与民众的真实需求相比还有很大的差距，主要表现为随着我国经济的深入发展，经济发展的不平衡性与收入分配体制性的弊病使得居民收入分化现象严重，不同收入的阶层对我国目前的 CPI 感受差异大，影响了许多经济政策的效果。因此，实践的需要迫使我们应该继续探索适应我国居民消费实际的 CPI 编制理论体系与方法，编制能够更加真实、准确反映居民消费品价格变动情况的价格指数。同时，顺应 GDDS 的需要，在统计工作的数据质量方面需要更多的改革与努力工作，提高统计数据的质量。

二、现行 CPI 编制工作特点

（一）CPI 目标与任务

国家统计局在官方网站上对 CPI 的定义是"反映一定时期内城乡居民所购买的生活消费品和服务项目价格变动趋势和程度的相对数"。它是对城市 CPI 和农村 CPI 进行综合汇总计算的结果。通过该指数可以观察和分析消费品的零售价格和服务项目价格变动对城乡居民生活费用支出的影响程度。

同时，对 CPI 任务的界定是"宏观经济分析和决策，价格总水平监测和调控以及国民经济核算的重要指标，是通货膨胀水平判断的主要依据"，"该价格指数作为制定与分析货币政策、价格政策、社会保障与福利的重要依据"。可见，我国的 CPI 具有多重任务：既作为我国通货膨胀测度的依据，又用于工资调整、社会福利保障，以及国民经济核算等。

（二）价格调查地点的选择

居民消费品与服务价格数据的选择要考虑到许多因素，如各种商业业态、城乡差别、区域分布、零售额规模等。一般来说，对于购物中心、专业市场、农贸市场、百货商店、超市等商业业态都是价格数据采集地点。考虑到经费、人员、工作量等原因，一般是对那些代表性强的各种商业业态与服务性质的单位开展抽样调查工作。

目前，我国的规格品价格数据来自全国 31 个省（区、市），总共 500 多个被调查市、县，将近 6.3 万个各种商业业态、医院、农贸市场、电影院等服务性单位的价格调查点。这些价格调查点的选择是在综合考虑经营规模、零售额规模，以及经济情况得到的企业名录、基层行政记录资料等条件下，对价格调查点按照从高到低排序后，进行等距离随机抽样方式筛选出来的，同时考虑各种类型的商业业态、规模大小、区域分布等因素适当调整。

考虑到人口与市场建设方面存在的差距，抽选的 500 个调查市、县中被抽选到的价格调查点数量存在明显差别。一般城市要多些、农村要少些，大中城市多些、小城市少些。例如，北京的价格数据收集与调查点就抽选了 1454 个，这其中包含的各种商业业态 621 个、服务类单位 792 个、农贸市场 41 个。西南省份的贵阳市只抽选了 136 个价格数据的调查点，这其中包含的各种商业业态 68 个、服务类单位 59

个、农贸市场 9 个①。

（三）规格品价格采集方法

代表性规格品的选取和居民消费结构与消费模式关系密切，关系 CPI 的质量。因此，代表性规格品的筛选原则是：第一，与居民的日常生活关系密切；第二，居民日常消费数量（或支出金额）大；第三，消费市场供应平稳；第四，价格的变动趋势有充分的代表性；第五，代表性规格品之间替代性小、差异大。目前，我国居民的日常消费价格调查从用途方面来分为 8 个大类、24 个中类、80 个基本分类，各价格调查点每月需要调查的规格品价格有 600 种左右。

目前，世界上多数国家对居民消费的代表性规格品价格数据的采集通常是采取直接派人调查、企业报表以及适当的电话调查、网络收集等相结合的方式收集 CPI 编制需要的价格数据。在中国，1984 年经国务院批准、国家统计局在全国各地相继成立了直属调查队，专门派人收集 CPI 需要的原始数据。目前全国 31 个省（区、市）、500 个左右的价格调查点，共有价格调查员人数 4000 人左右的规模。

因为统计数据是统计信息质量的基础，为了从源头保证数据的可靠性与真实性，我国按照"三定一直"即"定人、定点、定时、直接调查"的原则进行操作。"定人"是指专门指定一个调查员，在一定的时期内，调查相同的商品与服务价格，这样做的目的就是使得调查员的工作更加专业、更加熟悉与全面了解所调查商品的特征与属性，保障商品价格数据的准确性与真实性。"定点"是指专门指派调查员，在固定的价格调查点采集价格数据，其根本目的就是让价格数据调查员更加熟悉调查点的基本情况，便于与调查单位建立长期良好的合作关系，使得收集得到的价格信息与数据更加准确。"定时"就是固定采集商品价格数据的调查时间，目的在于保证商品价格信息的同"时"可比性。例如，某个调查员采集某一农贸市场的商品价格数据时间如果是上午 8 时，那么他下一次采集商品价格数据的时间也应该是上午 8 时，这样就保证了样本数据的可比性。"一直"就是由各地价格调查点的调查员直接收集商品价格信息与数据，不能采取委托他人或其他间接方法获取商品价格数据。

CPI 分类的规格品中，食品大类的粮食、水果蔬菜、猪牛羊肉等生活用品与居民日常生活密切相关，这些商品价格变动一般也比较频繁，需要每隔 5 天采集一次价格数据；对于那些耐用消费品来说，如衣服、交通、通信等大部分工业性产品与服务项目，需要每月调查 2~3 次；对于由政府定价的项目，如水、电、气等价格数据，每月采集一次价格数据即可。

---

① 根据国家统计局网站相关资料整理得到 http://www.stats.gov.cn/。

随着电子信息技术条件的普及，统计信息化条件可极大地提高统计数据的质量。目前，国家统计局在全国大部分地区启用了最新的数据实时采集系统，就是通过向价格调查员每人配发的手持式 CPI 数据采集器，实时收集商品与服务价格数据。并且能够通过联网，把价格调查人员在现场收集到的商品价格数据信息实时上传至国家统计局。这样的实时系统还可以对调查员进行 GPS 定位、了解调查员的工作活动情况，通过设置权限，系统可以防止调查员删除或者修改数据，这样就可以从源头保证统计数据的真实性与及时性。

（四）权重数据来源

权重是影响 CPI 很重要的一个因素。目前我国的 CPI 权重采用的是根据居民消费支出法进行测度，即分类商品与服务支出部分在总的消费支出中所占的比重，一般用相对数表示，这些分类项目的权重即为居民的消费结构。这些权重主要是对 80 个基本分类项目、24 个中类、8 个大类进行权重测度与预置，在代表性商品与服务的价格初级指数计算后，可以及时地汇编各类 CPI。

我国 CPI 权重数据来源于全国 12 万户城乡居民家庭各类消费商品与服务项目的家庭支出情况。根据国家统计局编制 CPI 的相关规定，这些权重每 5 年调整一次。但是，考虑到我国处于经济转型时期，产业结构在不断地升级换代，城乡居民的生活在总量水平不断增长的条件下，居民生活的消费结构也日益优化。因此，CPI 权重每一年又进行一定程度的微调。

考虑到城乡居民生活消费差异与统计调查数据的获取难度，目前我国对城乡居民生活消费品的样本数据收集方式稍有不同，但对样本数据的质量要求却是一样的，总的原则是：以各省份为总体，对于居民的人均收入与支出情况，在 95% 的概率保证条件下，要求抽样推断的误差控制在 3% 以下。在这样的要求条件下，对城镇居民价格数据收集采用的是多阶段、二相、随机等距离的抽样方法来抽取样本。具体操作的流程是：以省为基本单位抽取需要调查的市或县。将省内的所有市或县，按照职工平均工资高低首先进行排序，然后以人口累计数作为辅助指标，采用随机起点、等距离抽选调查市县。最后，对抽选的调查市或县再来确定具体的调查住户，根据抽取的市或县再从中抽取居委会，居委会再抽取具体住户的方法抽取一个大样本。对于抽取到的大样本住户，再根据每户人均收入情况进行排序，运用等距离随机法再抽取一个小样本（即二相样本），作为经常调查的具体调查户（调查单位），对这些调查单位进行长期连续跟踪调查。目前，参加全国城镇住户调查的全部市县约476 个。

对于农村住户来说，样本抽选与确定采用的是三阶段、随机抽样、对称等距的抽样方法来抽取样本，也就是采取：省抽县、县抽村、村抽户的模式。首先，将省内的所有市或县按照人均收入高低情况进行排序，同样也以人口累计数作为辅助指标，采取随机起点、对称等距的方法抽取调查的市或县。然后，在每一个调查市或县中抽取调查村，在每一个调查村再采用随机等距的方法抽取具体的调查单位。目前，参加全国农村 CPI 编制调查的全部市县约 883 个。

对于抽取的全国 12 万户城乡居民家庭来说，对他们的日常消费情况，采用记流水账的方式收集相关消费支出数据，坚持长期、仔细、逐笔地记录这些家庭的收入与支出数据资料，并且统计调查员还需要每月亲自上门核实、收集他们的账本资料及数据，通过审核、整理、编码、录入、上报程序，再由国家统计局仔细汇编城乡居民的消费支出权重，如表 3－1 所示。

表 3－1　　　　　　　　　　城乡居民 CPI 权重数据抽取情况

居民	抽选方法	多阶段步骤	调查市县数（个）	数据质量要求
城镇居民	多阶段、二相、随机等距	省抽市县 市县抽居委会 居委会抽调查户	476	95% 的可靠性，抽样误差 3% 以内
农村居民	三阶段、对称等距、随机抽样	省抽县 县抽村 村抽户	883	

（五）价格指数计算方法

1. 规格品平均价格

在 CPI 编制过程中，首先需要计算规格品的价格。这个价格的计算时期一般最低以月度为基本时间单位，规格品的月度价格计算的是月度平均价，我国采用的是简单算术平均方法计算。首先，必须计算代表性商品与服务，在一个具体价格调查点的平均价格，然后，根据各个价格调查点的价格数据资料算出规格品的月度平均价，计量公式如下：

$$P_i = \frac{1}{m}\sum_{j=1}^{m}\left(\frac{1}{n}\sum_{k=1}^{n}P_{ijk}\right) = \frac{1}{m}\sum_{j=1}^{m}P_{ij} \qquad (3-1)$$

式（3－1）中，P_{ijk} 为第 i 个具体商品在第 j 个价格调查点、第 k 次调查得到的价格；P_{ij} 为第 i 个代表性商品在第 j 个价格调查点的月度平均价格；m 为价格调查点的数量，n 价格数据的调查次数。

2. 基本分类指数的计算

（1）规格品相对数的计算。

$$代表性规格品价格变动的相对数为 G_{ti} = \frac{P_{ti}}{P_{(t-1)i}} \times 100\% \qquad (3-2)$$

式（3-2）中，G_{ti} 为第 i 个规格品报告期（t）价格与基期（$t-1$）价格相比得到的相对指标。

（2）基本分类月环比指数的计算。

根据规格品价格变动的相对数，采用几何平均法测度各基本分类项目的月环比指数，相应的计算公式为：

$$K_1 = \sqrt[n]{G_{t1} \times G_{t2} \times \cdots \times G_{tn}} \times 100\% \qquad (3-3)$$

式（3-3）中，G_{t1}，G_{t2}，$\cdots$，G_{tn} 分别为第 1 个至第 n 个规格品的相对数。

（3）定基指数的计算。

定基指数等于各期月环比指数的连乘，计算公式为：

$$I_{基} = K_1 \times K_2 \times \cdots \times K_t \times 100\% \qquad (3-4)$$

式（3-4）中，K_1，K_2，$\cdots$，K_t 分别表示对比期间各期的月环比指数。

3. 总指数及各分类指数的计算

目前我国对总指数及各大中小等分类指数计算，采用的是逐级加权平均汇总的计算方式，并且采用的是链式拉氏公式，计算公式如下：

$$L_t = \left[\sum W_{t-1} \frac{P_t}{P_{t-1}} \right] \times L_{t-1} \qquad (3-5)$$

式（3-5）中，L：定基指数

W：权数

P：价格

t：报告期

$t-1$：报告期的上一时期

$\frac{P_t}{P_{t-1}}$：本期环比指数

指数的换算方法：

$$I_{环比} = \frac{报告期（月）定基指数}{上期（月）定基指数} \times 100\% \qquad (3-6)$$

$$I_{同比} = \frac{报告期（月）定基指数}{上年同期（月）定基指数} \times 100\% \qquad (3-7)$$

$$I_{年度} = \frac{本年累计定基指数的平均数}{上年累计定基指数的平均数} \times 100\% \qquad (3-8)$$

第二节　现行 CPI 的单一性

一、中国现行 CPI 体系

目前我国编制并发布的 CPI 主要为全国 CPI、城镇 CPI 及农村 CPI。至于为什么按照城镇居民与农村居民这种统计分组进行编制并发布 CPI 并没有相关的说明，可能的原因如下。

（一）城乡差别

1. 城乡二元经济结构背景

通常认为发展中国家在工业化发展道路中必然会出现二元经济结构。所谓的二元经济结构是指现代化的工业部门与传统的农业部门在同一时期并存的一种经济结构。相关研究认为：中国是典型的二元经济结构，中国经济发展过程中许多问题与这种二元经济结构紧密联系（蔡晓陈，2012；王颂吉、白永秀，2013）。

二元经济理论由美国经济学家威廉·阿瑟·刘易斯（W. A. Lewis，1915~1991）最早提出。1954 年，刘易斯在其专著《劳动力无限供给下的经济发展》中，首次提出了发展中国家的二元经济结构理论模型，研究指出发展中国家在工业化发展进程中，明显存在着两个不同的生产部门：一个是运用现代组织管理与工业技术生产的"现代部门"；另一个是仍然按照传统生产方式生产的"农业部门"。这样的二元经济结构转换的过程就是农村剩余劳动力脱离劳动生产效率相对较低的农业部门，转移到劳动生产效率比较高的工业部门，从而推动整个社会发展。后来，刘易斯（Lewis）的二元经济结构理论被费景汉与拉尼斯[1]（H. Fei & G. Ranis，1964）进一步完善，在一个国家的工业化过程中，农村剩余劳动力的转移同时伴随着农村劳动生产率的提高，在农业总的产量保持不减的基础上，工业扩张与剩余劳动力的转移才能顺利进行。

按照二元经济结构理论，事实上我国的经济结构符合二元经济结构理论学说，呈

---

[1]　John C. H. Fei and Gustav Ranis，Development of the Labor Surplus Economy：Theory and Policy. *American Journal of Agricultural Economics*，Vol. 47，No. 2，April 1964，pp. 324 - 325.

现出典型的二元经济结构所述特征。自古以来，我国就一直是一个农业大国，直到 19世纪中叶"洋务运动"出现以后，我国沿海一些地区引进了西方近代工业技术，相继在广州、天津、上海等沿海城市出现了一些近代工业企业，近代工业城市的出现使得中国的二元经济结构初具雏形。新中国成立后，以第一个五年计划为标志，在东北、华东、华中等 150 多个大中城市迅速建起了新中国的工业基础，大力发展现代工业，而广大的农村地区仍然是传统的农业经济，城乡二元经济结构初步形成。

2. 二元经济结构统计分析指标

二元经济结构说明了工业与农业两个部门经济之间存在的客观差异，这种差异常用的统计分析指标有 3 个，皆是运用两个部门的产值比重与劳动力比重进行建构。

第一，比较劳动生产率，指一个部门的产值比重与该部门劳动力比重的比率。这个指标设计的本意是研究资源配置效率，反映一个部门劳动生产率的高低；这个指标越高说明比较劳动生产率高，这个指标越小说明比较劳动生产率低。通常认为农业部门的比较劳动生产率小于 1，工业部门的劳动生产率大于 1。如果城乡二元经济结构差距越来越大，说明这两个部门的比较劳动生产率越来越大，二元经济结构特征明显。

第二，二元对比系数，即农业部门比较劳动生产率与工业部门比较劳动生产率的比率。这个指标的变化范围在区间（0，1）内，当二元对比系数为 0 时，说明农业部门比较劳动生产率极低，生产力水平低，趋向于 0，二元经济结构最显著；当二元对比系数为 1 时，说明农业部门比较劳动生产率极高，生产力水平无限接近工业部门的生产力水平，二元经济此时完全转化为了一元经济结构，经济的二元经济特征消失。研究发现，通常"发展中国家的二元对比系数在 0.31 ~ 0.45，发达国家在 0.52 ~ 0.86"[①]。

第三，二元反差系数，即二、三产业或非农产业产值比重与劳动力比重差值的绝对值。这个指标的范围在（0，1）内，它的含义与二元对比系数刚好相反，二元反差系数越小，农业部门与工业部门的差距越大，二元经济结构越不明显；当二元反差系数为 0 时，二元经济转变为了一元经济，经济结构的二元性特征消失。

根据 1952 ~ 2014 年历年的《中国统计年鉴》数据，选用第一产业产值比重，第二、三产业产值比重，第一产业就业比重，第二、三产业就业比重等统计变量与数据，测度我国历年的比较劳动生产率、二元对比系数、二元反差系数等统计分析指标，统计测度结果如表 3 - 2 所示。

---

① 刘丽娜：《城乡居民消费结构影响因素实证研究》，载《商业经济研究》2016 年第 10 期。

表3－2　　　　　　　　　　　中国二元经济结构指标分析

年份	第一产业产值比重（%）①	第二、三产业产值比重（%）②	第一产业就业比重（%）③	第二、三产业就业比重（%）④	第一产业比较劳动生产率（%）⑤＝①/③	第二、三产业比较劳动生产率⑥＝②/④	二元对比系数⑦＝⑤/⑥	二元反差系数⑧＝│②－④│
1952	50.5	49.5	83.5	16.5	60.5	3.0	20.1	33.0
1953	45.9	54.1	83.1	16.9	55.3	3.2	17.3	37.2
1954	45.6	54.4	83.1	16.9	54.8	3.2	17.0	37.5
1955	46.3	53.7	83.3	16.7	55.6	3.2	17.3	37.0
1956	43.2	56.8	80.6	19.4	53.6	2.9	18.3	37.4
1957	40.3	59.7	81.2	18.8	49.6	3.2	15.6	40.9
1958	34.1	65.9	58.2	41.8	58.6	1.6	37.1**	24.1**
1959	26.7	73.3	62.2	37.8	42.9	1.9	22.1	35.5
1960	23.4	76.6	65.7	34.3	35.6	2.2	15.9	42.3
1961	36.2	63.8	77.2	22.8	46.9	2.8	16.8	41.0
1962	39.4	60.6	82.0	18.0	48.0	3.4	14.2	42.6
1963	40.3	59.7	82.5	17.5	48.8	3.4	14.3	42.2
1964	38.4	61.6	82.2	17.8	46.7	3.5	13.5	43.8
1965	37.9	62.1	81.6	18.4	46.4	3.4	13.8	43.7
1966	37.6	62.4	81.5	18.5	46.1	3.4	13.7	43.9
1967	40.3	59.7	81.7	18.3	49.3	3.3	15.1	41.4
1968	42.2	57.8	81.7	18.3	51.7	3.2	16.4	39.5
1969	38.0	62.0	81.6	18.4	46.6	3.4	13.8	43.6
1970	35.2	64.8	80.8	19.2	43.6	3.4	12.9	45.6
1971	34.1	65.9	79.7	20.3	42.8	3.2	13.2	45.6
1972	32.9	67.1	78.9	21.1	41.7	3.2	13.1	46.0
1973	33.4	66.6	78.7	21.3	42.4	3.1	13.6	45.3
1974	33.9	66.1	78.2	21.8	43.4	3.0	14.3	44.3
1975	32.4	67.6	77.2	22.8	42.0	3.0	14.2	44.8
1976	32.8	67.2	75.8	24.2	43.3	2.8	15.6	43.0
1977	29.4	70.6	74.5	25.5	39.5	2.8	14.3	45.1
1978	28.1	71.9	70.5	29.5	39.9	2.4	16.4	42.4
1979	31.2	68.8	69.8	30.2	44.7	2.3	19.6	38.6
1980	30.1	69.9	68.7	31.3	43.8	2.2	19.6	38.6
1981	31.8	68.2	68.1	31.9	46.7	2.1	21.8	36.3
1982	33.3	66.7	68.1	31.9	48.9	2.1	23.4	34.8
1983	33.0	67.0	67.1	32.9	49.2	2.0	24.1	34.1
1984	32.0	68.0	64.0	36.0	50.0	1.9	26.5**	32.0**

续表

年份	第一产业产值比重（%）①	第二、三产业产值比重（%）②	第一产业就业比重（%）③	第二、三产业就业比重（%）④	第一产业比较劳动生产率（%）⑤=①/③	第二、三产业比较劳动生产率⑥=②/④	二元对比系数⑦=⑤/⑥	二元反差系数⑧=|②-④|
1985	28.4	71.6	62.4	37.6	45.5	1.9	23.9	34.0
1986	27.1	72.9	60.9	39.1	44.5	1.9	23.8	33.8
1987	26.8	73.2	60.0	40.0	44.7	1.8	24.4	33.2
1988	25.7	74.3	59.4	40.6	43.3	1.8	23.7	33.7
1989	25.0	75.0	60.0	40.0	41.6	1.9	22.2	35.0
1990	27.1	72.9	60.1	39.9	45.1	1.8	24.6	33.0
1991	24.5	75.5	59.7	40.3	41.0	1.9	21.9	35.2
1992	21.8	78.2	58.5	41.5	37.3	1.9	19.8	36.7
1993	19.9	80.1	56.4	43.6	35.3	1.8	19.2	36.5
1994	20.2	79.8	54.3	45.7	37.2	1.7	21.3	34.1
1995	20.5	79.5	52.2	47.8	39.3	1.7	23.6	31.7
1996	20.4	79.6	50.5	49.5	40.4	1.6	25.1**	30.1**
1997	19.1	80.9	49.9	50.1	38.3	1.6	23.7	30.8
1998	18.4	81.6	49.8	50.2	36.9	1.6	22.7	31.4
1999	16.1	83.9	50.1	49.9	32.1	1.7	19.1	34.0
2000	14.7	85.3	50.0	50.0	29.4	1.7	17.2	35.3
2001	14.1	85.9	50.0	50.0	28.2	1.7	16.4	35.9
2002	13.4	86.6	50.0	50.0	26.8	1.7	15.5	36.6
2003	12.4	87.6	49.1	50.9	25.3	1.7	14.7	36.7
2004	13.0	87.0	46.9	53.1	27.7	1.6	16.9	33.9
2005	11.7	88.3	44.8	55.2	26.1	1.6	16.3	33.1
2006	10.7	89.3	42.6	57.4	25.1	1.6	16.1	31.9
2007	10.4	89.6	40.8	59.2	25.5	1.5	16.8	30.4
2008	10.3	89.7	39.6	60.4	26.0	1.5	17.5	29.3
2009	9.9	90.1	38.1	61.9	26.0	1.5	17.9	28.2
2010	9.6	90.4	36.7	63.3	26.2	1.4	18.3	27.1
2011	9.5	90.5	47.9	52.1	19.8	1.7	11.4**	38.4**
2012	9.5	90.5	33.6	66.4	28.3	1.4	20.7	24.1
2013	9.4	90.6	31.4	68.6	29.9	1.3	22.7**	22.0**
2014	9.2	90.8	29.5	70.5	31.2	1.3	24.2	20.3

注：历年《中国统计年鉴》上的这些变量数据有按照当年价格（市场经济之前的叫法）计算与不变价格计算的数据，但由于价格指数数据的基期经常变动且各变量对比条件并不完全一致，故这里就简单采用统计年鉴上直接的原始数据进行计算。

表2中**为异常点，对应图3－1中的阶段性分割点。

为了便于对比分析，现对二元对比系数与二元反差系数运用 SPSS 软件 17.0，进行简单的描述性统计分析，相关的结果整理如表 3 - 3 所示。

表 3 - 3 　　　　　　　　二元对比系数与二元反差系数描述性统计量 　　　　单位：%

变量 \ 指标	最小值	下四分位数	中位数	平均数	上四分位数	最大值
二元对比系数	11.40	15.20	17.30	18.65	22.17	37.10
二元反差系数	20.30	33.12	36.40	36.40	42.00	46.00

从表 3 - 3 可知，我国城乡二元对比系数的最小值为 11.40%，下四分位数为 15.20%，中位数为 17.30%，平均数为 18.65%，上四分位数为 22.17%，最大值为 37.10%，系数符合发展中国家的二元对比系数在 0.31～0.45 之间的理论假定。

二元反差系数的最小值为 20.30%，下四分位数为 33.12%，中位数为 36.40%，平均数为 36.40%，上四分位数为 42.00%，最大值为 46.00%。可见，我国二元经济结构特征明显。

从表 3 - 3 可知，我国二元对比系数与二元反差系数在 1958 年、1984 年、1996 年、2011 年、2013 年等处具有异常波动特征，由这些点将我国的二元对比系数与二元反差系数的阶段变化特征也十分清楚的表现了出来。如图 3 - 1 所示。

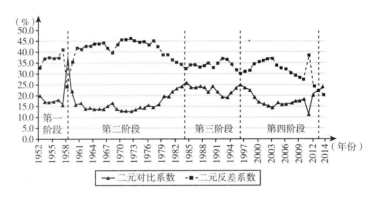

图 3 - 1 　1952～2014 年我国城乡二元对比系数与二元反差系数波动

3. 二元经济结构演化

从图 3 - 1 可知，结合二元对比系数与二元反差系数统计分析指标，我们可以将 1952～2014 年的我国城乡二元经济结构阶段的演化过程及特征做些简单分析。

第一阶段（1952～1958 年）。从图 3 - 1 显示可知，在 1952～1958 年间，二元反差系数均为 37% 左右，皆高于二元对比系数 17% 左右，但在 1958 年，二元反差系数为 24.10%，小于二元对比系数 37.10%，随后回归到二元反差系数高于二元对比系数的常态。

究其原因，新中国成立后，开始的社会主义革命，对民族资本主义进行社会主义改造。经过 3 年左右的时间，基本上完成了对民族资本主义的改造，随即迅速进入到社会主义建设事业之中。当时面对百废待兴的经济现实与错综复杂的国际形势，为了迅速摆脱我国贫穷落后的面貌，在苏联的帮助下，我国实施了从 1953～1957 年第一个五年发展规划，作出了优先发展重工业的战略决策。由于重工业是资本高度密集型产业，资金投入大、回收周期长，由于当时我国刚刚取得了新民主主义革命的胜利，面对的是一个有几千年传统的农业大国，为了保证重工业优先发展的战略目标，采取了一些强制性措施与政策，从农业中进行资本的快速原始聚集。

政策上，从 1953 年起，对农产品实行统购统销政策，国家以低于市场价格向农民收购农产品，这样做的目的是降低工业部门职工的工资与生活成本，保障工业的顺利发展。到 20 世纪 50 年代末，在农村全部实行了人民公社化的集中生产与管理模式。农民按照国家统一规定的品种与数量进行生产，并在 50 年代中后期，实行了一系列城乡隔绝的户籍制度、社会保障制度、劳动用工制度和教育制度等体制方面的安排，完全阻断了产品、生产资料、劳动力在城乡之间的自由流动，通过体制安排人为地将城乡撕裂为两个相互绝缘的板块，从而将我国城乡二元经济结构用制度固定下来。

第二阶段（1959～1984 年）。从图 3－1 可知，在此期间城乡二元经济结构差别不仅没有缩小，反而被拉大。直到 1978 年我国实行家庭联产承包责任制以后，这种差别才开始逐步缩小，到 1984 年二元对比系数达到局部极大值 26.50%，二元反差系数达到局部极小值 32.00%。

随着我国第一个五年计划的顺利完成，我国初步建立起了现代工业基础，国民经济得到快速发展。我国的工业化发展道路经历了由计划经济向市场经济的长期探索与缓慢发展过程，农业部门完全让位于工业发展，农业经济发展举步维艰，导致了城乡经济发展差距迅速拉大，城乡二元经济结构特征十分明显。随后在中苏交恶、西方封锁与制裁等国际环境不利因素影响下，国民经济全面下滑。但是，城乡二元经济结构却没有丝毫改变。

第三阶段（1985～1996 年）。相较于上一时期，城乡差距快速缩小，二元反差系数均为 35% 左右，二元对比系数快速上升到 25% 左右，城乡差别明显变小。从 1978 年来，以党的十一届三中全会为标志，我国在农村实行了家庭联产承包责任制，农村经济得到极大发展，出现了大量的农村剩余劳动力。同时，在"经济特区"窗口引导下，国家陆续出台与实施了小城镇发展战略，许多地方建立了经济开发区，以"乡镇企业"、农民外出打工为标志，大量的农村剩余劳动力向城市转移、向工业部门转移，我国农业与工业经济得到极大发展，带动了我国城市化水平的高速发展，城乡二元经济结构差距首次缩小。

第四阶段（1997～2011年）。城乡差距经过了短暂扩大，然后急剧缩小，最终呈现出几乎同步变化特征。主要原因是以党的十四大召开为标志，提出了"大力构筑以城市化作为区域经济与社会发展中心，逐步提高城市化水平，坚持大中小城市和小城镇协调发展，走中国特色的城市化道路"。从此，我国进入了城镇化的发展道路，城市化与城市发展空前活跃。城乡二元经济结构与城乡差距进一步缩小。

第五阶段（2012年至今）。2013年，二元对比系数为22.70%，二元反差系数为22.00%，首次出现城乡二元对比系数与二元反差系数极为接近的时刻，按照二元经济结构理论，这说明了我国城乡经济结构二元性的消失，我国城乡经济首次出现了一体化趋势，这是一个拐点。2014年，我国二元对比系数为24.20%，而二元反差系数却为20.30%，自拐点出现后，出现了反转现象，那么这种现象是具有内在的必然性，还是短期的一种随机波动现象，还有待于进一步观察与分析。

从我国城乡差别的动态变化情况来看，由早期的体制分割向社会主义市场经济一体化方向演化过程中，我国的城乡差距正呈现出日益缩小、逐渐消灭的变化特征。

4. 体制、制度及政策的隔绝影响

我国城乡居民差距明显的另一个重要原因是体制与制度层面的长期隔绝。新中国成立初期，为了优先发展我国的工业基础，全国实行了一系列的产业、经济、财税等政策，进一步巩固与加深我国城乡居民的差别。一是产业政策方面，实行了工业优先、农业维持现状的产业经济政策，各种生产要素优先保障工业发展需要，物质、人力、技术等各种生产资源的相互流动受到制约；二是金融制度方面，对农业发展的资金比例逐年下降；三是财政制度方面，政府各种财政支农资金投入总量不足，结构不合理；四是税收制度方面，城乡赋税不公平，农村赋税偏高，税制不科学，农民负担过重；五是户籍制度方面，国家明确将全国人口分为农业户口与非农业户口两大人口群体，他们在收入、就业、学习、保障、福利等方面存在巨大差别，人为地分割成两大利益群体，形成城乡两大利益群体的差距。

（二）城乡二元差别结构影响

长期以来，我国城乡二元经济结构导致的直接后果就是形成了城乡差距。目前对城乡差距进行统计描述性分析的主要统计指标有：居民人均收入、人均消费及差异性的消费结构。

1. 城乡居民人均收入及恩格尔系数

城乡居民人均可支配收入及恩格尔系数能够比较清楚地描述城乡居民生活差异情况。根据历年《中国统计年鉴》数据，整理并计算了1978～2013年我国城乡居民相关指标，具体数据如表3-4所示。

表 3-4   城乡居民人均可支配收入*与恩格尔系数对比情况

年份	城镇居民人均可支配收入		农村居民人均可支配收入		城镇居民恩格尔系数（％）	农村居民恩格尔系数（％）
	绝对数（元）	指数（1978年=100）	绝对数（元）	指数（1978年=100）		
1978	343.4	100.0	133.6	100.0	57.5	67.7
1980	477.6	127.0	191.3	139.0	56.9	61.8
1985	739.1	160.4	397.6	268.9	53.3	57.8
1990	1510.2	198.1	686.3	311.2	54.2	58.8
1991	1700.6	212.4	708.6	317.4	53.8	57.6
1992	2026.6	232.9	784.0	336.2	53.0	57.6
1993	2577.4	255.1	921.6	346.9	50.3	58.1
1994	3496.2	276.8	1221.0	364.3	50.0	58.9
1995	4283.0	290.3	1577.7	383.6	50.1	58.6
1996	4838.9	301.6	1926.1	418.1	48.8	56.3
1997	5160.3	311.9	2090.1	437.3	46.6	55.1
1998	5425.1	329.9	2162.0	456.1	44.7	53.4
1999	5854.0	360.6	2210.3	473.5	42.1	52.6
2000	6280.0	383.7	2253.4	483.4	39.4	49.1
2001	6859.6	416.3	2366.4	503.7	38.2	47.7
2002	7702.8	472.1	2475.6	527.9	37.7	46.2
2003	8472.2	514.6	2622.2	550.6	37.1	45.6
2004	9421.6	554.2	2936.4	588.0	37.7	47.2
2005	10493.0	607.4	3254.9	624.5	36.7	45.5
2006	11759.5	670.7	3587.0	670.7	35.8	43.0
2007	13785.8	752.5	4140.4	734.4	36.3	43.1
2008	15780.8	815.7	4760.6	793.2	37.9	43.7
2009	17174.7	895.4	5153.2	860.6	36.5	41.0
2010	19109.4	965.2	5919.0	954.4	35.7	41.1
2011	21809.8	1046.3	6977.3	1063.2	36.3	40.4
2012	24564.7	1146.7	7916.6	1176.9	36.2	39.3
2013	26955.1	1227.0	8895.9	1286.4	35.0	37.7

注：*从2013起，我国对城乡居民人均可支配收入情况进行城乡一体化收集与核算，如果要引用2013年以后居民的人均可支配收入情况，必须按照城乡居民的人数情况加权平均，考虑到方便起见，居民人均可支配收入这里只列举到2013年。

资料来源：国家统计局网站《中国统计年鉴》，http：//www.stats.gov.cn/tjsj/ndsj/。

从表3-4可知，首先是人均可支配收入对比。改革开放初年，城镇居民人均可支配收入为343.40元，农村为133.60元，城乡居民收入比为2.57∶1，到2013年城镇居民人均可支配收入涨至26955.1元，农村居民人均可支配收入涨至1227元，收入比变为3.03∶1。其次是收入增长速度对比。从定基发展速度可知，城镇居民2013年收入为

1978 年收入的 12.27 倍, 农村居民 2013 年收入为 1978 年收入的 12.86 倍, 农村居民与城镇居民收入增长基本一样, 但是由于原来基数的差异, 城镇居民收入的绝对数远高于农村居民收入。最后是恩格尔系数对比。从城镇居民的恩格尔系数可知, 1978 年城镇居民恩格尔系数为 57.5%, 说明城镇居民收入中有一半以上用于了食品方面的支出, 主要用于解决温饱问题。随后, 随着收入增加, 恩格尔系数逐年下跌, 至 2013 年城镇居民的恩格尔系数已经降为 35%, 说明了城镇居民的生活消费结构已经逐步得到优化。农村居民在 1978 年的恩格尔系数为 67.7%, 说明 1978 年我国农村有接近 7 成的收入用于食品方面支出, 吃饭问题特别严重, 随后在家庭联产承包责任制政策刺激下, 收入稳步增长。恩格尔系数也一路下滑, 至 2013 年恩格尔系数下降为 37.7%, 稍微高于城镇居民的恩格尔系数, 说明农村居民的消费结构也得到了显著改善。

2. 消费结构的差异

城乡差距不仅表现在城乡居民收入及增长速度方面, 还体现在城乡居民消费结构的差异性方面。在国家统计局网站, 农村居民情况统计的有人均消费支出及结构与人均现金消费支出及结构, 城镇居民没有人均消费支出, 只有人均现金消费支出及结构, 为了便于对比分析, 皆选择了城乡居民人均现金消费支出情况及消费结构对比分析。相关数据直接来自国家统计局网站原始数据（http://www.stats.gov.cn）。

（1）城镇居民消费结构特征。城镇居民消费结构情况整理如表 3-5 所示。

表 3-5　　　　　　　城镇居民人均现金消费支出及结构

人均现金消费支出（元）	1990 年	1995 年	2000 年	2010 年	2011 年	2012 年	2013 年
食品	693.8	1772.0	1971.3	4804.7	5506.3	6040.9	6311.9
衣着	170.9	479.2	500.5	1444.3	1674.7	1823.4	1902.0
居住	60.9	283.8	565.3	1332.1	1405.0	1484.3	1745.1
家庭设备及用品	108.5	263.4	374.5	908.0	1023.2	1116.1	1215.1
交通通信	40.5	183.2	427.0	1983.7	2149.7	2455.5	2736.9
文教娱乐	112.3	331.0	669.6	1627.6	1851.7	2033.5	2294.0
医疗保健	25.7	110.1	318.1	871.8	969.0	1063.7	1118.3
其他	66.6	114.9	171.8	499.2	581.3	657.1	699.4
人均现金消费支出构成（%）	1990 年	1995 年	2000 年	2010 年	2011 年	2012 年	2013 年
食品	54.2	50.1	39.4	35.7	36.3	36.2	35.0
衣着	13.4	13.5	10.0	10.7	11.0	10.9	10.6
居住	4.8	8.0	11.3	9.9	9.3	8.9	9.7

续表

人均现金消费支出构成（%）	1990 年	1995 年	2000 年	2010 年	2011 年	2012 年	2013 年
家庭设备及用品	8.5	7.4	7.5	6.7	6.7	6.7	6.7
交通通信	3.2	5.2	8.5	14.7	14.2	14.7	15.2
文教娱乐	8.8	9.4	13.4	12.1	12.2	12.2	12.7
医疗保健	2.0	3.1	6.4	6.5	6.4	6.4	6.2
其他	5.2	3.2	3.4	3.7	3.8	3.9	3.9

从表 3 - 5 可知，城镇居民收入 1990 年用于食品方面支出最多，为 693.8 元，占支出的 54.2%，其次是衣着、文教娱乐、家庭设备及用品 3 个方面，分别为 170.9 元、112.3 元、108.5 元，占比 13.4%、8.8%、8.5%，居住、交通通信、医疗保健 3 个方面最少，分别为 60.9 元、40.5 元、25.7 元。到 2013 年，食品方面的支出为 6311.9 元，绝对数大幅增加，但是在总支出中所占比重却已经降低至 35%，而衣着、文教娱乐、家庭设备及用品等方面表现相对稳定，增加幅度不大，分别为 1902 元、2294 元、1215.1 元，占比分别为 10.6%、12.7%、6.7%，而原来支出较少的居住、医疗保健、交通通信方面表现出大幅增长态势，尤其是居住方面增长特别明显，分别为 1745.1 元、1118.3 元、2736.9 元，经过简单测算，分别为 1990 年的 28.67 倍、43.51 倍、67.58 倍，占比大幅提高到 9.7%、6.2%、15.2%。总之，城镇居民消费结构日益优化，表现出食品消费方面占比下降，居住、交通通信、医疗保健等生活享受方面占比逐年增加特点，城镇居民消费日趋完善。

（2）农村居民消费结构特征。农村居民消费结构整理如表 3 - 6 所示。

表 3 - 6　　　　　　　农村居民人均现金消费支出及结构

人均现金消费支出（元）	1990 年	1995 年	2000 年	2010 年	2011 年	2012 年	2013 年
食品	155.9	353.2	464.3	1313.2	1651.3	1863.1	2054.5
衣着	44.0	88.7	95.2	263.4	341.1	396.1	437.7
居住	81.2	147.9	231.1	801.4	930.2	1054.2	1169.3
家庭设备及用品	30.7	68.1	74.4	233.5	308.6	341.4	384.5
交通通信	8.4	33.7	93.1	461.1	547.0	652.8	795.8
文教娱乐	31.3	102.4	186.7	366.7	396.4	445.5	485.6
医疗保健	19.0	42.5	87.6	326.0	436.8	513.8	613.9
其他	4.3	23.1	52.5	94.0	122.0	147.5	171.6

人均现金消费支出构成（%）	1990年	1995年	2000年	2010年	2011年	2012年	2013年
食品	41.6	41.1	36.1	34.0	34.9	34.4	33.6
衣着	11.7	10.3	7.4	6.8	7.2	7.3	7.2
居住	21.7	17.2	18.0	20.8	19.7	19.5	19.1
家庭设备及用品	8.2	7.9	5.8	6.1	6.5	6.3	6.3
交通通信	2.2	3.9	7.2	11.9	11.6	12.1	13.0
文教娱乐	8.4	11.9	14.5	9.5	8.4	8.2	7.9
医疗保健	5.1	4.9	6.8	8.4	9.2	9.5	10.0
其他	1.1	2.7	4.1	2.4	2.6	2.7	2.8

从表3-6可知，农村居民收入1990年用于食品方面支出最多，为155.9元，占支出的41.6%，其次是居住、衣着、文教娱乐、家庭设备及用品方面，分别为81.2元、44元、31.3元、19元，占比21.7%、11.7%、8.4%、8.2%，交通通信、医疗保健方面最少，分别为8.4元、19元，占比2.2%、5.1%。到2013年，食品方面的支出为2054.5元，绝对数大幅增加，但是在总支出中所占比重却已经降低至33.6%，而居住、衣着、文教娱乐、家庭设备及用品方面表现相对稳定，增加幅度不大，分别为1169.3元、437.7元、485.6元、384.5元，占比分别为19.1%、7.2%、7.9%、6.3%，而原来支出较少的医疗保健、交通通信方面表现出大幅增长态势，分别为613.9元、795.8元，经过简单测算，分别为1990年的32.31倍、94.74倍，占比大幅提高到10%、13%。总之，农村居民消费结构日益优化，表现出食品、居住消费方面占比下降，交通通信、医疗保健等方面占比大幅增加的特点，农村居民消费得到一定程度改善。

显然，从表3-5、表3-6的对比中我们可以看到，城乡居民消费结构具有一些显著性差异。首先，从绝对数来看，城镇居民收入高于农村居民，城镇居民在许多方面的消费额都要高于农村居民。例如，从1990年城镇居民在食品方面人均消费额为693.8元、农村居民为155.9元，2013年城镇居民为6311.9元、农村居民为2054.5元。在其他方面均具有类似情况。其次，从消费结构来看，城镇居民在食品、衣着、居住、交通通信等方面的比重要高于农村居民。例如，城镇居民1990年在文化娱乐方面的权重为8.8%、农村居民为8.4%，2013年城镇居民的文化娱乐方面权重为12.7%、农村居民为7.9%。当然，这只是根据城乡居民人均现金消费情况来对比，对比结果有些方面可能有差异，如果能够考虑城乡居民在信息技术及互联网条件方面的差别，城乡居民消费结构对比情况可能更全面一些。

二、现行 CPI 单一性特征

从上述分析情况可知，由于我国长期存在分割的城乡管理体制，城乡居民生活被相对分割为两个独立的群体，因此，为了反映这两个群体的生活用品价格变动情况，我国在编制全国性的 CPI 外，很自然地编制了反映城乡居民生活用品价格变动情况的城镇 CPI 与农村 CPI。但是，随着改革开放政策的实施与我国经济持续性的发展，特别是在我国城市化发展的大战略背景下，城乡差距正逐渐缩小。在这样的背景下，现行的 CPI 体系已经不能准确反映我国居民生活用品价格变化情况，现行 CPI 体系已经暴露出许多弊端。

（一）城乡 CPI 的相关性

现对我国城乡 CPI 进行统计分析，首先研究它们之间的波动变化关系。由于城市 CPI 年度指数编制的时间最长，始于 1951 年，全国居民的 CPI 编制始于 1978 年，农村居民 CPI 始于 1985 年，为了便于对比分析，样本数据的时间皆选择 1985～2015 年的环比指数（上年 = 100），相关指标的原始波动如图 3-2 所示。

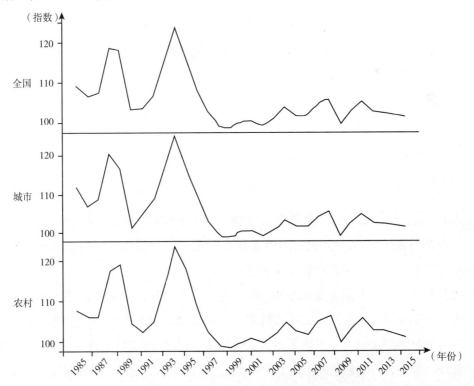

图 3-2　全国城乡居民年度 CPI 波动

从图 3-2 可知，这三个指数之间比较出了高度的同步性特征，样本期间 CPI 的高点均在 1994 年，全国 CPI 为 124.1%、城市 CPI 为 125%、农村 CPI 为 123.4%；在 1999 年回落至历史低点，其中全国 CPI 为 98.6%、城市 CPI 为 98.7%，农村 CPI 为 98.5%，体现出了极强的波动一致性。它们之间波动关系的相关性指标如表 3-7 所示。

表 3-7   城乡居民年度 CPI 间的相关系数（1985~2015 年）

类型	全国 CPI	城镇 CPI	农村 CPI
全国 CPI	1	0.990 **	0.993 **
城镇 CPI	0.990 **	1	0.967 **
农村 CPI	0.993 **	0.967 **	1

注：** 表示在 0.01 的水平上显著，考察的是 Pearson 系数、双侧检测。

从表 3-7 可知，全国与城市 CPI 间的相关系数为 0.990，全国与农村 CPI 间的相关系数为 0.993，城市与农村 CPI 间的相关系数为 0.967，可见，各指数间均表现出了高度正相关关系，具有强烈"一致性"特征。这些实证结果说明，这三个指数实际上只要编制一个就可以了，因为它们几乎呈现出"单一"变化特征。

（二）城乡 CPI 方差分析

现在对 1985~2015 年的全国 CPI、城镇 CPI 及农村 CPI 进行方差分析，研究组内偏差与组间偏差关系，揭示这样的分组结果是否能够很好地诠释了"组内同质性、组间差异性"基本统计分组特点，从另一个角度说明现有的 CPI 编制体系按照城乡分组编制是否具有内在的科学性。

方差分析的原假设：

$$H_0: u_1 = u_2 = u_3$$

$$H_1: u_1, u_2, u_3 \text{ 不全相等}$$

其中，u_1，u_2，u_3 分别为全国 CPI、城镇 CPI、农村 CPI 的平均值。

运用 2003 版 EXCEL 软件进行单因素方差分析，检验目前统计分组之间的 CPI 是否具有显著性差异，运行结果如表 3-8 所示。

从表 3-8 可知，F 值为 0.02669，临界值为 3.097698，显然 F 值小于临界值，并且，从 P-value 可知，原假设成立的概率为 0.973671，说明我们不能拒绝原假设。同时，总偏差为 3847.004，而组内偏差为 3844.724，占总偏差的比重为 99.94%，组间偏差为 2.280329，占总偏差的比重不到 0.5%，这说明总的偏差主要就是组内偏差，组间偏差即统计分组带来的影响可以忽略不计。

表 3 - 8　　　　　　全国 CPI、城镇 CPI 及农村 CPI 方差分析（1985 ~ 2015 年）

方差分析：单因素方差分析

组	观测数	求和	平均	方差
列 1	31	3273.66	105.6019	41.93624
列 2	31	3281.97	105.87	46.00462
列 3	31	3270.45	105.4984	40.21659

方差分析

差异源	SS 偏差	df	MS	F	P-value	F crit
组间	2.280329	2	1.140165	0.02669	0.973671	3.097698
组内	3844.724	90	42.71915			
总计	3847.004	92				

实证结果说明，我国目前编制的全国 CPI、城镇 CPI、农村 CPI 体系没有很好地反映各阶层真实的消费结构，不能表现出"组间异质性"特征，这三者指数之间呈现出高度雷同性质，不能充分反映我国居民消费结构的实际情况。

（三）城乡 CPI 样本均值检验

要对城乡居民 CPI 变化情况进一步统计分析，还要查看样本均值的配对检验情况，我们才能够更加准确评价它们间的变化关系。首先，对城乡居民 CPI 进行方差齐性检验，运用 EXCEL 2003 检验的结果如表 3 - 9 所示。

表 3 - 9　　　　　　城乡居民 CPI 方差齐性检验（1985 ~ 2015 年）

t - 检验：双样本等方差假设

项目	城镇 CPI	农村 CPI
平均（%）	105.87	105.4984
方差（%）	46.00462	40.21659
观测值	31	31
合并方差	43.11060699	
假设平均差	0	
df	60	
t Stat	0.222825334	
P(T < =t) 单尾	0.412214141	
t 单尾临界	1.670648865	
P(T < =t) 双尾	0.824428282	
t 双尾临界	2.000297804	

从表 3 - 9 可知，城乡居民 CPI 方差齐次的原假设成立的单尾概率为 0.412214141，

双尾概率为0.824428282，皆高于通常的显著性水平0.05。可见，城乡居民方差齐性的原假设成立。

同时，我们接着检验城乡居民CPI的"单一性"特征，运用EXCEL 2003进行检验的相关结果如表3-10所示。

表3-10　　　　城乡居民CPI样本均值配对分析（1985~2015年）

t-检验：成对双样本均值分析

项目	城镇CPI	农村CPI
平均（%）	105.87	105.4984
方差（%）	46.00462	40.21659
观测值	31	31
泊松相关系数	0.966900288	
假设平均差	0	
df	30	
t Stat	1.186302136	
P（T< =t）单尾	0.122406711	
t 单尾临界	1.697260851	
P（T< =t）双尾	0.244813422	
t 双尾临界	2.042272449	

从表3-10可知，城乡居民CPI样本均值相等的原假设成立的单尾概率为0.122406711，双尾概率为0.244813422，皆高于通常的显著性水平0.05。可见，我们没有足够的证据推翻城乡居民CPI均值相等的原假设，实证结果表明城乡居民CPI的确具有高度的"单一性"特征。

显然，现有的CPI未能充分反映城乡居民消费结构的差异性情况，呈现出了高度单一性特征，必然促使我们积极探索除此之外的分类方法，准确地揭示城乡居民生活消费实际情况。

第三节　居民消费结构的差异性

一、消费结构差异性客观因素

（一）居民收入差异

影响居民消费结构差异性的因素很多，其中收入是决定性因素。随着改革开放政策的实施，我国城乡居民收入逐年稳步增长。1978～2014年，我国城乡居民年人均可支配收入数据情况如图3-3所示。

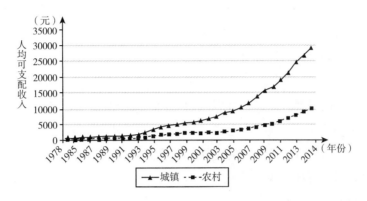

图3-3　城乡居民年人均可支配收入波动

资料来源：国家统计局网站《2015中国统计年鉴》，http：//www. stats. gov. cn/tjsj/ndsj/2015/indexch. htm。

从图3-3可知，我国城乡居民的年人均可支配收入呈现出稳步提高特征，城镇居民的年人均可支配收入从1978年的343.4元增加至2014年的29381元，增长近10倍；而农村居民的年人均可支配收入，从1978年的133.6元增加至2014年的9892元，增长近7倍。另外，城乡居民的收入增长呈现出城镇居民的年收入增长速度要远远高于农村居民的年收入的增长速度，城乡居民收入表现出分化态势。

（二）分配体制不平等

凯恩斯（Keynes）消费者行为理论认为收入是居民消费水平的决定性因素，同时，收入分配体制也起着极为重要作用。我国居民收入分配体制的变迁大体可分为两个阶段进行考察：一是从新中国成立到改革开放前的收入分配制度；二是从改革开放以后的收入分配制度变化。

1. 改革开放前的收入分配体制

从新中国成立到1978年实行改革开放政策期间，由于我国生产力水平总体低下，物质财富极度匮乏，满足不了人民群体基本的生活需求，其间秉承着生产资料公有化与生活资料平均化的平均主义分配体制。当时，这种分配体制以城乡分隔为基础、以平均主义为特点，加之存在一些不利的自然因素，人们生活普遍困难，极大地抑制了人们的生产积极性。

2. 实行改革开放政策后的分配体制

实行改革开放政策后，我国经济得到快速恢复与发展，现实问题不断推动着个人收入分配制度的突破与创新。经济领域内，形成了以"生产资料公有制为主体、多种所有制经济并存"的局面，相应地在收入分配体制方面逐步建立了以按劳分配为主体、多种分配形式并存的制度。其大体发展历程可从如下三个阶段进行诠释。

第一阶段（1978～1987年）。1978年，党的十一届三中全会以后，我国在农村率先推行了以家庭为单位的联产承包责任制改革，明确划分了国家、集体、个人三者之间的责、权、利关系，极大地提高了人们的生产积极性，打破了长期形成的大锅饭分配方式。1987年10月党的十二届三中全会，首次明确提出了让一部分人先富起来，带动更多人走向富裕的发展道路，破除以往的平均主义分配体制，实行按劳分配体制。

第二阶段（1987～1993年）。党的十三大提出："社会主义初级阶段的分配方式不可能是单一的。要坚持以按劳分配为主体，其他分配方式为补充的分配制度"。党的十四大明确提出我国实行社会主义市场经济制度，与此相对应，党的十四届三中全会通过了《中共中央关于建立社会主义市场经济体制若干问题的决定》，对收入分配制度改革方向做出了明确规定："个人收入分配要坚持以按劳分配为主体、多种分配方式并存的制度，体现效率优先、兼顾公平的原则。劳动者的个人劳动报酬要引入竞争机制，打破平均主义，实行多劳多得，合理拉开差距"。在这一阶段我国分配制度改革的总体趋势为多元化分配政策提出与摸索阶段。

第三阶段（1993年至今）。党的十五大提出："继续坚持按劳分配为主体，多种分配方式并存的制度；把按劳分配和按生产要素分配结合起来；坚持效率优先，兼顾公平；要依法保护合法收入，允许和鼓励一部分人通过诚实劳动和合法经营先富起来，允许和鼓励资本、技术等生产要素参与收益分配"。十六届三中全会指出："各种生产要素按贡献参与分配"，作为我国社会主义市场经济条件下个人收入分配的基本原则。党的十七大延续了按劳分配与按生产要素分配相结合的思想，完善与补充了劳动、资本、技术、管理等生产要素按贡献参与分配的制度。同时指出，初次分配更加注重公平、逐步提高居民收入在国民收入分配中比重的思路。此阶段为我国分配体制推进与完善阶段。

（三）收入整体分配不均

随着我国经济发展，各收入群体在收入总量增加的条件下，收入在不同群体间的分配关系也是影响居民消费结构的重要因素。目前，对居民收入整体分配进行统计计量分析的指标是基尼系数。基尼系数（Gini Coefficient）是意大利经济学家基尼（Gini）在1922年为了分析居民间收入分配的均衡性而提出的一个分析指标，它可以对居民收入间的分配关系进行简单的定量研究，分析不同群体间居民收入的差异程度。

基尼系数的提出是基于洛伦兹曲线（Lorenz Curve）进行设计的。洛伦兹曲线如图3－4所示，首先，将研究对象中所有居民收入按照由低到高的秩序进行排列；其次，用横坐标表示由低到高的人口或者家庭累计数所占百分比，对应的纵坐标表示相应人群收入所占的百分比（图中实线以下的区域面积表示家庭户实际所拥有的收入）；最后，用图中 A 区域面积除以（A＋B）区域面积即为基尼系数。

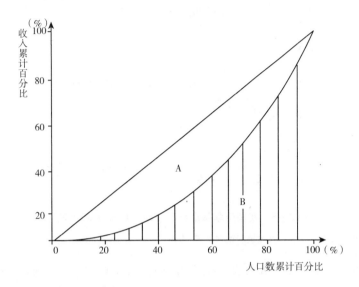

图 3－4　基尼系数计算示意图

从图 3－4 可知，基尼系数设计所隐含的前提假定条件就是：如果社会财富在各家庭间的分配是绝对均等的，那么一定比例的人群应该拥有对应比例的社会财富，即理论上的实际收入线应该为对角线。但是，现实的情况是低收入比例的人群所拥有的财富少于他们应该拥有的财富，而高收入群体所拥有的财富大于对应的群体比例。所以图中区域面积 A 即为社会财富分配不均匀的部分，这部分面积越大，说明社会财富分配越不均匀；这部分面积越小，说明社会财富在各群体间分配比较均等。

显然，基尼系数的大小在 0～1 之间。至于这个系数如何说明社会财富分配情况，按照联合国相关组织规定：（1）若基尼系数低于 0.2，表示社会财富分配绝对平均；（2）若基尼系数在 0.2～0.3，表示社会财富分配比较平均；（3）若基尼系数在 0.3～0.4，表示社会财富分配相对合理；（4）若基尼系数在 0.4～0.5，表示社会财富分配差距较大；（5）若基尼系数大于 0.5，表示社会财富分配极不平等。

目前，世界各国在研究社会财富分配状况时，通常将 0.4 作为收入分配差距的"警戒线"，按照黄金分割定律，其准确的理论值应该为 0.382。研究发现，一般发达国家的基尼系数普遍要低于发展中国家的基尼系数。发达国家的基尼系数一般在 0.24～0.36 之间，而发展中国家的基尼系数普遍偏高，一般都要高于 0.4。

国内对基尼系数的研究以胡祖光（2004）为代表，基于积分思想，提出了许多简易计算公式与方法，胡祖光通过简单的数理推导，充分演绎了基尼系数"算尽天下不平"的本质含义，并推导出基尼系数的最佳理论值为1/3，即0.333。其实，基尼系数计算方法很简单，关键在于我国关于居民按收入分组的各种统计数据并不完整，导致计算结果有些偏差。

目前我国历年的基尼系数情况大致如图3－5所示。

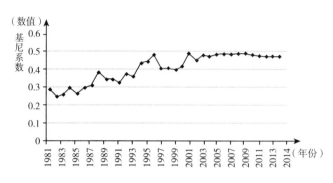

图3－5 我国历年基尼系数波动（1981～2014年）

资料来源：根据国家统计局相关文献资料整理得到，http://www.stats.gov.cn/。

从图3－5可知，我国基尼系数具有这样的特点：（1）1981年前，即我国实行改革开放政策前，基尼系数基本上小于0.3，表示我国整个社会财富分配比较平均，各群体间的收入分配没有出现极端聚集状况；（2）1981～1988年，经过10年左右的发展，基尼系数仍然在0.2～0.3之间波动，此时农村经济得到快速恢复与发展，产生了大量的剩余劳动力，乡镇企业大量涌现，推动了全国经济的全面发展，此时社会各阶层之间的收入分配仍然相对平等；（3）1994年至今，1994年我国基尼系数为0.436，首次突破国际警戒线0.4的水平，之后一直维持在高位运行，远高于同期西方发达国家的平均水平，说明社会财富分配出现了比较严重的极端现象，整个社会财富分配差距较大。

（四）收入区间分配差异

对收入空间区域分配情况进行计量的常用方法是泰尔指数（Theil index）。泰尔指数是由泰尔（Theil，1967）根据信息理论中的有关熵概念演化而来的一种计算方法，用于计算不同阶层的收入分配关系。

1. 泰尔指数计算方法

在有关的信息理论中，泰尔指数根据随机事件所包含的平均信息量来计算。假定随机事件 E 的概率分布如下：

$$E: \quad E_1 \quad E_2 \cdots E_n$$

$$p: \quad p_1 \quad p_2 \cdots p_n$$

那么，随机事件 E 中所包含的信息量 $h(p)$ 为：

$$h(p) = \ln\left(\frac{1}{p}\right) \qquad\qquad (3-9)$$

那么，随机事件 E 的期望信息量 $H(x)$ 为：

$$H(x) = \sum_{i=1}^{n} p_i h(p_i) = \sum_{i=1}^{n} p_i \ln\left(\frac{1}{p_i}\right) = -\sum_{i=1}^{n} p_i \ln(p_i) \qquad (3-10)$$

对于将泰尔指数用于收入分配差距方面的测度指标时，采用类似于洛伦兹曲线的原理（将人口累计百分比的信息平等转化成收入累计百分比）进行测度。泰尔指数只是熵指数中的一个极为特殊的指数，但是它的应用广泛。泰尔指数一般表达式如下：

$$T = \frac{1}{n} \sum_{i=1}^{n} \frac{y_i}{\bar{y}} \ln\left(\frac{y_i}{\bar{y}}\right) \qquad\qquad (3-11)$$

式（3-11）中，T 为收入差异程度的泰尔指数，y_i 表示第 i 个体的收入，$\bar{y}$ 表示全部个体的平均收入。

对于分组数据来说，泰尔指数可以适当变形为：

$$T = \sum_{i=1}^{n} u_i \ln\left(\frac{u_i}{v_i}\right) \qquad\qquad (3-12)$$

式（3-12）中，u_i 表示第 i 组所有个体收入在总收入中所占比重，v_i 表示第 i 组人口数在总人口数中所占比重。

对于泰尔指数数据的含义一般是这样的，泰尔指数介于 $0 \sim 1$ 之间，越接近于 0，表示收入在各地域间的分配越均匀；越接近于 1，表示收入在各地域间的分配差异越大。

2. 各地市泰尔指数测度

对于泰尔指数的测度，运用的主要指标是各地区人口数在总人口数中所占比重及各地区人均 GDP 比重这两个指标（彭定赟，2013；王小鲁、樊纲，2005）。现在运用历年（1993~2015 年）《中国统计年鉴》与《浙江省统计年鉴》数据，对全国各省份之间、东部地区、中部地区、西部地区、东北地区及浙江省的泰尔指数进行测度。相关测度结果如表 3-11 所示[①]。

[①] 根据国家统计局相关数据的统计范围与分类口径，全国测度是 31 个省（市、自治区）之间的泰尔指数；东部地区是指：北京市、天津市、河北省、辽宁省、山东省、江苏省、上海市、浙江省、福建省、广东省、广西壮族自治区、海南省；中部地区指：黑龙江省、吉林省、山西省、内蒙古自治区、安徽省、河南省、江西省、湖北省、湖南省；西部地区指：云南省、贵州省、四川省、西藏自治区、陕西省、甘肃省、青海省、宁夏回族自治区、新疆维吾尔自治区、重庆市；东北地区指：黑龙江省、吉林省、辽宁省、内蒙古自治区。

表 3-11　　　　　　　　　　　各地区泰尔指数对比分析（1993~2015年）

年份	全国	东部	中部	西部	东北	浙江省
1993	0.1861	0.1994	0.0203	0.0215	0.0397	0.0619
1994	0.1932	0.1995	0.0215	0.0248	0.0321	0.0530
1995	0.1923	0.1995	0.0161	0.0264	0.0245	0.0844
1996	0.1783	0.1971	0.0142	0.0255	0.0226	0.0529
1997	0.1778	0.1951	0.0147	0.0279	0.0254	0.0572
1998	0.1810	0.1960	0.0144	0.0274	0.0259	0.0593
1999	0.1818	0.1832	0.0150	0.0238	0.0263	0.0604
2000	0.1717	0.1718	0.0179	0.0274	0.0281	0.0622
2001	0.1810	0.1740	0.0138	0.0259	0.0201	0.0625
2002	0.1853	0.1763	0.0137	0.0265	0.0179	0.0613
2003	0.1906	0.1779	0.0150	0.0281	0.0132	0.0628
2004	0.1849	0.1736	0.0140	0.0280	0.0081	0.0645
2005	0.1864	0.1775	0.0146	0.0290	0.0100	0.0671
2006	0.1818	0.1733	0.0166	0.0277	0.0104	0.0679
2007	0.1728	0.1674	0.0188	0.0248	0.0130	0.0679
2008	0.1641	0.1641	0.0230	0.0264	0.0184	0.0692
2009	0.1612	0.1641	0.0241	0.0265	0.0237	0.0716
2010	0.1514	0.1599	0.0217	0.0296	0.0234	0.0725
2011	0.1440	0.1599	0.0224	0.0301	0.0235	0.0721
2012	0.1394	0.1615	0.0225	0.0281	0.0242	0.0767
2013	0.1377	0.1628	0.0209	0.0253	0.0253	0.0748
2014	0.1380	0.1660	0.0201	0.0249	0.0257	0.0762
2015	0.1426	0.1721	0.0186	0.0239	0.0248	0.0774

资料来源：根据历年《中国统计年鉴》与《浙江省统计年鉴》数据计算得到。

对于根据样本数据测度的结果，我们进一步用图形显示出来，便于形象直观观察各地泰尔指数的变化情况，具体如图3-6所示。

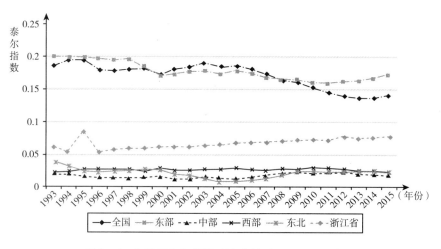

图 3-6　各地区泰尔指数对比分析（1993~2015年）

资料来源：根据历年《中国统计年鉴》与《浙江省统计年鉴》数据计算得到。

从图 3 - 6 可知，各地人均 GDP 对应的泰尔指数呈现出如下特点：第一，全国与东部地区的泰尔指数远高于中部地区、西部地区、东北地区及浙江省的泰尔指数，其中 1993～1999 年，东部地区的泰尔指数要高于全国的泰尔指数，1999～2009 年，则是全国的泰尔指数要高于东部地区的泰尔指数，在 2009 年之后，又是全国的泰尔指数高于东部地区的泰尔指数。第二，浙江省虽然属于东部地区，但是与全国及整个东部地区的泰尔指数相比，还是算比较小，但是也要看到，自 1996 年以后，它却呈现出一路上扬的态势。第三，中部地区、西部地区及东北地区的泰尔指数最小，且呈现出交错状态，1993～2002 年，西部地区的泰尔指数要高于中部地区，2002～2009 年，则是中部地区高于西部地区，2009 年以后，西部地区的泰尔指数要稍高于西部地区。第四，西部地区的泰尔指数整体上稍高于中部地区与东北地区。

各地区泰尔指数的描述性情况如表 3 - 12 所示。

表 3 - 12　　　　　　　　泰尔系数的描述性统计分析（1993～2015 年）

指标	全国	东部	中部	西部	东北	浙江省
均值	0.1705	0.1770	0.0178	0.0265	0.0220	0.0668
标准差	0.0191	0.0140	0.0035	0.0020	0.0074	0.0081
全距	0.0555	0.0396	0.0104	0.0086	0.0316	0.0315
极小值	0.1377	0.1599	0.0137	0.0215	0.0081	0.0529
极大值	0.1932	0.1995	0.0241	0.0301	0.0397	0.0844

从表 3 - 12 可知，在整个的样本数据分析期间，首先，从泰尔指数平均值来看，最大的是全国，为 17.05%，其余依次是东部地区的 17.70%、浙江省的 6.68%、西部地区的 2.65%、东北地区的 2.20% 及中部地区的 1.78%。其次，从全距来看，最大是全国的 5.55%，最小是西部地区的 0.86%。最后，从极大值分析，东部地区的 19.95% 最大，中部地区的 2.41% 最小。

综上所述，随着我国居民收入整体水平的上升，收入分配不仅在宏观层面上表现出不均衡的性质，在区域间也表现出不均特征，这是居民消费结构多样性、差异性的客观基础。

二、消费结构差异性的影响因素

(一) 物价水平

商品与服务价格的变化是影响居民消费水平及消费结构的重要因素。因为物价上涨，使得居民收入缩水，按照西方经济学理论，价格与需求量呈现出反向变化关系，此时居民会减少对价格上涨商品与服务的需求量。同时，在其他因素不变、居民收入缩水条件下，还会发生商品的替代效应，使得居民消费结构与支出情况发生变化，以维持满足生活需要的效用。

例如，对于低收入阶层来说，这个群体的恩格尔系数比较大，食品、衣着等满足生理低层次需求的商品与服务项目具有比较大的刚性特征；当物价上涨时，他们的收入缩水，势必大幅减少食品、衣着等项目以外商品与服务的消费，将几乎所有消费集中在食品、衣着等项目；同时，他们的替代效应明显、消费结构变化大。而对于高收入阶层来说，这个群体的恩格尔系数比较小，食品、衣着等项目消费支出额所占比重不大；物价上涨对他们的影响不显著，食品、衣着等项目消费支出所占比重变化不明显，商品替代效应不明显、消费结构变化小；这个群体在居住、文化娱乐、医疗保险、交通通信等方面消费支出所占比重较大。因此，物价水平变化对不同收入阶层产生不同的影响，使得他们的消费结构变化更加复杂。

（二）地理环境及消费习俗等因素影响

不同民族、不同地域、不同的传统文化形成的消费习俗等因素使得各地消费者具有自己独特的"篮子商品"目录与特别的商品消费结构，而反映居民消费的公共"篮子商品"与独特"篮子商品"目录有时区别很大，公共的"篮子商品"未必能够反映他们实际消费情况。例如，西藏居民日常生活对牦牛肉、牛油消费很大，云南居民对烟草消费、贵州居民对酒的消费很大，湖南居民嗜辣、新疆居民主要消费牛羊肉，对于沿海居民来说海鲜是日常主要消费商品，南方居民主要吃水稻，北方居民以小麦、玉米为主等消费习俗，使得他们的日常消费"篮子商品"具有很大差异性。那么，篮子商品里不同项目的变化对不同地域、不同群体产生的影响效果存在很大差异性。

三、收入分配不合理原因

目前，我国居民收入分配仍然存在一些不合理的因素，本书对相关的主要影响因素整理如图3-7所示，居民收入分配不合理因素主要有以下四点。

（1）收入分配体制向城镇倾斜明显。新中国从第一个五年计划开始，就采取了大力推行重工业优先发展的基本国策。为了保障这一基本国策的顺利进行与实施，达到政策规划的预期目标与效果，我国同时在国民收入分配体制中配套实施了一系列的优惠扶持政策与保障措施，主要是通过控制工业产品的定价，对农产品采取统购统销政策，在国民收入的初次分配过程中人为形成了工农产品之间的价格"剪刀差"。这样，国家就向城镇居民及工业部门无偿转移了大量的农业剩余价值。然后，在国民收入再分配过程中,在城乡税收征收方面实行相互隔绝的"二元"税收制度,使得农民负担加重。最终,工农产品价格"剪刀差"及城乡隔绝的"二元"差异性税收制度,严重损害了农村居民利益,大大地降低了农村居民的消费水平,加剧了农村居民的贫困程度,人为地、直接地造成了城乡居民收入差距的扩大。

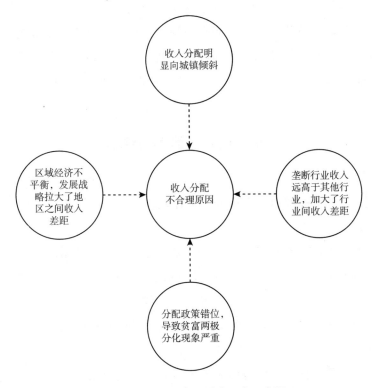

图3-7　收入不合理影响因素示意图

(2)1980年以后实行的区域经济不平衡发展战略加剧了地区之间的收入差距。1980年后,我国实施了沿海地区经济优先发展的战略规划。经过30多年的持续发展,现在我国居民收入呈现出由东向西,东、中、西阶梯式的递减态势。这固然与这些地区的区位环境条件、基础条件等客观因素有关,但更与我国实行改革开放政策以来、采取由东向西经济推进序列的区域经济不平衡发展战略决策直接相关。1980年,全国人大常委会第15次会议批准设立深圳、厦门、珠海、汕头等沿海经济特区,随后国家出台了大量对东部沿海地区及经济特区倾斜的经济、税收优惠政策,再次人为地加大东部、中部、西部地区间的经济发展水平差异与居民收入水平之间的差距。

(3)垄断行业收入远高于其他行业,加大了行业间收入差距。我国实行了市场经济主导地位的经济发展模式,许多行业被推向了市场,企业利润与职工收入完全由市场来决定。但是,同时也存在多种原因,政府限制市场准入而造成行政垄断的行业,如金融、电力、铁路、烟草、数字传媒、宣传、保险、航空、电信等。这些行业凭借其垄断特权，获取了高额垄断利润，职工收入远远高于其他市场性行业的职工收入，加剧了行业间、居民间的收入差距。

（4）分配政策错位导致贫富两极分化现象严重。随着改革开放政策的实施与市场经济的深入推进，我国出现了一批依靠诚实劳动、勤劳致富的群体，但同时也出现了一些因为先天条件限制、个人能力不足、机会不均等原因难以摆脱困境的贫困群体。加之我国目前的税收改革滞后、税收调节不到位，社会保障体制不健全等原因，有些过高的个人收入得不到有效控制，贫困群体的基本生活得不到保障。而且，在经济转轨过程中，法制建设不健全，监管不力等原因，使得居民收入呈现出严重的分化现象。

第四节　本章小结

通过研究，本章可以得到一些基本性的结论。

1. 中国 CPI 逐步完善

中国 CPI 编制工作始于 1923 年，最早编制的是生活费用指数。随着我国经济发展水平提高与市场经济的逐步深入，中国 CPI 的范围由小到大，CPI 的名称、形式、含义、内容等均发生了较大变化。从 2001 年开始，我国的 CPI 才正式确定为消费者价格指数。2002 年加入 GDDS，标志着我国 CPI 编制工作逐步与世界接轨。

2. 中国 CPI 的单一性

受长期计划经济的影响，我国形成了典型的二元经济结构，编制了相对应的城乡 CPI。但是，通过相关系数、方差分析、样本均值检验等统计实证分析发现我国的 CPI 未能充分反映城乡居民消费品价格变化情况，说明我国的 CPI 不能诠释"组间差异性"的统计分组特征，我国 CPI 具有单一性特征。

3. 居民消费结构的差异性

我国的基尼系数远大于 0.4 的国际警戒线，泰尔系数也说明我国居民收入在各地区间的分配极不均衡。通过对我国居民收入分配不合理原因的剖析与研究结果发现，目前我国居民间收入分配不合理的主要原因是一些体制性因素的结果。

第四章　居民 CPI 感受异质性与
辅助性 CPI

第一节　居民 CPI 感受异质性

一、CPI 单一性与居民消费结构差异性矛盾

目前，我国发布的 CPI 有全国性的 CPI、农村 CPI、全国城镇 CPI。这种形式的分类主要是依据经验与我国长期存在的二元经济结构情况制定的，这种分类未能很好地揭示居民消费品价格变化的内在差别性，难以实现准确分类。这样的分类必然会导致两个结果：一是得到的 CPI 不能完全反映居民消费结构或消费支出的变化情况；二是这样的分类，使得类内居民的消费支出未必同质，类间居民消费支出未必异质，因此，这样的指数本质上还是一种全国性单一的 CPI。在国外，欧盟根据各个国家经济发展的不平衡特点，在分别发布本国 CPI 外，还编制了消费者价格协调指数 HICP，包括货币同盟消费者价格指数 MUICP、欧洲消费者价格指数 EICP（Greenlees，2010、2011）。国外由于市场经济发展时间比较长，城市化、工业化水平比较高，基尼系数（Gini coefficient）比较低，而我国经济处于经济体制改革与转型的初期，市场化水平比较低，经济一体化程度低，使得基尼系数比较高，不同收入阶层、不同地区等多个维度上居民生活用品及权重有着显著性差异（高艳云，2008；徐强，2007）。因此，用一个全国性平均的 CPI 来描述城乡差别、不同地区间经济发展的差别、不同消费层次间的差别等显得过于简单。

同时，我国居民消费结构具有明显的多样性与差异性特征。改革开放政策和经济发展使得我国居民的消费结构发生了根本性改变，呈现出多样性与差异性，主要体现在：第一，开放的宏观经济环境使得国外的消费模式影响着我国居民偏好，进而影响消费选择。随着我国与国外经济联系的日益密切，城镇居民特别是东部沿海地区居民消费模式与消费偏好受国外消费理念影响较大，使得他们 CPI "菜篮子" 与其他地区

居民的"菜篮子"相比具有明显的差异性。第二，经济体制改革和市场经济竞争的大环境，激发了人们多种多样的消费思想和消费偏好。由于收入、民族、地理、气候及分布不均匀特征的影响，居民消费呈现出求新求异的变化与偏好，居民消费选择日趋分化。第三，随着我国经济的持续发展，居民消费水平不断提高，消费结构不断变化。随着恩格尔系数（Engel Coefficient）的持续下降，居民的消费理念已由原来的温饱型消费理念转向了发展型消费理念，突出表现在人们对食品类的消费水平不断提高，而消费的支出比重不断下降，对居住、教育、医疗及文化娱乐等项目消费需求大幅上升与支出所占比重的显著提高，消费结构不断升级与优化。第四，我国城乡二元经济结构和区域经济发展的不平衡，使得 CPI 出现了多样化。突出表现为由于人均可支配收入的显著差异、地理环境的不同、民风民俗的不同，居民"菜篮子"存在着显著差异，相应商品支出所占的比重也存在着很大差异（Atuk，Ozmen and Sevinc，2013；王世群、李文明，2010）。

二、居民 CPI 感受异质性定性分析

我国 CPI 单一性与居民消费结构差异性矛盾，使得居民对 CPI 的感受是异质的，是有差异的。但是，首先对居民 CPI 感受异质性开展研究的却是在金融领域，把 CPI 作为通货膨胀指标进行研究，把它作为一种纯粹的金融现象，并且在金融领域内对它进行研究的文献成果很多。

在 2002 年欧元区成立初期，各国货币进行了一定的转换，欧元诞生之后，欧元区居民对通货膨胀的感受要明显高于欧元诞生之前，而实际的物价水平变化并不明显，针对这一奇怪现象引发了许多专家学者对通货膨胀感受异质性的分析研究。研究发现：不同的个体会因为年龄、收入、性别、文化程度等因素的差异表现出系统性的差异，同时这些群体内部个体的通胀感受也有一定程度的差异，这种对通货膨胀感受的异质性还会导致他们对通货膨胀预期表现出异质性。

（1）年龄、性别因素差异。帕姆奎斯特（Palmqvist）与施特伦施贝格（Stroemberg，2004）研究显示，瑞典居民对通货膨胀感受与年龄呈现出"U"型变化特征，在人的一生中，刚参加工作就业时、离退休以后对 CPI 通货膨胀有比较深刻的感受，整体趋向于恶化，而在中年时收入高且比较稳定，对通货膨胀感受比较低。拉姆拉（Lamla）与莱因（Lein，2012）的研究进一步证实了中年群体的通货膨胀感受更加接近于官方分布的通货膨胀率，除了收入因素对他们更加趋向于选择中性传媒更新自己关于通货膨胀的信息。

性别对通货膨胀感受的差异广为人知，因为男女对日常生活用品的接触与购买频率方面存在差异，认为女性比男性对通货膨胀的感受更高，因为她们在日常生活用品的采

购方面比男性要多很多，他们对通货膨胀的感受更深刻一些，也要更准确一些。布莱恩（Bryan）与文卡图（Venkatu，2001）的研究显示女性有更高的通货膨胀感受，但是这些感受却与她们购买消费品的种类、次数及自身关于通货膨胀方面的知识没有关系。

（2）资产状况差异。不同个体的资产状况对影响他们的通货膨胀感受有重要作用，因为个体的资产状况会影响他们对通货膨胀的关心程度，影响他们对通货膨胀方面信息收集与筛选行为，从而导致他们对通货膨胀感受有比较大的差异性。个人资产主要分为固定资产与金融资产两类，其中固定资产主要是指房产，金融资产主要指储蓄存款、股票等。李红玲、戴国海（2008）通过对江苏省居民的抽样调查数据分析后发现，房地产价格变化对总体通货膨胀感受影响最大，股票的持有情况对影响居民的通货膨胀感受比较小。

（3）消费模式差异。基奥云尼（Giovane）与萨巴蒂尼（Sabbatini，2006）通过对意大利不同消费模式的消费者调查分析发现，不同消费模式的消费者对通货膨胀感受具有很大差异。布莱金格（Brachinger，2008）将德国消费者按照他们日常消费品价格高低划分为高、中、低三种类型，结果发现低价格消费者对通货膨胀感受最高，中等次之，高价消费者居民的通货膨胀感受最低，同样，盖兹达（Gazdar，2013）的研究发现2007～2008年，巴基斯坦经历的食品价格急剧上涨与食物短缺，让人们感受到了空前的通货膨胀。

（4）消费品购买频率、媒体报道等因素。对于那些购买生活用品频率高的消费者来说，他们对商品价格的波动感受时间比较长，印象比较深，也比较敏感，往往过多地关注物价短期波动状况。对于那些购买生活用品频率比较低的消费者来说，物价波动的刺激与感受要小一些，他们对物价波动的现象不太敏感，感受的时间间隔稍微要长些，所以他们心目中的物价基本上具有一些"抽象"与"一般"物价水平的特征，而这恰恰就是价格平均数的性质。荣格曼（Jungermann，2007）的研究结果证实了这些观点，高购买频率的消费者具有更高的通货膨胀感受，低购买频率的消费者具有较低的通货膨胀感受。

同时，新闻媒体在影响居民的通货膨胀感受方面也起到了重要作用。因为信息从学术性的渠道通过传媒向社会公众进行传播，而信息编辑人员的专业素养、对信息的偏好、筛选与理解，影响了许多公众对通货膨胀的感受情况。拉姆拉与莱因（2012）通过对德国新闻媒体多年的跟踪分析研究成果证实了这种观点。莱因与马格（Maag，2011）借鉴"流行病学模型"，计量分析了普通的民众通过从新闻媒体获取关于通货膨胀感受的信息后，如何更新自己对通货膨胀感受的信息集，并形成对未来通货膨胀异质性的预期情况。

总之，居民对CPI感受异质性现象已经得到了学术界的普遍认同与深入研究，形成较为丰富的研究成果，但是目前研究存在的问题也十分明显：第一，目前学术界的文献成果更多地将它作为一种纯粹的金融现象来研究，丰富的文献成果也基本集中于金融领域。我们知道，编制 CPI 的目标有多种任务，用它来反映通货膨胀情况，为管理层制定针对性的财政政策、货币政策提供可靠的参考依据只是它的任务之一。笔者认为 CPI 首先是一个统计问题，必须先从统计学角度对居民 CPI 感受异质性现象展开研究。第二，现有文献成果皆暗含一个前提条件就是 CPI 是正确的，但从本书前几章的所述的情况来分析，我国目前的 CPI 存在着太多需要完善的问题。第三，目前大部分的文献成果侧重于定性分析，鲜有从统计学角度对此展开定量研究，探索与完善 CPI 的编制技术与方法，提高 CPI 数据质量。

三、CPI 感受异质性的定量研究

（一）研究问题的提出

本书将居民 CPI 感受情况定义为居民的物价压力。物价压力就是不同收入居民对 CPI 波动（往往指 CPI 上涨）的承受力。CPI 感受异质性就是不同收入居民的物价压力是有差异的。这种差异性主要与居民收入及 CPI 上涨幅度相关。

CPI 编制的基础是居民的消费结构。目前，世界各国对居民消费商品与服务项目价格变化情况的计量主要从食品、烟酒及其他饮料、衣服鞋袜、家庭设备用品及服务、医疗保健及个人用品、交通和通信、娱乐教育文化用品及服务与居住等 8 大类进行分析。不同收入群体的消费结构是不一样的，具有明显的差异性。恩格尔定律（Engel Law）启示我们：低收入阶层的恩格尔系数较大，对食品类商品价格变化具有较高的敏感性；高收入阶层的恩格尔系数较小，对食品类商品价格变化的敏感性差。

居民消费结构差异性的根源在于他们收入的差异性。自改革开放以来，我国经济保持高速增长的态势，居民收入在显著性增加的同时，收入分配的不平衡性也在急剧增加，不仅在总量水平上收入差距明显，还表现在不同地域、不同行业、不同职业间的差距更加严重。孙敬水和高帆（2013）等人的研究发现：改革开放以来，全国总体基尼系数、农村和城镇基尼系数都处于持续上升的态势，并表现出阶段性的波动特征，他们运用胡祖光的简易测算法进行测度发现，基尼系数 1984 年是 0.257，随后一路攀升，2003 年是 0.479，2008 年是 0.491，2009 年是 0.490，2011 年是 0.477，2012 年是 0.474[①]。这种收入分配不公现象不仅严重限制了消费需求总量的增加，也表现出不同

---

① 胡祖光（2004）关于基尼系数的简易测算法是根据国家统计局对城镇与农村居民按照人口数 5 等份后的收入占比指标进行测算而得，目前该方法为大多数人所接受，成为基尼系数简单测算的主要方法。

收入阶层消费结构的分化与扭曲。在这样的情况下，当面对同样的物价水平时不同收入群体的压力感受是不一样的。

居民对物价波动的压力感受是 CPI 与居民收入两个因素综合作用的结果。虽然居民对物价波动的压力感受是一种心理现象，但是它具有客观存在的、直接影响居民心理感受的事实。马克思主义认识论告诉我们："客观存在的事物是我们认识论形成的基础，它决定与制约着我们的认识论，客体决定主体、主体对客体具有能动的反作用"。19 世纪德国著名的心理物理学理论韦伯 – 费希纳定律（Weber-Fechner law）启示我们：高收入阶层消费者在高收入的刺激下，他们对物价压力不太敏感；而低收入消费者则对物价波动表现出更高的敏感性。

（二）研究思路与压力指数设计

1. 研究思路

物理学有一个很经典的理论是关于压强、压力与受力面积之间关系的表述，如式（4 – 1）所示。

$$P = \frac{F}{S} \qquad (4-1)$$

式（4 – 1）说明压强是压力与受力面积的比值。受此启示，本书认为压强更是受力面积对压力大小的直接"感受"：在压力一定时，受力面积越大、压强就小，受力面积越小、压强就大。同理，如果我们把压力换成大家共同面临的物价情况（CPI），受力面积理解为不同群体的收入，显然，不同收入群体对既定物价情况的感受是不一样的，收入高的群体对物价波动的压力感受就低，收入低的群体对物价波动的压力感受就大。这个对物价波动（往往指物价上涨情形）情况感受的指标本书定义为"物价压力指数"，它是描述消费者对物价上涨压力大小感受程度的统计指标。

2. 压力指数设计

（1）静态压力指数设计。按照式（4 – 1）的启示，我们首先自然联想到利用反映物价变动情况的指标（一般用 CPI 来表示）与城乡居民收入情况进行对比，计量城乡居民不同收入群体的物价压力指数。由于城乡居民对物价的感受一般是两个时期 CPI 对比的结果，我们用 Δcpi 来表示两个时期 CPI 的变化率，居民收入用 y 表示，居民对物价波动的静态压力指数用 ξ 表示，相关指标公式设计如式（4 – 2）所示。

$$\xi = \frac{\Delta cpi}{y} \qquad (4-2)$$

由于国家统计局发布的 CPI 是环比相对数，这种指数是一种定基链式拉氏指数

（Chained-type Laspeyres Index），因此只需要将两个时期的 CPI 指标进行相减就可以得出两个时期的 CPI 变动情况，Δcpi 是一个没有量纲的统计量，而收入则具有量纲，这就限制了这两个指标的直接对比。针对这种情况，经过分析利用各群体同期收入指标的极差值来统一进行数据的无量纲化处理①，消除收入指标量纲的影响，同时又保留原指标的特征。无量纲化处理后的各群体收入我们以 y^* 表示，压力指数修正如式（4-3）所示。

$$\xi = \frac{\Delta cpi}{|y^1|}, \qquad 其中\ y^1 = \frac{y - \min(y)}{\max(y) - \min(y)}$$

进一步，

$$\xi = \frac{\Delta cpi}{|y^*|} \qquad y^* = \frac{y - \min(y)}{\max(y) - \min(y)} \times a + b \qquad (4-3)$$

式（4-3）的静态压力计量指标中，居民可支配收入 y^1 采用的是收入极差值消除量纲的影响，但是考虑到处理的结果是：$0 \leqslant y^1 \leqslant 1$，那么当 $y^1 = 0$ 或者说 y^1 趋向于零时，静态压力指标趋向于无穷大。显然，这样的计量指标失去了它应有的含义，没有多少参考价值。此时，需要对处于分母的收入指标在无量纲化过程中做进一步的修正设计。

计量模型进一步的修正设计如式（4-3）所示，式（4-3）中的 a、b 为方程参数，这样设计的主要目的是将无量纲化处理后的收入指标从有可能为零或者接近于的地方映射到非零区域，同时又保留原有计量指标的含义。相关含义表述如下：

显然

$$0 \leqslant y^1 = \frac{y - \min(y)}{\max(y) - \min(y)} \leqslant 1$$

那么

$$b \leqslant y^* = \frac{y - \min(y)}{\max(y) - \min(y)} \times a + b \leqslant 1$$

上式中 $a + b = 1$，a 往往取 0.4，b 往往取 0.6。

这样设计的好处，就是将式（4-3）静态压力指标的分母从 [0，1] 区域映射至 [b，1] 区域。这样就避免计量指标可能产生的系统性误差。这样设计充分考虑到我国

---

① 数据的无量纲化处理方法有很多种，例如常见的标准化方法等，本书在后面的指数测定过程中发现有些无量纲处理方法后得到的收入指标与 CPI 对比时，给压力指数的测定带来系统性的偏差，经过比较分析后认为以收入值与同期各收入群体的极值进行对比，消除量纲影响的效果较好。

的工资、福利等货币流量并没有像西方那样进行指数化处理。特别是对企事业单位员工、广大的公务员来说，工资是他们的主要收入来源。

式（4-3）表明：在居民可支配收入固定时，物价的静态压力 ξ 与 Δcpi 成同向变化关系，而在 Δcpi 固定时，物价的静态压力 ξ 与居民可支配收入成反向变化关系。由于居民的可支配收入不可能为负值，这样静态压力指标 ξ 与 Δcpi 具有相同的符号，这表明了它们具有同向的变化关系：即在物价下跌时、居民的静态物价压力降低，物价上涨时、居民的静态物价压力增强，ξ 的绝对值大小则表明居民的物价压力大小情况。

一般情况下，居民的静态物价压力随着收入的增加或者物价的下跌而减小，随着收入的减少或者物价的上涨而增大。理论揭示它们之间是一种确定性的变化关系，这样的研究意义不大，因此，本书主要研究居民物价压力的动态计量与变化关系。

式（4-3）中各群体收入是一个静态指标，之所以这样设计，这是因为在我们国家并不像西方国家那样经常进行工资指数化、社会保障福利指数化与利率指数化处理，在一定的时期内，不管 CPI 如何变化，国家政府机关、企事业单位等许多工薪阶层[①]以工资作为主要收入来源，甚至许多私营企业职工短期内工资几乎就是固定的、静止的。如果采用收入的动态变化率来计量的话，Δy 理论值就为 0，显然使得指标变得没有意义。

（2）动态压力指数设计。不可否认，在市场经济条件下，许多居民存在着收入来源多元化现象，除了工资外，股票收入、租金、经营收入等也逐渐成为居民收入来源形式。他们的收入随着经济条件的变化而动态变化，这些群体对物价波动的压力感受与他们的收入变化有着密切联系。为此，我们不妨进一步设计居民对物价波动的动态压力指数：运用 CPI 与收入（y）的变化率指标进行对比，指标形式如式（4-4）所示。

$$\eta = \frac{\Delta cpi}{\Delta y / y} \qquad (4-4)$$

式（4-4）表明：动态压力指数是 CPI 与居民可支配收入这 2 个因素相对变化的结果。居民动态压力指数含义如表 4-1 所示。表中的" + "表示物价上涨或者收入增加，" - "表示物价下跌或者收入下降；"↑"表示居民的物价压力指数上升、增强，"↓"表示居民物价压力指数下跌、减弱。

---

① 根据 2014 年《中国统计年鉴》资料显示，截至 2013 年底，全国就业人口数达到 7.69 亿人，占全国总人口数的 59.21%，仅城镇单位就业人员工资总额就达 9.31 万亿元。这是一个庞大的群体，而这个群体的工资并没有每年进行指数化处理。

表 4 – 1　　　　　　　　　　收入与 CPI 相对变化时物价压力指数的可能情形

Δcpi ＼ $\Delta y/y$	＋（收入增加）	（感受方向，感受程度）	－（收入下降）	（感受方向，感受程度）
＋（物价上涨）	η 为正	η 大于 1，↑	η 为负	↑
		η 小于 1，↓		
－（物价下跌）	η 为负	↓	η 为正	η 大于 1，↓
				η 小于 1，↑

表 4 – 1 说明，当 η 为正时，物价变动（Δcpi）与收入变化率（$\Delta y/y$）同向变化。在它们都上涨的条件下，动态压力指数 η > 1 表示物价的（Δcpi）的上涨幅度大于居民收入（$\Delta y/y$）上涨的幅度，物价上涨带来的压力增加，居民的物价压力指数 η 增大；动态压力指数 η < 1 表示物价的（Δcpi）的上涨幅度小于居民收入（$\Delta y/y$）上涨的幅度，物价上涨带来的压力减弱，居民的物价压力指数 η 减小。在它们都下跌的条件下，动态压力指数 η > 1 表示物价的（Δcpi）的下跌幅度超过居民收入（$\Delta y/y$）下跌的幅度，物价上涨带来的压力减弱，居民的物价压力指数 η 减小；动态压力指数 η < 1 表示物价的（Δcpi）的下跌幅度小于居民收入（$\Delta y/y$）下跌幅度，居民收入缩水更快，物价带来的压力增加，居民的物价压力指数 η 增大。这就是表 4 – 1 中第一行第一列与第二行第二列指标的含义。

表 4 – 1 同时说明，当 η 为负时，物价变动（Δcpi）与收入变化率（$\Delta y/y$）反向变化，物价（Δcpi）上涨与居民收入下降（$\Delta y/y$）导致居民物价压力增大，压力指数 η 增大。或者，物价（Δcpi）下跌与居民收入上涨（$\Delta y/y$）使得居民物价压力减弱，压力指数 η 减小。这是表 4 – 1 中第一行第二列与第二行第一列指标的含义。

（三）城乡居民物价压力指数测度及实证分析

根据式（4 – 3）所示，居民物价的静态压力随着收入增加必定减小、收入的减小而增大，随着物价的上涨而增大、物价的下跌而减小，呈现确定性的变化规律。所以本书仅测度城乡居民物价波动的动态压力指数。

1. 城镇居民的动态压力指数

目前国家统计局历年《中国统计年鉴》按照每个家庭年人均收入情况将城镇居民划分为 7 个群体，本书沿用这种划分，但是考虑到与农村居民 5 等份划分情况对比，对相应的收入分组数量进行合并为 5 组。城镇低收入户年人均可支配收入指标用 CB1 来表示（占比 20%）、城镇中等偏下收入户年人均可支配收入指标用 CB2 来表示（占比 20%）、城镇中等收入户年人均可支配收入指标用 CB3 来表示（占比 20%）、城镇中等偏上收入户年人均可支配收入指标用 CB4 来表示（占比 20%）、城镇高收入户年人均可支配收入指标用 CB5 来表示（占比 20%），各收入群体对物价波动的动态压力指数依次用 η1 ~ η5 来表示，ΔCCPI 表示城镇 CPI 环比变化率，样本数据来源于 2000 ~ 2012 年的《中国统计年鉴》。相关数据整理及动态压力指数测度结果如表 4-2 所示。

表 4-2			城镇居民各收入群体收入变化率与动态压力指数							单位:%
年份	ΔCCPI	CB1	CB2	CB3	CB4	CB5	η1	η2	η3	η4	η5
2000	2.1	1.2	5.9	7.0	8.4	9.3	1.76	0.35	0.30	0.25	0.22
2001	-0.1	5.8	7.1	8.0	9.2	10.1	-0.02	-0.01	-0.01	-0.01	-0.01
2002	-1.66	-11	4.5	10.2	14.9	20.2	0.15	-0.37	-0.16	-0.11	-0.08
2003	1.91	9.3	9.5	9.8	10.9	12.1	0.21	0.20	0.19	0.18	0.16
2004	2.39	11.7	12.6	12.8	13.5	14.8	0.20	0.19	0.19	0.18	0.16
2005	-1.75	9.5	11.7	13.0	14.5	15.7	-0.18	-0.15	-0.13	-0.12	-0.11
2006	-0.11	14.6	12.9	11.8	11.8	10.8	-0.01	-0.01	-0.01	-0.01	-0.01
2007	3	18.9	18.1	17.4	16.4	16.5	0.16	0.17	0.17	0.18	0.18
2008	1.1	13.0	14.7	16.0	17.3	18.3	0.08	0.07	0.07	0.06	0.06
2009	-6.43	14.4	12.5	12.0	10.9	9.3	-0.45	-0.51	-0.54	-0.59	-0.69
2010	4.05	12.7	13.2	12.2	10.6	9.9	0.32	0.31	0.33	0.38	0.41
2011	2.05	16.6	13.7	13.3	14.0	14.5	0.12	0.15	0.15	0.15	0.14
2012	-2.57	17.8	15.7	14.4	12.7	10.9	-0.14	-0.16	-0.18	-0.20	-0.24
均值	2.27	10.4	11.7	12.2	12.7	13.3	0.52	0.26	0.24	0.25	0.27
标准差	0.31	8.0	3.9	2.9	2.7	3.7	0.17	0.02	0.03	0.03	0.02

注：ΔCCPI 平均值运用几何平均法求出，其他则用简单算术平均计算。

从表 4-2 可知，从 2000 ~ 2012 年，各收入群体的收入总的来看呈现稳步增长的态势，从低收入户、中等偏下、中等收入户、中等偏上及高收入户，各收入群体的收入增长均值分别为 10.4%、11.7%、12.2%、12.7%、13.3%。在收入总体增长的态势下，各收入群体的增长具有一定的差异性，其中最高收入群体的收入增长最快，为 13.3%，中低收入群体的收入增长较慢，为 10%。特别是 2002 年低收入群体收入为负增长，值为 -11%，高收入群体收入增长高达 20.2%，呈现出贫富两极分化扩大的趋势，从标准差的情况来看，低收入群体之间的标准差为 8%，波动最大，占总人口 6 成的中等收入群体之间差距最小，呈现出收入增长稳定特征。

从动态压力指数看：第一，各收入群体物价压力指数的变化方向与城镇 CPI 的变化方向一致。在 2001 年、2002 年、2005 年、2006 年、2009 年、2012 年这 6 年物价下跌的同时，居民对物价压力的压力指数也减小，在物价上涨的时候，压力指数增大。2004 年，城镇 CPI 上涨 2.39%，最低收入群体收入增加为 11.7%，而最高收入群体收入增加达到 14.8%，使得低收入群体居民对物价动态压力指数低收入为 0.20，大于最高收入群体的 0.16，低收入群体对物价上涨压力的感受远远大于最高收入群体。在 2002 年的时候，在物价下跌 1.66% 的同时，由于低收入群体收入下降 11%，因此低收入群体对物价压力的压力指数为 0.15，而最高收入群体的收入增长 20.2%，动态压力指数为 - 0.08，使得最高收入群体由于收入增加与物价下跌 2 个因素的共同作用，他们的物价压力指数是下降的。在 2009 年，由于美国次贷危机的影响，我国出现了通货紧缩态势，物价下跌比较大，为 - 6.43%，但各群体的收入保持了增长的态势，因此各收入群体对物价压力感受变弱，动态压力指数皆为负数，且指数大小大致相等。第二，从各收入群体的压力指数大小看，在 2001 ~ 2012 年，物价总体上涨趋势明显，各收入群体压力指数皆为正值，说明总体都感受到了物价上涨的压力。只不过，各收入阶层的压力指数不一样，收入越大、压力指数越低，收入越低、压力指数越大。

2. 农村居民的动态压力指数

国家统计局按照每个家庭年人均收入情况将农村居民划分为 5 个群体，农村低收入户年人均可支配收入指标用 NB1 来表示（这部分家庭数占比 20%）、农村中等偏下收入户年人均可支配收入指标用 NB2 来表示（占比 20%）、农村中等收入户年人均可支配收入指标用 NB3 来表示（占比 20%）、农村中等偏上收入户年人均可支配收入指标用 NB4 来表示（占比 20%）、农村高收入户年人均可支配收入指标用 NB5 来表示（占比 20%），各收入群体对物价波动的动态压力指数依次用 η1 ~ η5 表示，ΔNCPI 表示农村 CPI 环比变化率，样本数据来源于 2003 ~ 2012 年的《中国统计年鉴》。相关数据整理及动态压力指数测度结果如表 4 - 3 所示。

表 4 - 3 　　　　　　　　　农村居民各收入群体收入变化率与动态压力指数　　　　　　　单位：%

时间	ΔNCPI	NB1	NB2	NB3	NB4	NB5	η1	η2	η3	η4	η5
2003	1.91	1.39	1.73	3.24	3.53	5.71	1.37	1.10	0.59	0.54	0.33
2004	3.28	13.06	14.57	13.20	13.40	11.13	0.25	0.23	0.25	0.24	0.29
2005	- 2.65	17.49	13.39	13.79	13.97	14.86	- 0.15	- 0.20	- 0.19	- 0.19	- 0.18
2006	- 0.73	7.40	7.41	8.06	10.07	8.38	- 0.10	- 0.10	- 0.09	- 0.07	- 0.09
2007	3.91	13.81	14.46	16.00	13.24	16.81	0.28	0.27	0.24	0.30	0.23
2008	1.13	20.27	14.68	14.33	16.67	15.23	0.06	0.08	0.08	0.07	0.07
2009	- 6.81	2.58	3.92	5.07	7.02	7.46	- 2.64	- 1.74	- 1.34	- 0.97	- 0.91
2010	3.92	13.15	15.13	15.34	14.30	14.50	0.30	0.26	0.26	0.27	0.27
2011	2.21	23.96	20.91	21.13	20.44	21.56	0.09	0.11	0.10	0.11	0.10
2012	- 3.29	10.36	10.61	11.89	12.71	12.38	- 0.32	- 0.31	- 0.28	- 0.26	- 0.27
均值	0.23	12.35	11.68	12.20	12.54	12.80	- 0.09	- 0.03	- 0.04	0.00	- 0.01
标准差	3.57	7.23	5.81	5.38	4.76	4.80	1.01	0.71	0.52	0.42	0.38

注：ΔNCPI 平均值运用几何平均法求出，其他则用简单算术平均计算。

从表4-3可知，从收入来看，在2003～2012年，农村各群体收入稳步增长，从低收入户、中等偏下收入户、中等收入户、中等偏上及高收入户收入平均增长分别为12.35%、11.68%、12.20%、12.54%、12.80%，各收入群体间的动态收入增长情况差距不大。从动态压力指数看均值多为负数，各收入群体对物价波动的压力指数与农村CPI的变化方向反向：即物价上涨，收入相对下降的情况，如在2005年、2006年、2009年、2012年这4个物价下跌的年份，农村各收入群体的物价压力指数减小，在其余物价上涨的年份，压力指数增大。特别是在2009年次贷危机期间，农村CPI下跌更大，为-6.81%，大于城镇CPI下跌的幅度6.43%，但是各收入群体对物价压力的感受没有城镇居民那么大。

表4-3显示，在2003年农村CPI上涨1.91%，但是低收入群体与中下收入群体的收入增长分别为1.39%、1.73%，仍然小于物价上涨的幅度，使得他们的动态压力指数分别为1.37、1.10，这些群体对物价上涨的压力大于其他群体对物价的感受。另外，从农村CPI来看，总体呈现是上涨的趋势，但农民对物价的动态感受是下跌的态势。笔者认为这其中很重要一个原因就是与城镇居民作为一个纯粹的商品消费者不同，农民既是一个商品消费者，又是一个农产品供给的生产者。他们对社会物价的变动趋势更多的是同时从商品的供给者与商品消费者角度来理解的。因为农产品的生产与销售是他们收入的重要来源，市场上商品物价的下跌使得农产品经营利润少、收入低。同时，他们作为产品消费者的角度来看，由于我国依然是一个农业大国①，特别是在农村，许多生活必需品基本上是自给自足。这就使得他们对物价变动更多地从生产者的角度去感受，加之文化、社会因素、维权意识与难度的因素影响，农民对物价的压力指数总体来说没有城镇居民那么大。

3. 物价压力指数的横向检验分析

（1）美国居民物价压力指数的测度。现运用美国劳工统计局（BLS）有关居民消费的统计数据②，测度美国居民物价波动的压力指数情况。美国劳工统计局主要编制工薪阶层的物价指数（CPI-W）与所有城市消费者物价指数（CPI-U），由于发布的CPI是链式环比变化率，这种指数本身描述的就是两个时期CPI对比变化结果。美国居民收入主要是按照人种划分进行统计的，也有各色人种混合的收入平均值。根据统计资料的便利性，本书选取了美国农民与全国所有人种的平均收入与CPI变化率来测度居民对物价的压力指数，测度结果如表4-4所示。

---

① 根据2014年《中国统计年鉴》资料显示，截至2013年底，我国农村人口数为6.29亿人，所占比重为46.27%。
② 美国劳工统计局：《2014美国统计年鉴》，2015年版。

表 4 - 4 美国居民收入对 CPI 变化率的动态压力指数

年份	全国 CPI 环比变化率（%）	工薪阶层 CPI 环比变化率（%）	农民纯收入变化率（%）	全国人均收入变化率（所有人种）（%）	农民对 CPI 压力指数	工薪阶层 CPI 压力指数
2001	1.60	1.30	5.87	3.78	0.273	0.344
2002	2.40	2.00	− 29.76	1.99	− 0.081	1.005
2003	1.90	1.70	52.71	3.51	0.036	0.484
2004	3.30	3.20	39.55	5.96	0.083	0.537
2005	3.40	2.90	− 12.70	5.52	− 0.268	0.525
2006	2.50	2.30	− 29.25	7.46	− 0.085	0.308
2007	4.10	3.70	18.74	5.72	0.219	0.647
2008	0.10	0.20	17.25	4.60	0.006	0.043
2009	2.70	2.50	− 28.40	− 4.76	− 0.095	− 0.525
2010	1.50	1.30	27.68	3.83	0.054	0.339
2011	3.00	2.90	48.26	5.08	0.062	0.571
2012	1.70	1.50	− 5.17	3.54	− 0.329	0.423
均值	2.345	2.12	8.73	3.85	− 0.01	0.392
标准差	1.07	0.98	30.06	3.07	0.175	0.369

注：CPI 平均值运用几何平均法求出，其他则用简单算术平均计算。

表 4 - 4 显示，美国 CPI 在 2001～2012 年总体呈现出逐年上涨特征，美国农民收入波动幅度要远大于全国所有人种收入的平均水平，农民收入涨幅平均为 8.73%，全国所有人种收入涨幅平均为 3.85%。农民对全国 CPI 变化率的压力指数在 2002 年、2005年、2006 年、2009 年、2012 年为负值，这 5 年 CPI 上涨，而农民收入减少，美国农民对物价上涨的压力感受增加；其余年份压力指数虽然为正，由于物价上涨，但是农民收入增长更快，农民对物价压力感受减弱。

全美国所有人种对 CPI-W 上涨的压力指数仅在 2009 年为负，物价上涨、收入下跌，所有居民对物价压力感受增加。同时，在 2002 年，所有人种收入增长仅为1.99%，低于物价上涨的幅度，物价压力感受增加。其余年份皆为正值，并且动态压力指数皆小于 1，在物价上涨的条件下，所有人种收入涨幅更大，物价压力感受减少。

（2）日本居民压力指数的测度。日本居民收入与 CPI 取自《2014 年日本统计数据》①，在日本统计年鉴中居民收入是按照工作时间长短进行统计，本书直接选取了统

---

① 日本总务省统计：《2014 日本统计年鉴》，2015 年版。

计年鉴上居民工作时间平均为12～22年居民的年人均收入资料，CPI分别运用全国CPI与城市CPI两个指数进行考察分析。居民收入与CPI变化率及动态压力指数测度如表4－5所示。

表4－5 日本居民收入与CPI变化率及动态压力指数

年份	全国CPI环比变化率（%）	城市CPI环比变化率（%）	人均收入环比变化率（%）	对全国CPI变化率的压力指数	对城市CPI变化率的压力指数
2001	－0.700	－0.800	－1.80	0.393	0.449
2002	－0.900	－0.900	－2.30	0.388	0.388
2003	－0.300	－0.300	－2.80	0.107	0.107
2004	0.000	0.000	1.30	0.000	0.000
2005	－0.300	－0.300	－1.30	0.224	0.224
2006	0.300	0.300	0.200	1.388	1.388
2007	0.000	0.000	0.600	0.000	0.000
2008	1.400	1.400	1.000	1.353	1.353
2009	－1.400	－1.400	－3.00	0.467	0.467
2010	－0.700	－0.700	0.500	－1.471	－1.471
均值	－0.26	－0.27	－0.80	0.285	0.291
标准差	0.23	0.23	1.70	0.795	0.796

注：CPI平均值运用几何平均法求出，其他则用简单算术平均计算。

从表4－5可知，总体来看，日本全国CPI在2001～2010年呈现出此起彼伏的态势，且上下波动幅度不大，在10年的时间里，CPI下降的年份有6年，持平的有2年，上涨的有2年，10年间平均下降了0.26%，城市CPI则平均下降了0.27%，总体呈现出稳中略降的态势，居民收入同期呈现出相似的变化特征，平均下降了0.8%，仅从数据来看，居民收入比物价降得稍微大些；由于居民收入下降更快，居民对物价波动的动态压力指数为正值，但是小于1，居民对物价压力的感受存在。在2001～2003年，物价虽然下跌，但居民收入下降更快，压力指数为正但小于1，居民对物价压力感受上升。在2004年、2007年，物价环比无变化，压力指数为零，居民物价压力感受也为零。在2006年与2008年，物价上涨的幅度超过居民收入增长的幅度，压力指数为正且大于1，居民对物价上涨的压力感受增大。2010年，物价下跌、收入增长，压力指数为正且大于1，居民对物价上涨的压力感受减弱。在2005年、2009年，物价下跌的幅度小于收入下跌的幅度，压力指数为正但小于1，居民物价压力感受增加。

4. 压力指数的对比分析

现将我国的城乡居民及西方部分国家居民对物价波动的动态压力指数进行简单的

对比分析，城乡居民的物价动态压力指数选取中等收入群体物价动态压力指数进行对比，美国选取的是工薪阶层物价动态压力指数，日本选取的是对全国 CPI 变化率的动态压力指数，对比的时间为 2003～2010 年，整理结果如图 4 - 1 所示。

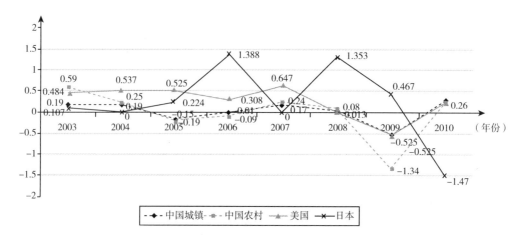

图 4 - 1　中国城乡居民、美国及日本居民物价动态压力指数对比

从图 4 - 1 可知，第一，中国城镇居民的动态压力指数普遍要高于农村居民的物价动态压力指数。在样本期间，中国城镇 CPI 每年平均上涨 2.27%，远高于中国农村平均每年 0.23% 的涨幅，城镇居民各收入群体对物价波动的动态压力指数也要远高于农村居民对物价波动的动态压力指数。第二，美国、日本居民的动态压力指数要普遍高于中国居民的压力指数。从表 4 - 4、表 4 - 5 可知，美国居民对全国 CPI 的压力指数均值为 - 0.01、全国居民对 CPI-W 的压力指数为 0.392，日本居民对全国 CPI 的压力指数为 0.285、对城市 CPI 的压力指数为 0.291，均要高于我国国内居民对物价波动的压力指数，这充分说明西方国家居民对物价波动具有高度的敏感性。CPI 是他们工资指数化、劳资协议指数化的重要依据，因此他们对 CPI 的精确度与波动性不可不察。

第二节　辅助性 CPI 实践

从世界各国（地区）CPI 编制工作的实践经验来看，CPI 编制工作是一个不断完善与探索的过程。对于绝大多数国家（地区）来说，核心 CPI 反映的只是大多数消费者生活用品价格变动情况，有时甚至反映不了大多数消费者消费品价格变动情况。例如，1976～2000 年，英国编制的 CPI 大约只反映了全国 1/3 居民生活用品价格变动情况；1989 年这一比例达到最低，仅反映 9% 的居民消费品价格变动情况；1994 年这一比例达到最高，为64%[①]。再如，新中国成立前，仅在天津编制工人生活费用指数，反映的只是少量工人生活用品价格变化情况；新中国成立后，在相当长的一段时间内，也只反映天津、上海、北京等极少数大城市工人生活用品价格变化情况。可见，仅仅想要通过编制一个核心 CPI 来反映所有居民或者绝大多数居民生活用品价格变化情况是不现实的。另外，CPI 本质上是一个平均数，作为平均指标它只反映价格变化的一般水平，是对参差不齐的各群体价格水平的抽象与集中；对于基尼系数比较大、市场经济一体化程度低的发展中国家来说，不同收入阶层居民的生活分层特征明显，消费结构、消费模式具有很大的差异性。通过一个核心 CPI 来反映所有群体生活用品价格变化情况不太现实，具有很大的局限性。

因此，针对不同的目标人群，编制针对性的 CPI 是解决核心 CPI 指标不足之处的有利尝试，它可以在一定程度上弥补核心 CPI 对特定的目标人群解释不足的缺陷。1972 年，美国经济学家阿罗（Arrow）就指出 "不同收入群体应该独立编制生活费用指数"。实践中，根据居民生活消费实际情况，可以考虑按照收入、年龄、职业、种族等相适应的人口特征标志进行分组，编制适合本国（本地区）情况的 CPI，以求准确反映本国（地区）居民生活消费品价格变化关系，如表4-6所示。

表 4-6　　　　　　　　　　　部分国家或地区针对特定群体的 CPI

国家或地区	多层次 CPI
美国	所有的城市 CPI（CPI-U） 工薪阶层 CPI（CPI-W） 试验性指数：62 岁以上老年人试验性 CPI（CPI-E）；专门对穷人编制的 CPI
荷兰	综合性的 CPI 高收入住户 CPI 低收入住户 CPI
捷克	9 类不同人群的 CPI：所有住户；有孩子的雇员；所有雇员；低收入雇员； 领取养老金的人员；雇员，不完全家庭； 领取养老金的低收入人员；人口超过 5000 人社区的住户； 布拉格的住户
印度	4 类主要目标人群 CPI：农业劳动者； 产业工人； 农村劳动者； 城市非体力雇员

----

①　根据世界经合组织统计网站（http：//stats. oecd. org）相关数据整理得到。

续表

国家或地区	多层次 CPI
新加坡	综合 CPI 低收入 CPI 中等收入 CPI 高收入 CPI
中国	全国 CPI 城镇居民 CPI 农村居民 CPI
中国香港	4 类目标人群 CPI：综合 CPI 甲类 CPI（低支出住户 CPI） 乙类 CPI（中等支出住户 CPI） 丙类 CPI（高支出住户 CPI）
中国澳门	综合 CPI 甲类 CPI（低消费家庭 CPI） 乙类 CPI（高消费家庭 CPI）

一、美国不同目标人群 CPI

美国劳工统计局（BLS）每月公布的 CPI 主要分为两类，一类是 CPI-U 与 C-CPI-U，另一类是 CPI-W。其中，CPI-U 是针对所有的城市居民编制的 CPI，首次发布于1978 年，调查的对象范围约占美国城市 87% 的人口数量（1990 年的普查数据），主要调查对象包括农场、军事基地、农村非大城市地区、宗教团体与监狱及精神病院等机构以外的所有住户；CPI-W 指工薪阶层 CPI，自 1964 年开始公布，是美国发布最早的价格指数，调查对象包括兼职工人、个体户、短期工、失业人员和退休人员等（W—指工薪阶层人口，U—指工薪阶层人口范围的子集，它是 U—人口范围中工资收入占其全部收入 50% 以上的那一部分住户），同时，W 人口范围比重呈现出逐渐下降态势，W人口约占美国总人口的 32%（1990 年的普查数据）。W 人口不包括兼职工人、失业者等有薪水的住户群体；C-CPI-U 是对美国城市居民编制的链式价格指数，它于 2002 年首次发布 2000 年的 CPI，尽管它与 C-CPI 涵盖的目标群体范围一样，但是它的编制与计算方法与 CPI-U 及 CPI-W 存在着明显差别。

CPI-U 和 CPI-W 均采用基期的住户收支调查数据计算权重，使用 Laspeyres 价格指数公式计算 CPI；而 C-CPI-U 在测算权重时综合了基期和报告期的住户收支调查数据，初级指数采用 Laspeyres 价格指数公式，计算高层级指数时使用 Törnqvist 价格指数公式。

此外，1972 年美国讨论通过的《社会保障法修正案》指出，美国的社会保障、福利等应该要充分考虑到上年度 CPI 变化带来的影响，在每年 6 月份根据上年度的 CPI 情况，对社会保障与福利进行一定程度的调整，确保政府社会保障福利资金的购买力。BLS 从 1982 年起，开始专门编制针对 62 岁以上老年人的 CPI-E，即试验性 CPI，这样可以弥补一般的 CPI 在衡量老年人生活成本时存在的局限性。但是，CPI-E 编制的调查单位必须具备以下 3 个条件：一是被调查个体必须独立生活，且年龄至少 62 岁；二是作为某个家庭成员，他的证明人必须至少 62 岁；三是作为某个非亲属关系的成员，他的证明人至少 62 岁。斯图尔特（Stewart，2008）统计发现，美国在 2006 年同时满足这 3 个约束条件的被抽样调查的个体约占所有老年人的比重为 16.1%。CPI-E 作为试验性指数，在计算时使用的商品项目与价格信息与 CPI-U 相同。

二、中国香港不同目标人群 CPI

（一）中国香港消费物价指数基本概念及分类

香港对 CPI 界定为消费物价指数，它是衡量一定时期内住户生活消费商品及服务价格水平变化的相对数。消费物价指数的年变动率主要用于通货膨胀的度量指标。

香港特别行政区政府统计处根据收入情况将香港居民分为 4 类目标人群，分别编制对应的消费物价指数，用于反映不同目标群体消费品物价变化带来的影响情况。香港按照消费支出额的大小将住户分为低、中、高 3 类，分别编制甲类、乙类、丙类消费物价指数，其中，甲类消费物价指数根据较低开支住户的开支模式编制而成，此类住户数量约占总住户数的 50%；乙类消费物价指数住户根据中等开支水平及消费结构编制，此类住户数量约占总住户数量的 30%；丙类消费物价指数则依据较高开支住户的消费水平与消费结构来编制，此类住户数量占比约 10%；此外，还编制有综合的 CPI，它是综合甲、乙、丙 3 类住户的总体消费水平与消费结构编制所得，约占全部住户数量的 90%，该指数主要用于分析消费物价指数对整体住户的影响情况。

目前香港 CPI 采用的是以 2014～2015 年为基期的消费物价指数权重，它是根据 2014 年 10 月～2015 年 9 月采集的住户生活开支样本数据测度的结果。各类指数所对应住户群体的月均开支范围、消费物价指数相关数据的开支范围如表 4-7 所示。

表 4-7   中国香港各类 CPI 住户占比情况及消费水平

指数类型	住户比例（％）	月平均开支（单位：港元）（以 2009 年 10 月~2010 年 9 月期间内的物价为基期）	月平均开支（单位：港元）（以 2014 年 10 月~2015 年 9 月期间内的物价为基期）
甲类 CPI	50	4500~18499	5500~24499
乙类 CPI	30	18500~32499	24500~44499
丙类 CPI	10	32500~65999	44500~89999
综合 CPI	90	4500~65999	5500~89999

资料来源：http：//www.censtatd.gov.hk/。

住户每月生活的消费支出水平主要受物价与收入因素的影响，不同支出水平的住户一般具有不同的消费模式与消费结构。例如，较低支出水平的住户往往在食品、电力、水、燃气等生活必需品上支出比重比较大；而较高支出水平的住户则在衣服、交通及服务、耐用品等方面的支出比重较大。但是，消费物价指数采用的是住户开支模式，即使用住户在各项商品与服务项目的相对开支水平（比重）来计算消费物价指数，因此，得到的消费物价指数相对比较稳定，随着时间推移指数变化不大。再者，轻微更改消费者物价指数的权重，对其变动的影响并不明显。因此，香港的消费者开支权数每 5 年更新一次。最新一次权重更新，是从 2016 年起，采用 2014 年10 月~2015 年 9 月住户消费支出统计调查数据计算的住户消费结构数据来编制与计算消费物价指数。

影响消费物价指数另一重要因素是反映商品与服务价格变动情况的分类指数。香港特区政府统计处多年来持续坚持每月进行商品零售物价统计调查，每月从大约 4000多零售商店及服务机构，收集约 47000 个价格目录。对于公共交通与邮政服务价格数据来说，则只需要直接从相关的政府机构收集即可。至于住户的租金价格数据情况，主要包括新订租约、现时租户的租金、续订租约等数据资料，则是通过每月的统计调查取得以私人房屋租金为调查对象的数据资料；对于公营房屋租金资料，则可以由香港房屋委员会与香港房屋协会定期提供。

（二）中国香港消费物价指数权重情况

在编制这四种消费物价指数时，对住户消费的商品和服务分类是一样的，选择的代表性商品与服务也是一样的，而权重则是根据各消费阶层的消费结构情况确定。这样，不同消费群体的消费结构差异，就体现在计算不同消费群体物价指数时所使用的权重差别上。相关消费群体权重差别情况如表 4-8 所示。

表4-8 中国香港四类物价指数开支权重情况（2016年） 单位：%

类别	综合消费物价指数	甲类消费物价指数	乙类消费物价指数	丙类消费物价指数
食品	27.45	33.68	27.16	20.87
住房	31.66	32.19	31.43	31.36
电力、燃气和水	3.10	4.36	2.84	2.03
烟酒	0.59	0.91	0.56	0.29
衣履	3.45	2.60	3.45	4.39
耐用物品	5.27	3.73	5.73	6.39
杂项物品	4.17	3.87	4.17	4.49
交通	8.44	7.22	8.35	9.93
杂项服务	15.87	11.44	16.31	20.25

从表4-8可知，第一，不管对于哪一类消费者来说，食品与住房消费在开支中占有近6成的比重，其中甲类住户的开支比重最大，为32.19%，最小的为丙类住户，为31.36%。第二，甲类住户消费者食品、烟酒开支比重最大，分别为33.68%、0.91%，丙类最小，分别为20.87%、0.29%，综合类分别为27.45%、0.59%；甲类住户在衣履、交通方面开支最小，分别为2.6%、7.22%，丙类最大，分别为4.39%、9.93%，综合类分别为3.45%、8.44%。总之，香港不同消费层次住户的消费结构与西方经典的消费者行为理论十分吻合。低收入阶层在温饱方面的开支比重较大，高收入阶层在享受、发展方面开支比重较大。

（三）中国香港消费物价指数方差分析

1982~2015年，中国香港综合、甲类、乙类、丙类消费物价指数的走势情况如图4-2所示。

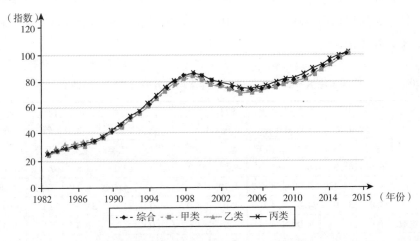

图4-2 中国香港各类CPI波动对比分析（1982~2015年）

图4-2是中国香港住户各类消费物价指数（以2014年10月~2015年9月为对比基期）波动对比分析图，从图4-2很容易看出：从1982~2015年，各类消费阶层商品与服务价格呈现出稳步上升趋势，虽然，1998年存在一个局部极大值点，经过了几年的稍微下跌过程，但是，各类消费物价指数在2004年均重拾升势。

表4-9　　　　　　中国香港各类指数单因素方差分析（1982~2015年）

组	观测数	求和	平均	方差
综合	34	2261.3	66.50882	470.7869
甲类	34	2221	65.32353	443.8988
乙类	34	2280.2	67.06471	460.1624
丙类	34	2282.9	67.14412	518.7916

方差分析						
差异源	SS	df	MS	F	P-value	F crit
组间	71.99559	3	23.99853	0.050693	0.984857	2.673218
组内	62490.11	132	473.4099			
总计	62562.11	135				

从表4-9可知，中国香港各类消费物价指数间的总方差为62562.11，组间方差为71.99559、组内方差为62490.11。很明显，组间方差远远小于组内方差。但是，单凭这一点我们还不能断定中国香港各类消费物价指数差异性情况，还必须结合样本均值两两间的对比分析结果来考虑。

（四）中国香港消费物价指数样本均值对比分析

为了全面考察中国香港各类消费物价指数间的关系，我们还必须分析它们彼此之间差异性情况，这里运用OFFICE 2003中的EXCEL数据分析功能进行实证分析，相关结果如表4-10所示。

表4-10　　　　中国香港消费物价指数成对双样本均值分析（1982~2015年）

分类	综合与甲类配对比较		综合与乙类配对比较		综合与丙类配对比较		甲类与乙类配对比较		甲类与丙类配对比较		乙类与丙类配对比较	
	综合	甲类	综合	乙类	综合	丙类	甲类	乙类	甲类	丙类	乙类	丙类
平均（%）	66.5	65.3	66.5	67.1	66.5	67.1	65.3	67.1	65.3	67.1	67.1	67.1
方差	4.708	4.439	4.708	4.602	4.708	5.188	4.439	4.602	4.439	5.188	4.602	5.188
观测值	34.0	34.0	34.0	34.0	34.0	34.0	34.0	34.0	34.0	34.0	34.0	34.0
泊松相关系数	1.0		1.0		1.0		1.0		1.0		1.0	
假设平均差	0.0		0.0		0.0		0.0		0.0		0.0	

续表

分类	综合与甲类配对比较		综合与乙类配对比较		综合与丙类配对比较		甲类与乙类配对比较		甲类与丙类配对比较		乙类与丙类配对比较	
	综合	甲类	综合	乙类	综合	丙类	甲类	乙类	甲类	丙类	乙类	丙类
df	33.0		33.0		33.0		33.0		33.0		33.0	
t Stat	7.9		-8.5		-3.0		-11.3		-5.1		-0.3	
P（T< = t）单尾	0.0		0.0		0.0		0.0		0.0		0.4	
t 单尾临界	1.7		1.7		1.7		1.7		1.7		1.7	
P（T< = t）双尾	0.0		0.0		0.0		0.0		0.0		0.8	
t 双尾临界	2.0		2.0		2.0		2.0		2.0		2.0	

注：考虑到排版需要，除方差外，表中数据的小数点只保留一位。

从表4-10可知，第一，综合与甲类消费物价指数配对分析显示，综合物价指数均值为66.5%，方差为4.708，甲类消费物价指数均值为65.3%，方差为4.439；t统计量为7.9、大于单尾t值1.7与双尾t值2.0，原假设检验的单尾概率为0、双尾概率为0，均小于显著性水平0.05，可见，综合与甲类消费物价指数之间存在显著性差异。第二，综合与乙类消费物价指数配对分析显示，综合物价指数均值为66.5%，方差为4.708，乙类消费物价指数均值为67.1%，方差为4.602；t统计量为-8.5、大于单尾t值1.7与双尾t值2.0，原假设检验的单尾概率为0、双尾概率为0，均小于显著性水平0.05，综合与乙类消费物价指数之间存在显著性差异。第三，综合与丙类消费物价指数配对分析显示，综合物价指数均值为66.5%，方差为4.708，丙类消费物价指数均值为67.1%，方差为5.188；t统计量为-3.0、大于单尾t值1.7与双尾t值2.0，原假设检验的单尾概率为0、双尾概率为0，均小于显著性水平0.05，可见，综合与丙类消费物价指数之间存在显著性差异。第四，甲类与乙消费物价指数配对分析显示，甲类消费物价指数均值为65.3%，方差为4.439，乙类物价指数均值为67.1%，方差为4.602；t统计量为-11.3、大于单尾t值1.7与双尾t值2.0，原假设检验的单尾概率为0、双尾概率为0，均小于显著性水平0.05，可见，甲类与乙类消费物价指数之间存在显著性差异。第五，甲类与丙类消费物价指数配对分析显示，甲类消费物价指数均值65.3%，方差为4.439，丙类物价指数均值为67.1%，方差为5.188；t统计量为-5.1、大于单尾t值1.7与双尾t值2.0，原假设检验的单尾概率为0、双尾概率为0，均小于显著性水平0.05，可见，甲类与丙类消费物价指数之间存在显著性差异。第六，乙类与丙类消费物价指数配对分析显示，乙类物价指数均值为67.1%，方差为4.602，丙类消费物价指数均值为67.1%，方差为5.188；t统计量为-0.3、小于单尾t值1.7与双尾t值2.0，原假设检验的单尾概率为0.4、双尾概率为0.8，均大于显著性水平

0.05，可见，乙类与丙类消费物价指数之间差异性并不明显。

三、中国澳门不同目标人群的 CPI

（一）中国澳门的消费物价指数

中国澳门 CPI 与香港地区一样，也称作消费物价指数，它主要用于计量住户普遍购买的商品与服务价格变动情况，通常用来反映通货膨胀情况。中国澳门于 1983 年 10 月首次发布消费物价指数。此后，CPI 编制工作得到不断发展与完善，现在中国澳门统计及普查局按照国际建议，采用每 5 年一次的住户收支调查数据，前后对消费物价指数进行了 5 次修订。统计及普查局最近一次是按照 2012～2013 住户收支调查结果进行基期修订工作，并于 2014 年 10 月发布以 2013 年 10 月～2014 年 9 月作为基期的消费物价指数情况。

考虑到居民收入两极分化现象，住户的消费结构存在明显差异性，因此，中国澳门在扣除最低及最高消费的 10% 住户后，统计及普查局主要编制了 3 个消费物价指数，以反映住户消费的商品及服务价格在指定期间的变动对不同收支组别住户的影响。主要有综合消费物价指数、甲类消费物价指数、乙类消费物价指数。这 3 类目标人群也是按照他们的消费支出情况进行分类，甲类消费物价指数的目标人群是平均每月消费开支额在 10000～29999 澳元之间的家庭，这部分目标人群约占总人口的 50%；乙类消费物价指数则反映的是每月平均消费开支额在 30000～54999 澳元之间的家庭，约占总人口的 30%；综合消费物价指数反映的是澳门所有人口的消费价格变动。

（二）消费结构更新问题

住户消费结构、消费习惯随着收入增加会逐渐变化、优化，因此，及时反映住户真实的消费习惯与消费模式尤为重要。中国澳门统计及普查局采用最新的住户收支调查数据更新消费物价指数所涵盖的代表性商品与服务、权重及收集价格信息的商户类型，不断优化价格收集方法。

消费物价指数选择的商品与服务均为最终消费项目，不包含用于转移、投资、储蓄及转售商品，以及非消费开支。此外，对所收集的商品及服务数量与质量均假设为固定的，因此，计算的消费物价指数纯粹反映价格的变动情况。

最近一次的修订删除了一些已被淘汰或者在住户消费开支中占比很小的商品（如电子辞典及漫画书），增补了一些住户消费开支比重增加的商品（如平板电脑及数码单反相机等），同时增加了一些旅游热点（如马来西亚及新加坡）旅行团费及机票价格信息。更新后的住户消费商品及服务共 761 项，比 2008～2009 年基期增加 52 项，采用 6

级分类的结构模式。参加联合国劳工组织文件要求，按消费目的划分的个人消费分类，结构如图4-3所示。

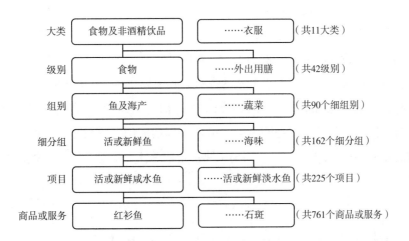

图4-3　中国澳门CPI代表性商品及服务分类结构

随着时间推移，住户消费结构会不断变化。与上一基期（2008年4月~2009年3月）相比，住户在食物及非酒精饮料、烟酒方面权重下降明显，在衣服、住房及燃料方面权重稍有提高，在医疗、交通方面权重有较大幅度提升，在其他项目权重基本没有变化。其中，对住户影响比较大的项目是食物、住房及燃料、交通这3项，它们在消费物价指数中占有较大权重。最新的住户消费各大类权重资料如表4-11所示。

表4-11　　　　　　　　　　中国澳门消费物价各大类权重　　　　　　单位：%

类别	甲类	乙类	综合	甲类	乙类	综合
	2013年10月~2014年9月=100			2008年4月~2009年3月=100		
食物及非酒精饮料	29.62	23.51	28.97	36.94	32.59	32.78
烟酒	0.90	1.05	0.92	1.44	1.06	1.12
衣服	6.43	6.69	6.46	4.82	7.63	6.75
住房及燃料	27.76	17.84	26.70	27.22	20.76	22.82
家居设备及用品	3.26	3.54	3.29	2.19	3.60	3.13
医疗	3.02	3.45	3.06	2.71	2.91	2.90
交通	9.75	21.05	10.96	5.78	8.04	7.88
通信	2.63	1.71	2.53	4.22	3.32	3.52
康乐及文化	4.73	5.28	4.79	4.71	6.45	5.93
教育	2.99	2.20	2.91	4.00	5.03	5.16
杂项商品及服务	8.91	13.67	9.41	5.96	8.60	8.02

资料来源：澳门特别行政区统计及普查局（http://www.dsec.gov.mo）；消费物价指数最新基期修订（2013年10月~2014年9月=100）；因小数点进位关系，可能稍有出入。

（三）中国澳门 CPI 情况

1. 中国澳门消费物价指数

中国澳门消费物价指数最近一次对比基期调整是 2013 年 10 月～2014 年 9 月，调整对比基期后的相关物价指数年度数据如图 4-4 所示。从图 4-4 可知，从 1998～2015 年，各类消费物价指数整体呈现出稳步上升的态势。其中以 2004 年为分界点，1998～2004 年各类消费物价指数呈现出逐步下降的趋势；2004 年以后，各类消费物价指数则出现了逐步上升趋势。同时，基于对比基期考虑，2004 年以前的消费物价指数大概只是现在消费物价指数的 6～7 成。可见，中国澳门消费物价指数总体上呈现出稳步上涨的特点。

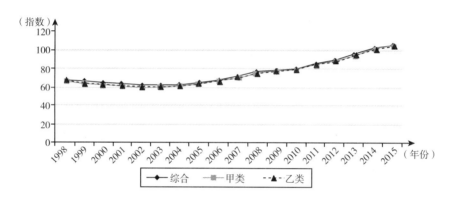

图 4-4　中国澳门消费物价指数（2013 年 10 月～2014 年 9 月 = 100）

2. 中国澳门各类消费物价指数的方差分析

现在对中国澳门各类消费物价指数进行方差分析，目的在于研究各类消费物价指数是否能够从不同方面相对独立的反映不同群体居民生活用品价格变化情况。运用 OFFICE2003 中的 EXCEL 统计分析功能模块，方差分析结果如表 4-12 所示。

表 4-12　　　　　　中国澳门消费物价指数单因素方差分析（1998～2015 年）

方差分析：单因素方差分析

组	观测数	求和	平均	方差
综合物价指数	18	1363. 39	75. 74389	207. 2957
甲类物价指数	18	1345. 21	74. 73389	220. 4323
乙类物价指数	18	1354. 96	75. 27556	199. 3759

方差分析

差异源	SS	df	MS	F	P-value	F crit
组间	9. 197033	2	4. 598517	0. 021999	0. 978251	3. 178799
组内	10660. 77	51	209. 0346			
总计	10669. 96	53				

从表4－12可知，中国澳门消费物价指数间的总方差为10669.96，组间方差为9.197033、组内方差为10660.77。很明显，组间方差远远小于组内方差。但是，单凭这一点我们还不能断定中国澳门各类消费物价指数差异性情况，还必须结合样本均值两两间的对比分析结果来考虑。

3. 中国澳门各类消费物价指数成对双样本配对检验

现在对各类消费物价指数年度数据进行两两配对检验，相关结果如表4－13所示。

表4－13　　　中国澳门消费物价指数成对双样本均值分析（1998～2015年）

分类	综合与甲类配对比较		综合与乙类配对比较		甲类与乙类配对比较	
	综合	甲类	综合	乙类	甲类	乙类
平均（％）	75.74	74.73	75.74	75.27	74.73	75.27
方差	2.0729	2.2043	2.0729	1.9937	2.2043	1.9937
观测值	18	18	18	18	18	18
泊松相关系数	0.999370467		0.999844		0.998774	
假设平均差	0		0		0	
df	17		17		17	
t Stat	6.24		5.30		－2.25106	
P（T＜＝t）单尾	4.44789E－06		2.93E－05		0.018952	
t 单尾临界	1.73		1.73		1.73	
P（T＜＝t）双尾	8.89578E－06		5.86E－05		0.037903	
t 双尾临界	2.109		2.109		2.109	

从表4－13可知，第一，综合与甲类消费物价指数配对结果显示，综合物价指数均值为75.74%，方差为2.0729，甲类消费物价指数均值为74.73%，方差为2.2043；t统计量为6.24、大于单尾t值1.73与双尾t值2.109，原假设检验的单尾概率为4.44789E－06、双尾概率为8.89578E－06，均小于显著性水平0.05，可见，综合与甲类消费物价指数之间存在显著性差异。第二，综合与乙类消费物价指数配对结果显示，综合物价指数均值为75.74%，方差为2.0729，乙类消费物价指数均值为75.27%，方差1.9937；t统计量为5.30、大于单尾t值1.73与双尾t值2.109，原假设检验的单尾概率为2.93E－05、双尾概率为5.86E－05，均小于显著性水平0.05，可见，综合与乙类消费物价指数之间存在显著性差异。第三，甲类与乙类消费物价指数配对结果显示，甲类消费物价指数均值为74.73%，方差为2.2043，乙类物价指数均值为75.27%，方差为1.9937；t统计量为6.24、大于单尾t值1.73与双尾t值2.109，原假设检验的单尾概率为0.018952、双尾概率为0.037903，均小于显著性水平0.05，可见，甲类与乙类消费物价指数之间存在显著性差异。

从实证结果分析，中国澳门各类消费物价指数能够相对独立地从不同角度对不同收入群体的消费商品价格变化情况进行描述与说明。

四、新加坡不同目标人群的 CPI

新加坡统计局编制的消费者物价指数衡量了固定篮子商品和服务在一定时期内的平均价格变动，通常被作为通货膨胀的衡量指标，包括总体指数和三个分层指数，将消费者按收入高低划分三类，前 20% 为低收入者，相应编制低收入者物价指数；中间 60% 为中等收入者，相应编制中等收入者物价指数；后 20% 为高收入者，编制高收入者物价指数。支出权重通过住户支出调查（Household Expenditure Survey，HES）统计而得，当前的 CPI 权重使用 2012 年 10 月～2013 年 9 月的支出调查数据，并对其进行价格调整，以 2014 年为基期计算价格指数，新加坡各类消费群体最新的支出权重数据如表 4 – 14 所示。

表 4 – 14　　　　　　　新加坡分层 CPI 的开支权重（2014 年）　　　　　单位：%

类别	综合	低收入者	中等收入者	高收入者
食品	21.67	24.35	23.60	18.35
衣着	2.73	1.57	2.83	2.80
居住	26.25	40.02	26.15	23.96
耐用品和服务	4.75	3.59	4.32	5.55
医疗	6.15	8.12	6.23	5.62
交通	15.79	7.32	14.04	19.84
通信	3.85	3.97	4.53	2.88
娱乐	7.88	4.66	7.37	9.20
教育	6.15	2.61	6.02	7.00
其他商品和服务	4.78	3.79	4.91	4.80

资料来源：新加坡统计局网站 http：//www.singstat.gov.sg/。

表 4 – 14 显示，不同收入阶层的住户消费模式存在一定差异。低收入者在食品、居住等项目上的支出比重相对较高；高收入者在食品上的支出占总支出比重低，与恩格尔定律相符，随收入增加，食品支出在总支出的比重降低，而在交通、娱乐、教育等项目上的支出比重较高，高收入者更重视生活的品质和对子女的教育；中等收入者的支出权重与综合物价指数的支出权重相似，表明综合指数的支出权重能代表大部分新加坡住户，而对于低收入者和高收入者的代表性不强，体现了分层 CPI 的必要性。

对于表 4 – 14 中综合群体的相关权重数据我们还可以表示如图 4 – 5 所示。

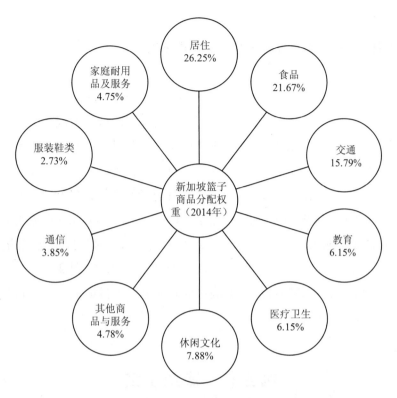

图 4 – 5　新加坡 2014 年篮子商品及服务综合类权重分配情况

1993 ~ 2015 年以来，不同目标群体的 CPI 波动情况如图 4 – 6 所示。

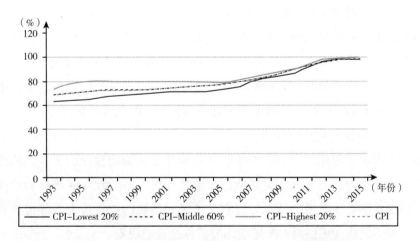

图 4 – 6　1993 ~ 2015 年新加坡消费者物价指数情况（基期 2014 年 = 100）

资料来源：新加坡统计局网站 http：//www. singstat. gov. sg/。

图 4 – 6 显示了 1993 ~ 2015 年新加坡 CPI 和分层 CPI 的变动情况，高收入阶层的价格指数要稍微高于综合物价指数，低收入阶层的价格指数要稍微略低于综合物价指数。中等收入者价格指数基本与综合指数重合，2009 年以来 3 类物价指数的差异逐渐减小。

五、中国对不同目标人群 CPI 编制的尝试

从各国（地区）分层 CPI 的编制实践可以看出，分层 CPI 的编制有其合理性和现实性。对中国内地而言，消费者的消费偏好在不同收入阶层、不同年龄阶层和不同地区都有一定区别，不同收入阶层居民的消费结构差异明显。针对我国内地经济现实中存在的这种问题，我国内地的一些地方统计机构进行积极探索，在统计实务工作中进行了一些局部性的尝试。例如，2004 年，江苏省与浙江省统计局针对低收入群体专门编制反映低收入群体消费品价格变化情况的 CPI，对准确了解物价变化对低收入群体的生活消费的影响情况很有帮助。2006 年，北京市统计局针对居民消费结构的差异性，在全国率先推出按照居民收入水平进行阶层，编制对应的 CPI，结果显示食品、医疗服务、教育、水、电、燃料等项目价格上涨对低收入群体生活影响更大，这些项目的价格上涨对高收入阶层影响不大。

第三节　本章小结

通过研究，本章可以得到一些基本性的结论。

1. 居民 CPI 感受异质性的影响因素分析

我国 CPI 的单一性与居民消费结构的差异性矛盾，说明我们可以尝试编制与居民消费结构相对应的 CPI。国（境）外对 CPI 感受异质性始于欧元成立之初，相关文献主要从年龄、性别、资产状况、消费模式等方面对此进行了分析研究，基本上限于定性分析。但是，得到的一致性结论就是不同消费群体对 CPI 感受是异质的。

2. 居民 CPI 感受异质性定量研究

借鉴物理学压强定理，将居民 CPI 感受差异性定义为物价压力差异，构建计量指标，测度城乡居民的物价压力。实证结论显示城乡居民不同收入群体的物价压力是有差异的，横向检验表明美国、日本等国家（地区）居民的物价压力差异也具有这样的特点。这说明不同收入居民对 CPI 感受的异质性是普遍现象。

3. 辅助性 CPI 的实践

针对核心 CPI 的不足之处，美国、新加坡、中国香港、中国澳门等国家与地区，针对特定的目标群体，专门编制了相对应的辅助性 CPI 指标，以指导政府对特定消费群体的保障与救济政策。

第五章 调查方案设计及数据处理

第一节 调查方案设计

一、调查方案设计

根据研究的目的与任务，本书需要获取研究所用的样本数据与资料，因此，必须开展抽样调查工作。为了使统计调查工作按目的顺利进行，在组织统计工作之前，必须设计一个详细的统计调查方案。本书围绕多层次居民消费指数编制工作，主要从以下六个方面设计与规划了调查方案工作。

（一）研究目的

本书研究多层次 CPI 编制工作，因此，调查方案设计紧紧围绕居民生活消费结构差异性这个中心展开，设计研究需要解决的问题，获取研究所需要的样本数据。

（二）调查对象和调查单位

选择以浙江省所有住户作为调查对象主要考虑的因素：一是课题组对于浙江省住户消费情况相对而言比较熟悉，便于利用各种有利条件开展抽样调查工作，保证研究能够获取足够的样本数据；二是通过对浙江省住户消费情况的研究，编制与住户实际消费情况相对应的多层次 CPI，全面诠释本书关于多层次 CPI 编制的技术与方法，可以达到课题的预期研究目标；三是考虑到我国地域广阔、人口众多，不同地方居民的消费习惯、经济收入、传统文化等方面差异性很大，要想对我国全体居民的消费结构数据进行收集，工作量十分巨大，同时由于研究经费十分有限，因此，课题组经过研究决定集中有限的研究经费对浙江省居民消费结构数据进行收集，故本书调查对象界定为浙江省全部的居民消费者。

由于浙江省也是我国省外农民工比较集中的省份，在统计调查的实践工作中肯定会遇到很多的农民工，如果对省外农民再进行细分，那么分配到每一个省份的样本量很少，由于本书主要是在浙江省展开抽样调查，对于省外的农民工来说，同样也要研究浙江省物价上涨对他们生活消费共同的影响情况，因此，对于农民工来说，不再区分他们是哪一个具体省份的农民工，统统归纳到"省外"这一类进行统一研究。

调查单位为浙江省每一个消费者。考虑到在实践工作中工作的方便性、数据的累加性，课题组决定将调查单位界定为以每一个自然家庭为最基本的调查单位。然后，根据调查结果的原始数据，折算为以家庭为基本单位的年人均消费支出。

（三）调查项目

调查项目就是统计调查需要调查的具体内容，通常也称作调查什么，主要是由调查对象的性质与调查目的来决定。在本书中，主要收集消费者三方面的数据：一是消费者的基本信息情况，有消费者所处的地域位置、家庭户口性质、家庭总收入、家庭人口数、就业状况、文化程度六个方面；二是居民消费支出结构数据，每一个家庭2015年在食品类、烟酒及其他饮料、衣服鞋袜、家庭耐用品及服务、医疗保健及个人用品、交通通信、娱乐教育文化用品及服务、居住等CPI八大类方面的年人均消费支出数据[①]；三是居民对物价变动的感受情况及主要影响因素的判断，主要收集消费者对浙江省2015年发布的CPI数据准确性进行判断，对影响居民生活消费的主要影响因素进行排序。所有这些调查项目紧紧围绕居民自身的基本情况、消费结构及对物价感受这三方面进行设计与数据收集。相关项目的具体设计及调查问卷样式参见附录1所示。

调查问卷设计的科学性对研究结果影响很大，因此，根据课题研究目的、调查对象性质、采用科学的调查方法来设计一份有效的调查问卷，是一项要求很高的统计调查工作。为此，通常在正式的、成熟的调查问卷之前，往往需要深入实地，了解调查对象的特点与内在差异性，以及调查内容的一些基本情况，并且还需要做小范围内的抽样调查试验，利用调查结果来了解、设计、完善调查问卷，结合项目研究内容与调查单位的实际情况，经过全面、慎重地思考，多方征询意见，才能设计好一份科学、实用的调查问卷，以保证抽样调查取得较好的调查效果[②]。

---

① 本书抽样调查期限为2016年7月~8月。虽然，从2016年1月开始，我国实行新一轮周期下新的商品与服务分类及权重数据，但是，本书调查资料的时间为2015年居民的消费结构数据，它仍然属于旧的商品与服务项目。因此，项目研究这里也仍然沿用旧的消费结构分类进行研究。

② 在此次抽样调查之前，课题组于2014年参加了浙江财经大学陈惠雄教授主持的"南昌市居民幸福指数"课题的抽样调查工作，在亲身的统计调查工作、结合当地城市调查总队一线工作者的谈话了解到，由于调查时间有限，现在的抽样调查项目最多十几个。因此，在前期试验性的抽样调查问卷基础上，项目正式调查表共15个问题，做到了最大限度的简化。

（四）调查时间和调查期限

调查之前，我们还需要规划好课题调查时间与调查期限，调查时间就是指调查资料所属的时间，而统计调查的期限就是开展统计调查工作的起止时间。本书调查期限为 2016 年 7 月~8 月，共 2 个月时间；调查时间为 2015 年浙江省居民消费结构数据①。在此次抽样调查之前，项目组部分成员于 2015 年 7 月~8 月间，在杭州、温州、义乌、衢州、舟山 5 个城市进行了小范围内、试验性的抽样调查工作，主要目的是了解调查对象内在差异性情况，被调查者的基本情况及调查表的设计是否合理科学。

（五）调查组织实施计划

项目研究的关键是获取研究所需要的样本数据，为此课题组制定了系列计划。主要是分为以下五个阶段。

第一阶段（2014 年 7 月~12 月）。课题组规划了研究方案，分配了各个专题内容的负责人，反复设计与论证了调查方案与调查表格，形成了调查表的雏形。例如，当时初步确定了调查表共分为 3 个部分，即住户基本信息、住户消费结构、对物价变动感受及影响因素等部分内容。经过实践的检验证明，这些内容十分必要。后来也做了一些局部的修改与调整，例如，当初尝试收集住户的职业分类信息，但是职业分类信息这方面内容与标准太过繁杂。国家统计局在参照国际职业分类标准条件下，结合我国自身情况于 1986 年首次颁布了我国《职业分类与代码》（GB6565 - 86），将我国职业总共分为 8 个大类、63 个中类、303 个小类。并且在 1992 年，按照行业生产的劳动性质与生产工艺技术特点，对当时我国近万个工种归并为 46 个大类、4700 多个工种。

可见，个人的职业信息极其复杂，如果只分 8 个大类，则比较笼统与抽象，不利于研究任务的需要；如果按照 63 个中类来分，则调查表中的职业选择项这一栏将过于庞大，尽管这一信息对项目研究目的十分必要，考虑到实际情况，后来从调查表中剔除了。

第二阶段（2015 年 7 月~8 月）。子课题负责人在一些研究生的帮助下，充分考虑

---

① 实际上，2016 年暑假开展的样本数据统计调查活动，特别是调查表格已经是一份相对比较成熟与完善的调查问卷。在此次活动之前，2015 年的暑假，在一些研究生的帮助下，对杭州市、衢州市、金华市、温州市及舟山市 5 个地方的居民消费情况开展了一次带有试验性质的抽样调查工作，共发放及回收了 100 份调查问卷。此次调查工作主要是了解调查对象内在差异性情况，研究不同地方的调查单位即住户消费差异性情况，为设计与完善正式的调查问卷表格服务，为制定针对性的调查方案提出对策与建议。

到浙江省地域位置特征，结合以前相关课题研究的经验，对浙江省下辖的 5 个地区进行了试验性的抽样调查。此次试验性的调查有 3 个目的：一是进一步了解浙江省所有住户这个调查对象的特征与内在差异性情况，了解这些地方住户消费的模式及差异性；二是根据调查结果，修改与完善调查表，对组织后续的抽样调查积累经验，研究组织措施；三是根据抽样调查结果，利用样本方差估计总体方差，为确定必要样本容量提供帮助。

第三阶段（2016 年 6 月），选取了一些统计基础比较好的本科生与研究生，集中起来对他们进行必要的培训，主要讲解此次大范围调查目的、调查表设计含义、调查问卷中相关问题解释，调查过程中需要注意的问题及遇到问题灵活处理的一些原则与技巧。

第四阶段（2016 年 7 月~8 月），在确定对浙江省各个地区居民进行抽样调查的总前提条件下，由项目组全体成员及培训过的本科生与研究生带头，在一定经费的帮助下，对浙江省各个地区进行简单随机调查①。通过多阶段的抽样调查，最终获取了需要的样本量与数据。

第五阶段，将统计阶段得到的调查表格，经过简单审核，留下有效调查问卷，经过数据的录入及简单的分析后，形成了研究的样本数据与资料，便于下一阶段的统计整理与数据分析工作。

（六）选择调查方法

调查方法一般是指收集原始资料的方法。调查方法的选取必须考虑调查对象的特征及调查单位的具体情况，同时还必须兼顾调查者自身条件。此次调查，我们主要采用多阶段抽样，简单随机抽样等方法获取样本数据。

二、必要样本容量

（一）必要样本容量合理性与影响因素

1. 必要样本容量合理性

抽样调查是利用部分样本指标去推断总体指标，由于部分样本的结构与聚集的

---

① 尽管如此，在实际的抽样调查过程中还是出现一些问题，主要表现为在当地进行调查后，带回来的调查问卷中有相当一部分的外省务工及旅游人员，他们的分布并不均匀。在数据的预处理阶段，我们将各个地区的外省人员进行统一的合并，统一归类到"省外"这一栏目。结果使得有些地方的调查问卷数量显得少了点，例如，舟山市的调查问卷，经过剔除及处理后只剩下 7 份。

信息与总体结构及信息有一定的差距，因此，抽样推断一定会产生偏差。但是，这种偏差与样本容量之间呈现出的是一种非线性变化关系，不是说增加一单位的样本容量、偏差就减小一单位，而是当样本容量达到临界数量后，推断偏差急剧减小，能够减小到我们所许可的范围内。因此，这个临界样本数量值就是我们进行抽样的必要样本容量。以变量总体为例，抽样平均误差公式如下所示。

重复条件抽样：

$$\mu_{\bar{x}} = \frac{\sigma}{\sqrt{n}} \tag{5-1}$$

不重复条件抽样：

$$\mu_{\bar{x}} = \frac{\sigma}{\sqrt{n}}\sqrt{1 - \frac{n}{N}} \tag{5-2}$$

式（5-1）、式（5-2）中 $\mu_{\bar{x}}$ 为抽样平均误差，σ 为总体标准差，n 为样本容量，N 总体单位数。显然，在上式中抽样平均误差 $\mu_{\bar{x}}$ 与样本容量 n 为非线性的反向变化关系。按照数理统计学理论，$\mu_{\bar{x}}$ 收敛于极限值 0，对于事先任给的多么小的正数 ε，总存在着一个临界值 N，当 $n > N$ 时，它能够满足我们任意的精度要求，这就是必要样本容量的数理基础。

2. 必要样本容量影响因素

实践中在进行抽样调查，确定必要样本容量时，我们还需要考虑到其他的一些影响因素。虽然必要样本容量存在，但是如果确定的样本容量太大，则需要较多的人力、物力与财力；如果确定的样本容量太小，样本缺乏代表性，无法确保统计推断的可靠性。因此，在实际抽样设计中，必要样本容量的确定还需要在抽样误差和预算经费之间求得最佳的平衡，即在可接受的抽样误差条件下使得成本最小化，或是在一定的额度经费条件下争取最小的抽样误差，获得最大的抽样效果，当然这个误差必须是可接受的。

总的来说，根据统计学理论，我们确定必要样本容量总的原则与依据是：在保证抽样推断能够达到预期的精确度与可靠程度条件下，确定一个合适的样本容量。另外，在确定必要样本容量时，还需要考虑到的影响因素是：（1）调查对象的差异程度，即总体的方差大小。总体方差越大，样本容量也越大；总体方差小，说明总体单位比较集中，抽取的样本容量可以适当小些。（2）极限误差（误差精度）的大小。极限误差的大小与样本容量成反比，极限误差越小，样本容量越大，需抽取更多样本；反之，则可以少抽些。（3）置信度。置信度越大，要求的样本量也越大；置信度越小，需要的样本容量也越小。一般情况下，置信度水平取 95%（或者显著性水平 $\alpha = 0.05$）。（4）抽样方法。在统计调查工作中，简单随机抽样需要的样本数目一般要大于其他抽样方法，而采用不重复抽样方法则所需要的单位数目要明显少于重复抽样方法。（5）在满足精度要求条件下，适当考虑成本效益原则确定样本单位数。

（二）必要样本容量的测定

根据随机抽样的基本原理，必要样本容量可以通过抽样误差、极限误差及置信度等因素加以确定。

$$\Delta = tu_{\bar{x}} = t \times \frac{\sigma}{\sqrt{n}} \qquad (5-3)$$

$$n = \frac{t^2 \sigma^2}{\Delta^2} \qquad (5-4)$$

式（5-3）、式（5-4）中 n 表示必要样本容量；t 表示某一置信水平下的概率度，例如：95% 置信水平下的 t 值 1.96，99% 置信水平下的 t 统计量为 2.58；σ^2 表示总体的方差，实际操作中往往用样本方差替代；Δ 表示抽样推断的极限偏差，即我们利用样本指标情况来对总体指标进行推断时，事先所规定的最大偏差范围[①]。

根据公式（5-4）估算不重复抽样的必要样本容量。本书的调查对象为浙江省内所有住户，当总体单位数比较大时，不重复抽样的必要样本近似等于重复抽样的必要样本容量。因此，运用上述公式计算必要样本容量，我们只需要确定公式中的置信度（t）、总体方差（σ^2）和极限误差（Δ）等变量，必要样本容量即可确定。相关变量的确定具体如下。

（1）置信度。按照通常习惯，我们可以考虑 95% 的置信水平，那么 $t=1.96$。

（2）极限误差。极限误差是指利用样本指标推断总体指标时所允许的最大误差范围。由于总体指标是一个确定的量，抽样指标围绕总体指标上下波动，所以极限误差从正负两个方面为抽样指标划定了最大的误差范围，该范围是事先给定限制条件。如以样本均值（$\bar{x}$）推断总体均值（$\bar{X}$）为例，形式如式（5-5）所示。

$$|\bar{x} - \bar{X}| \leqslant \Delta \qquad (5-5)$$

通常情况下，极限误差是事先给定的。在实际抽样过程中，通过历史数据可划定一个允许的最大误差范围。对浙江省统计局公布的 1984～2015 年 CPI 最大值、最小值及 CPI 均值之间的差异计算它们的算术平均值，作为所允许的最大误差，如式（5-6）所示。

$$\Delta = \frac{(CPI_{max} - \overline{CPI}) + (\overline{CPI} - CPI_{min})}{2} = \frac{CPI_{max} - CPI_{min}}{2} \qquad (5-6)$$

从图 5-1 显示了 1984～2015 年浙江省 CPI（环比指数）的变动情况，1998 年之

---

① 根据中心极限定理推导，推导过程详见李金昌、苏为华编著：《统计学》，机械工业出版社 2008 年版。

前，CPI 呈现出上涨特征，通货膨胀比较严重，CPI 的波动幅度很大，其中，1994 年农村 CPI 达到最大为 124.9%，物价水平比上年增长 24.9%；1998 年之后，CPI 的波动幅度降低，2009 年农村 CPI 达到最小为 98.2%，物价水平比上年下降了 1.8%。总体来说，按照西方经济学理论，一个国家宏观经济目标之一就是保持物价稳定，CPI 应当控制在合理的范围内，CPI 大幅波动会产生许多不确定因素，增加经济与金融风险，对经济造成负面影响。本书选取 1984～2015 年这 32 年的 CPI 环比数据，计算 CPI 最大值与最小值之间的差异，获取计算必要样本容量所需的极限误差值为 13.35%。

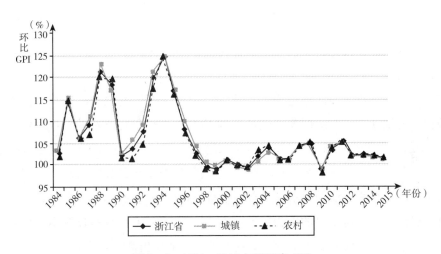

图 5-1　1984～2015 年浙江省 CPI

资料来源于《2015 年浙江省统计年鉴》。

（3）总体方差。总体方差理论值虽然客观存在，但我们通常无法直接得到，所以在抽样调查中首先必须想办法确定其估计值。实际运用中，往往事先运用一些简单的统计方法进行估计，主要的方法有：利用过去的抽样调查资料来确定，或者用样本方差来替代总体方差，或者用事先小规模范围内的调查资料来计算，或者干脆用预估的理论值数据等。一般情况下，在进行大规模的抽样调查之前，往往先进行小范围、带有试验性质的抽样调查，利用样本方差值替代总体方差，这是目前较为合理与可取的方法，本书就是使用这种方法。同时，利用样本方差替代总体方差也具有优良的数理统计基础与依据。

总体方差 σ^2：

$$\sigma^2 = \frac{\sum_{i=1}^{n}(x_i - \bar{x})^2}{n} \tag{5-7}$$

样本方差 s^2：

$$s^2 = \frac{\sum_{i=1}^{n} (x_i - \overline{x})^2}{n-1} \tag{5-8}$$

总体方差和样本方差的关系：

$$\sigma^2 = \frac{n-1}{n} s^2 \tag{5-9}$$

其中 x_i 为样本值，$\overline{x}$ 为样本均值，n 为样本容量。在样本容量 n 满足大样本的情况下（$n \geq 30$），$\frac{n-1}{n} \to 1$，即 $\sigma^2 \to s^2$。也就是说，对于大样本的抽样调查，样本方差是总体方差的无偏估计，因此，在实践中，进行大规模抽样调查时往往可以用样本方差 s^2 代替总体方差 σ^2。

首先，本书进行了一次小范围的抽样调查试验，随机发放 100 份调查问卷，利用样本数据，分别计算消费结构 8 个变量（即 CPI 中的 8 个大类）的描述性统计量，如表 5-1 所示。由表 5-1 数据可知，居民家庭人均每年用于食品的平均支出达到 3.09 万元，用于居住的平均支出为 3.08 万元，这两类消费支出的比重最大。可见，食品作为生活必需品，在所有消费品中依然占据最重要地位；同时，自 2003 年以来房价的不断攀升，居民承受住房支出的压力颇大。其次，居民用于衣服和教育文化娱乐支出比重也较大，在烟酒方面的支出最少，有些家庭这方面支出甚至是零。

表 5-1　　　　　　　变量的描述性统计（2015 年）　　　　单位：万元

变量	最小值	最大值	均值	标准差	方差
食品	0.30	10.00	3.09	1.5751	2.4808
烟酒	0.00	8.00	0.67	0.8951	0.8012
衣服	0.20	10.00	1.62	1.5161	2.2986
耐用品	0.00	10.90	1.24	1.6203	2.6254
医疗保健	0.00	10.00	1.09	1.2250	1.5006
交通通信	0.10	30.00	1.26	2.4453	5.9797
教育文化	0.50	10.00	1.99	1.4315	2.0493
居住	0.35	18.00	3.08	2.4403	5.9552

由计算得到的 CPI 项目中 8 个大类变量的样本方差 s_1^2，s_2^2，…，s_8^2 可知，交通通信和居住的方差较大，表明不同家庭在交通的居住上的支出差距较大，也有可能是受到个别极端值的影响。交通通信的样本方差最大，达到 5.9797。本书选用最大的样本方差代替总体方差，即 $\sigma^2 = \max(s_1^2, s_2^2, \cdots, s_8^2)$，可得总体方差 σ^2 为 5.9797。

最后，将上述计算结果代入式（5-4），计算出必要样本容量，抽样所允许的最大误差越小，所需的必要样本容量越大，反之，允许的误差越大，必要样本容量越小。本书中所取的极限偏差取近 30 年 CPI 数据计算的极限误差，为 13.35，相应的必要样本容量为 1289，计算过程如式（5-10）所示。

$$n = \frac{t^2 s^2}{\Delta^2} = \frac{1.96^2 \times 5.9797}{0.1335^2} \approx 1289 \tag{5-10}$$

综上所述，本书抽样的必要样本容量为 1289 个，考虑到实践中的各种不确定性因素、研究经费等方面的原因，在实际抽样过程中，此次调查共发放了 1479 份调查问卷，实际回收问卷 1385 份，经过简单的形式与数据审核后，得到的有效问卷有 1335 份，回收率为 93.64%，调查问卷的有效率为 90.26%。

第二节　调查问卷的信度与效度

对于抽样调查得到的样本数据，在正式使用之前，一般还需要做信度与效度检验。

一、信度

调查问卷的信度（Reliability）又叫可靠性，是指如果我们采用相同的统计调查方法，对相同的调查对象进行统计调查时，这些调查问卷得到的调查结果是否具有一致性与稳定性，也就是我们所使用的调查问卷或量表，是否能够对调查对象进行稳定地测量工作。信度分析指标一般用相关系数表示，主要的相关系数有：考察跨时间一致性的稳定系数、跨形式一致性的等值系数、跨项目一致性的内在一致性系数。对信度进行分析的常用方法主要有：重测信度法、复本信度法、折半信度法、α 信度系数法。这几种常用方法的关系与区别如表 5-2 所示。

表 5-2　　　　　　　　　　各种信度测度方法的比较分析

方法	含义	特点	适用条件
重测信度法	用同样的问卷对相同的被调查者间隔一定时间重复调查，计算两次测量结果的相关系数	稳定系数	适用于事实型问卷，或者态度、意见式问卷
复本信度法	让同一被调查者一次填写两份调查问卷，计算两个复本的相关系数	等值系数	较少使用

方法	含义	特点	适用条件
折半信度法	将要调查的项目分为两半，计算两半得分的相关系数来估计量表的信度	内在一致性系数	适用于态度、意见式问卷
α信度系数法	利用公式，计算题内方差与整个量表方差间的比值关系，评价量表中各题项得分间的一致性	内在一致性系数	适用于态度、意见式问卷

其中，克伦巴赫 α（Cronbach's Alpha）信度系数法是最常用的信度测度方法，公式为：

$$\alpha = \frac{n}{n-1} \times \left(1 - \frac{\sum\limits_{i=1}^{n} s_i^2}{s^2} \right) \tag{5-11}$$

式（5-11）中，n 为测量的总题目数，s_i^2 是第 i 个题目分数的变异数，s^2 是测验总分的变异数。

影响信度精度、导致信度偏差的因素主要有抽样误差与随机误差。为了提高量表的信度，我们尽量从以下3个方面努力降低偏差、提高信度。

（1）适当增加量表测试长度。如果测试题目太少，测试得分容易受到随机因素影响，影响量表信度；同样，如果测试题目太长，被调查者容易疲劳、产生厌烦心理，导致不配合，或者误导等结果。在统计理论上分析，太多题目还容易产生共线性等问题。因此，综合考虑到各种影响，量表题目的长度要适中。

（2）测试题目难度适中，简洁明了，便于被调查者回答。如果题目太难，被调查者无所适从，极易导致调查得到错误答案，降低量表信度。从统计理论分析，调查结果得分最希望呈现出正态分布特征。如果题目太难，得分偏低，会呈现出负偏分布；如果题目太容易，得分偏高，会呈现出正偏分布。不管是哪一种情况，极端值的存在会大大降低量表信度，因此，难度适中的题目效果会好些。另外，还特别要注意量表的早期审核工作，因为各种原因，量表会有些题目录入的结果会出现缺失值，大部分统计方法对数据缺失值默认的处理方式不尽相同，不同的处理方法对量表的信度影响很大。因此，在信度分析前，尽量先对数据进行简单的审核与数据预处理工作，会提高量表的信度。

（3）评分尽量客观。对于客观性问题，评分标准明确，得分结果客观且基本准确。对于许多主观性问题来说，由于评分结果不客观，得分波动性大，增加得分方差，影响量表信度。

对于信度系数的判定，德维尔（DeVellis，1991）认为，0.60~0.65（不理想）、

0.65～0.70（尚可）、0.70～0.80（基本理想）、0.80～0.90（很理想）。显然，一份调查问卷的信度系数最理想的是在 0.80 以上，在 0.70～0.80 信度系数还算基本理想。

二、效度

（一）效度含义及类型

效度（Validity）就是调查结果的正确性或者是指测量的有效程度。效度主要有三种类型：内容效度（Content Validity）、准则效度（Criterion Validity）、结构效度（Construct Validity），这其中以结构效度应用最广。这 3 种方法主要的含义如表 5-3 所示。

表 5-3　　　　　　　　　　　　　常用效度指标

效度类型	含　义
内容效度	指测验目的对所想测量内容的代表程度、达到引起预期反应的程度
准则效度（又称预测效度或者效标效度）	指一个测验对个体未来行为或未来可能获取的成就进行预测的准确性
结构效度（又称构想效度）	指测量结果体现出来的某种结构与预测值之间的对应程度

一些学者（吕力，2014；黄晓燕、万国威，2016）认为："研究效度情况的最好方法是通过因子分析法来分析整个调查问卷的结构效度。因为，因子分析能够从整个调查问卷的全部调查项目中提取公因子，各公因子能够反映出与某一些特定的原变量间的高度关联性，这些公因子代表了整个量表的基本架构"。在因子分析的结果中，我们往往可以利用累积贡献率、因子载荷与公因子方差等指标评价量表的结构效度。累积贡献率反映公因子对量表或调查问卷的累积有效程度，公因子方差说明公因子对原变量方差的有效解释程度，因子载荷反映了某个公因子与原变量间的关联程度。通常，为了提升统计调查问卷质量与项目研究价值，对整个量表进行信度与效度分析是整个研究过程中必不可少的一个重要环节。

（二）提高量表效度方法

（1）控制系统误差。系统误差是影响测量表效度的主要因素。产生系统误差的主要原因有仪器故障，测量题目含义不明确、有歧义，答案多样化等，控制这些因素影响可以大幅提高量表效度。系统误差与测量工具的精度、测量技术、调查人员的责任心、被调查者的合作态度等因素密切相关。

（2）设计与完善测验量表。一份科学而合理的调查问卷结果，可以很好地服务于研究目的，这就要求量表内容要适合测量目的。同时，测量题要清楚明了、一般由易到难排列。最主要的是题目难度要适中。

（3）减少登记性误差。登记性误差的范围比较广泛，一般指调查人员在调查、编辑、编码、汇总等统计过程中，由于调查人员观察、测量、登记、计算上的差错，或被调查者向调查人员提供虚假统计资料而引起的误差。这种误差最本质的特征就是没有真实、客观地搜集或记录被调查单位的标志值，结果使得最后我们计算的统计量偏离了客观的真实数据。这种登记性误差一般存在于所有的统计调查工作之中，随着统计调查范围的扩大、调查单位数量的增加，产生登记性误差的可能性也就越大。

（4）正确处理好信度与效度关系。信度是效度的必要条件，但信度高的量表，效度并不一定高；而效度高的量表，信度往往很高。事实上，信度的提高，要求测验项目之间要有较高的组间相关性；而高的效度却要求组间测验项目呈现出低的相关性。最大信度一般要求项目具有等同的难度，而最大效度却要求测验项目间的难度要有所区别。郝德员（1962）研究发现，中等程度的组间相关性（0.10～0.60），通常可以产生比较好的效度（0.30～0.80）与信度（0.9）。

（5）适当增加测验长度。适当增加测验题目长度可提高量表的效度，也可提高量表的信度，一般来说，测验项目长度的增加对信度的影响要大于对信度的影响。

（三）主要分析指标释义

KMO 是进行主成分分析，检验量表效度主要判定指标，文献普遍认为 KMO 至少应该在 0.5 以上，否则统计分析的效果很差。

KMO 模型公式如下：

$$KMO = \frac{\sum\sum_{i \neq j} r_{ij}^2}{\sum\sum_{i \neq j} r_{ij}^2 + \sum\sum_{i \neq j} p_{ij}^2} \tag{5-12}$$

式（5-12）中：r_{ij}^2 是变量 i 与变量 j 之间的简单相关系数，p_{ij}^2 是变量 i 与变量 j 之间的偏相关系数。KMO 的取值范围在 0～1 之间。如果 KMO 的值越接近于 1，则所有变量之间的简单相关系数平方和远大于偏相关系数平方和，因此越适合于做因子分析。如果 KMO 越小，则越不适合做因子分析。关于 KMO 数值与因子分析间的关系汇总如表 5-4 所示。

表 5 – 4	KMO 指标与因子分析适宜性关系
KMO 指标大小	对做因子分析影响
0.90 以上	非常适合
0.8 ~ 0.9	很适合
0.7 ~ 0.8	适合
0.6 ~ 0.7	尚可
0.5 ~ 0.6	很差
0.5 以下	放弃

三、调查问卷信度与效度检验

（一）信度分析

样本数据经过预处理后，得到有效样本记录 1335 个。运用 SPSS17.0，对样本进行实证分析，首先研究调查问卷得到的数据是否具有可靠性。软件运行结果如表 5 – 5 所示。

表 5 – 5	可靠性（信度）检验	
项目	Cronbach's Alpha	项数
CPI8 大类	0.817	8

从表 5 – 5 可知，反映居民消费结构的 8 大分类数据 Cronbach's Alpha 系数为 0.817，所以推断此调查问卷的可信度很理想，说明该调查问卷测验项目具有很高的内在一致性。

（二）效度分析

具备信度的问题不一定具备效度，因此，检验完调查问卷的信度问题后，还必须对其效度进行分析。同样，运用 SPSS17.0，软件运行结果如表 5 – 6 所示。

表 5 – 6	KMO 和 Bartlett 的检验	
	取样足够度的 Kaiser-Meyer-Olkin 度量	0.831
Bartlett 的球形度检验	近似卡方	7068.054
	df	153
	Sig.	0.000

（1）因子模型适应性分析。效度分析使用的是因子分析模型，在运用因子模型进行分析之前，首先必须对调查问卷做因子模型的适应性分析，运行结果。从表5-6可知，调查问卷的KMO值为0.831，并且通过了显著性水平为0.05的Bartlett球形检验，这说明调查问卷的数据很适合做因子分析。

（2）因子分析结果。完成了对调查问卷的因子模型适应性分析后，接着做因子分析，相关结果如5-7表所示。

表5-7 公因子方差

分类	初始	提取
地域位置	1.000	0.343
户口性质	1.000	0.690
就业状况	1.000	0.340
文化程度	1.000	0.714
收入	1.000	0.719
食品	1.000	0.561
烟酒及其他饮料	1.000	0.519
衣服、鞋袜	1.000	0.598
家庭设备用品及服务	1.000	0.470
医疗保健及个人用品	1.000	0.515
交通和通信	1.000	0.605
娱乐教育文化用品及服务	1.000	0.548
居住	1.000	0.374
CPI感受值	1.000	0.283
CPI真实值	1.000	0.549
第1影响因素	1.000	0.837
第2影响因素	1.000	0.862
第3影响因素	1.000	0.906

注：提取方法：主成分分析。

从表5-7可知，公因子对各原始变量信息提取比较理想，除了地域位置、就业状况及对CPI感受值这3个变量在0.3左右外，其余大部分均在0.5以上，其中对影响因素的信息提取最高，在0.8以上。

我们再分析下各因子变量的方差贡献率情况，具体数据如表5-8所示。

表 5 – 8　　　　　　　　　　方差贡献率（解释的总方差）

成分	初始特征值			提取平方和载入	
	合计	方差的贡献率（%）	累积贡献率（%）	合计	方差的贡献率（%）
1	4.982	27.680	27.680	4.982	27.680
2	1.677	9.315	36.995	1.677	9.315
3	1.529	8.496	45.491	1.529	8.496
4	1.176	6.533	52.024	1.176	6.533
5	1.068	5.933	57.957	1.068	5.933
6	0.976	5.423	63.380		
7	0.927	5.147	68.527		
8	0.860	4.776	73.303		
9	0.814	4.521	77.825		
10	0.677	3.759	81.584		
11	0.595	3.307	84.892		
12	0.517	2.874	87.766		
13	0.466	2.590	90.356		
14	0.417	2.315	92.671		
15	0.378	2.100	94.771		
16	0.341	1.896	96.667		
17	0.308	1.714	98.381		
18	0.291	1.619	100.000		

注：提取方法：主成分分析。

由表 5 – 8 可知，初始特征值大于 1 的有 5 个，累积贡献率 57.957%，说明调查问卷 18 个问题我们可以提取 5 个主成分，这 5 个主成分方差对原变量方差的解释能力达到近 6 成。由此，我们可以认为，提取的 5 个公因子在充分提取原变量信息与对原变量方差解释能力方面基本满意。

为了更加形象地观察公因子对原变量信息提取的变化情况，我们提取了因子分析碎石图，相关情况如图 5 – 2 所示。

从图 5 – 2 可知，第 1 个主成分到第 2 个主成分之间落差很大，表示第 1 个主成分相对于其他成分来说提取的信息最多，为 27.68%，而第 2 ~ 第 3、第 4、第 5 成分之间的坡度十分平缓，表示第 2 ~ 第 5 成分并未出现重要信息，同时说明我们提取的 5 个主成分基本上能够对原变量变化情况进行较为满意的分析。

（3）因子载何。我们再研究公因子与原始变量间的关联性。程序运行的相关结果如表 5 – 9 所示。

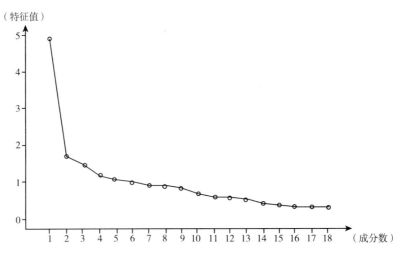

图 5-2　因子分析碎石图

表 5-9　　　　　　　　　　　　　　旋转后的因子载何矩阵[a]

分类	成分				
	1	2	3	4	5
地域位置	-0.065	0.192	0.109	0.536	-0.050
户口性质	-0.089	-0.824	0.019	-0.054	0.024
就业状况	-0.173	-0.413	0.086	0.349	-0.098
文化程度	0.121	0.836	0.000	0.023	-0.015
收入	0.838	0.116	-0.012	0.003	0.057
食品	0.737	0.070	0.099	0.016	0.047
烟酒及其他饮料	0.697	-0.088	0.036	-0.139	-0.067
衣服、鞋袜	0.742	0.205	-0.022	-0.046	-0.047
家庭设备用品及服务	0.670	0.079	-0.081	-0.046	-0.075
医疗保健及个人用品	0.709	0.014	-0.081	0.074	0.003
交通和通信	0.772	0.050	-0.015	-0.076	-0.005
娱乐教育文化用品及服务	0.702	0.097	0.020	0.191	0.096
居住	0.511	0.158	-0.060	0.270	0.106
CPI 感受值	-0.033	-0.141	-0.091	0.499	-0.070
CPI 真实值	0.385	-0.011	-0.028	0.614	0.153
影响1	0.032	0.051	-0.818	0.034	-0.404
影响2	-0.013	-0.022	0.909	0.027	-0.185
影响3	0.000	0.005	0.052	-0.066	0.948

注：（1）提取方法：主成分分析；（2）旋转法：具有 Kaiser 标准化的正交旋转法；（3）a：旋转在 5 次迭代后收敛。

　　从表 5-9 可知，第一个公因子主要是与居民的收入、食品、烟酒、衣着、耐用品、医疗保健、交通通信、娱乐教育文化、居住等消费结构密切相关，说明第 1 个公因子主要反映居民收入及居民的商品与服务消费信息，其方差贡献率是 27.68%，是 5 个公因子中贡献最大的一个，说明这一个公因子对整体问卷的影响很大。

第二个公因子主要是与居民的户口性质及就业状况这两个变量相关，说明第 2 个公因子主要描述了住户基本信息，这个公因子的方差贡献率是 9.315%，对整个量表的影响比较显著。

第三个公因子主要是与影响居民生活影响的第一重要因素与第二重要因素有关，因子载荷比较高，均在 0.8 以上，说明第 3 个公因子主要描述了住户对居民生活影响因素的感受情况，这个公因子的方差贡献率是 8.496%。

第四个公因子主要是与不同地域居民对 CPI 真实值认识相关，说明第 4 个公因子主要分析了不同地域居民心中真实的 CPI 指标情况，这个公因子的方差贡献率是 6.533%。

第五个公因子进一步描述了对居民生活影响因素的感受情况，这个公因子的方差贡献率是 5.933%。

总之，通过对调查问卷的信度与效度分析，结果显示，抽样调查数据具有比较满意的信度与效度，可以对抽样调查数据做进一步的数据分析。

第三节　影响因素的差异性分析

一、地域位置在消费结构中的差异分析

（一）均值差异分析

我们进一步研究对居民消费结构各影响因素的差异性。做这样的分析有两个目的：一是了解各影响因素对居民消费结构是否具有显著性影响；二是据此视角测度相应权重，为以下的多层次 CPI 编制提供实证基础。我们首先分析地域位置对居民消费结构的影响情况，如表 5-10 所示。

表 5-10　　　　不同地域位置住户年人均消费水平的差异分析（2015 年）　　　　单位：万元

位置		食品	烟酒	衣着	耐用品	医疗	交通	娱乐教育	居住
杭州市 (229)	均值	2.5340	0.5737	1.2008	1.0540	0.8580	0.9700	1.4118	2.4672
	标准差	1.7549	0.7794	1.0747	1.6345	0.8856	1.0193	1.1948	2.4339
宁波市 (153)	均值	2.1840	0.5488	1.1292	0.7154	0.7435	1.0590	1.4082	2.0397
	标准差	1.3819	0.7414	1.0588	0.6859	0.9927	1.1148	1.2230	1.9300

位　　置		食品	烟酒	衣着	耐用品	医疗	交通	娱乐教育	居住
温州市 （103）	均值	3.6440	0.6512	1.5331	0.9267	0.7913	1.1980	1.8239	2.7666
	标准差	2.3961	0.7000	1.6676	1.1690	0.8525	1.2351	1.7237	2.6581
嘉兴市 （105）	均值	1.9900	0.4565	0.9828	0.7828	0.7166	0.8093	1.2250	1.8099
	标准差	1.5332	0.4922	1.0831	1.0008	0.7996	0.8638	1.1213	1.8129
湖州市 （47）	均值	2.6110	0.7606	1.2377	1.1987	0.9119	1.2826	1.6749	2.2872
	标准差	1.6185	0.8626	0.8247	1.3823	0.8012	1.0970	1.1402	2.0864
绍兴市 （130）	均值	2.5220	0.6153	1.1027	0.9515	0.8553	1.0721	1.5505	2.2515
	标准差	1.7462	0.7040	1.1288	1.2090	0.8626	1.1413	1.4300	2.4228
金华市 （81）	均值	2.6270	0.6131	1.4262	0.8965	0.8909	0.9669	1.3332	1.8937
	标准差	2.0090	1.0417	1.54934	0.9801	1.0959	1.0805	1.0294	1.9638
衢州市 （40）	均值	2.2530	0.4655	0.9043	0.6158	0.8195	0.7418	1.2445	1.7603
	标准差	1.8085	0.4605	0.9863	0.5395	0.8453	0.7407	1.0561	1.4510
舟山市 （7）	均值	2.9570	0.5643	1.4286	1.2329	0.6671	0.8114	1.6871	2.6557
	标准差	1.6752	0.3720	0.8918	1.1010	0.5265	0.7930	1.67089	1.6289
台州市 （89）	均值	2.5160	0.6171	1.3461	0.9524	0.9491	1.2988	1.5365	2.1820
	标准差	1.6116	0.8719	1.3408	1.4058	2.1628	2.4296	2.7204	1.8615
丽水市 （33）	均值	1.8060	0.3142	1.1770	0.5379	0.5973	0.8294	1.1173	1.7906
	标准差	1.1538	0.2914	1.3937	0.6083	0.6179	1.0149	0.7886	1.5796
省外 （317）	均值	2.5050	0.5993	1.2421	0.9526	0.8047	0.9248	1.5852	2.3525
	标准差	1.6899	0.8399	1.3032	1.3411	0.8755	0.8677	1.1917	3.0350
总计 （1335）	均值	2.5120	0.5799	1.2177	0.9136	0.8171	1.0060	1.4852	2.2441
	标准差	1.7700	0.7702	1.2417	1.2476	1.0222	1.1678	1.3995	2.4091

注：表中第一列各地名下面小括号里的数值表示各地得到的样本数量。

从表5－10可知，在年人均食品消费方面，温州市最高，为3.644万元，丽水市最低，为1.806万元；在烟酒及其他饮料方面，湖州市最高，为0.7606万元，丽水市最低，为0.3142万元；在衣服、鞋袜消费方面，舟山市最高，为1.4286万元，衢州市最低，为0.9043万元；在家庭设备用品及服务方面，舟山市最高，为1.2329万元，宁波市最低，为0.7154万元；在医疗保健及个人用品消费方面，台州市最高，为0.9491万元，丽水市最低，为0.5973万元；在交通和通信消费方面，台州市最高，为1.2988万元，衢州市最低，为0.7418万元；在娱乐教育文化用品及服务方面，温州市最高，为1.8239万元，丽水市最低，为1.1173万元；在居住消费方面，温州市最高，为2.7666万元，衢州市最低，为1.7603万元。同时，省外居民的各项消费总体与浙江省各地消费的平均水平相差不大。

（二）单因子方差分析表（ANOVA）

我们接着对浙江省各地市居民消费水平进行单因子方差分析。软件运行结果整理如表 5 – 11 所示。

表 5 – 11　　　　地域位置视角的浙江省各地市居民消费水平单因子方差分析

		平方和	df	均方	F	显著性
食品 * 位置	组间	199.161	11	18.106	6.018	0.000
	组内	3980.289	1323	3.009		
	总计	4179.450	1334			
烟酒 * 位置	组间	7.165	11	0.651	1.099	0.358
	组内	784.310	1323	0.593		
	总计	791.475	1334			
衣着 * 位置	组间	28.527	11	2.593	1.692	0.070
	组内	2028.080	1323	1.533		
	总计	2056.608	1334			
耐用品 * 位置	组间	25.891	11	2.354	1.519	0.118
	组内	2048.975	1322	1.550		
	总计	2074.866	1333			
医疗 * 位置	组间	6.748	11	0.613	0.585	0.842
	组内	1387.139	1323	1.048		
	总计	1393.888	1334			
交通 * 位置	组间	26.679	11	2.425	1.790	0.051
	组内	1792.530	1323	1.355		
	总计	1819.209	1334			
娱乐教育 * 位置	组间	35.664	11	3.242	1.664	0.076
	组内	2577.170	1323	1.948		
	总计	2612.834	1334			
居住 * 位置	组间	97.156	11	8.832	1.529	0.115
	组内	7644.756	1323	5.778		
	总计	7741.912	1334			

从表 5 – 11 可知，在显著性水平 $\alpha = 0.05$ 时，不同地域居民只有在食品消费水平方面的 F 值为 6.018，原假设成立的概率为 0，这表明不同地域居民在食品消费方面存在着显

著性差异。当取显著性水平 α =0.1 时，不同地域居民在食品、衣服鞋袜、家庭设备用品及服务、交通和通信、娱乐教育文化用品及服务、居住等方面，原假设成立概率均小于0.01 的显著性水平，这表明居民在这些消费方面均存在着显著性差异。

二、户口性质在消费结构中的差异分析

（一）均值差异分析

从居民户口性质视角分析居民消费结构状况，软件运行结果整理如表 5 – 12 所示。

表 5 – 12　　　　　　户口性质在消费结构中的差异分析（2015 年）　　　　　单位：万元

户口		食品	烟酒	衣着	耐用品	医疗	交通	娱乐教育	居住
城镇（681）	均值	2.7610	0.6170	1.4730	1.0454	0.9182	1.1367	1.6814	2.5764
	标准差	1.7725	0.8038	1.3860	1.2067	0.9695	1.0497	1.3612	2.6447
农村（653）	均值	2.2530	0.5414	0.9502	0.7769	0.7125	0.8706	1.2809	1.8980
	标准差	1.7324	0.7329	1.0050	1.2762	1.0656	1.2666	1.4117	2.0842
总计（1334）	均值	2.5120	0.5800	1.2171	0.9141	0.8175	1.0065	1.4854	2.2443
	标准差	1.7706	0.7706	1.2419	1.2480	1.0224	1.1681	1.6814	2.5764

注：表中第一列分类下面小括号里的数值表示各地得到的样本数量。

从表 5 – 12 可知，在食品消费方面，城镇住户年人均消费 2.7610 万元，农村家庭年人均消费 2.2530 万元；在烟酒及其他饮料方面，城镇住户年人均消费 0.6170 万元，农村家庭年人均消费 0.5414 万元；在衣服、鞋袜方面，城镇住户年人均消费 1.4730 万元，农村家庭年人均消费 0.9502 万元；在家庭设备用品及服务方面，城镇住户年人均消费 1.0454 万元，农村家庭年人均消费 0.7769 万元；在医疗保健及个人用品方面，城镇住户年人均消费 0.9182 万元，农村家庭年人均消费 0.7125 万元；在交通和通信方面，城镇住户年人均消费 1.1367 万元，农村家庭年人均消费 0.8706 万元；在娱乐教育文化用品及服务方面，城镇住户年人均消费 1.6814 万元，农村家庭年人均消费 1.2809 万元；在居住消费方面，城镇住户年人均消费 2.5764 万元，农村家庭年人均消费 1.8980 万元。

（二）单因子方差分析表（ANOVA）

我们接着基于户口性质视角对浙江省各地市居民消费水平进行单因子方差分析。软件运行结果整理如表 5 – 13 所示。

表 5 – 13　　　　户口性质视角的浙江省各地市居民消费水平单因子方差分析

		平方和	df	均方	F	显著性
食品 * 户口	组间	86.015	1	86.015	27.991	0.000
	组内	4093.173	1332	3.073		
	总计	4179.188	1333			
烟酒 * 户口	组间	1.909	1	1.909	3.220	0.073
	组内	789.559	1332	0.593		
	总计	791.468	1333			
衣着 * 户口	组间	91.116	1	91.116	61.768	0.000
	组内	1964.879	1332	1.475		
	总计	2055.995	1333			
耐用品 * 户口	组间	24.027	1	24.027	15.597	0.000
	组内	2050.462	1331	1.541		
	总计	2074.489	1332			
医疗 * 户口	组间	14.111	1	14.111	13.626	0.000
	组内	1379.396	1332	1.036		
	总计	1393.507	1333			
交通 * 户口	组间	23.612	1	23.612	17.519	0.000
	组内	1795.230	1332	1.348		
	总计	1818.842	1333			
娱乐教育 * 户口	组间	53.453	1	53.453	27.819	0.000
	组内	2559.347	1332	1.921		
	总计	2612.800	1333			
居住 * 户口	组间	153.388	1	153.388	26.924	0.000
	组内	7588.464	1332	5.697		
	总计	7741.852	1333			

从表 5 – 13 可知，在显著性水平 $\alpha = 0.05$ 时，城乡居民在烟酒及其他饮料消费水平方面的 F 值为 3.22，原假设成立的概率为 0.73，这表明城乡居民仅在烟酒及其他饮料消费方面没有显著性差异，其余的消费项目方面均存在显著性差异。当取显著性水平 $\alpha = 0.1$ 时，城乡居民在食品、烟酒及其他饮料、衣服鞋袜、家庭设备用品及服务、医疗保健及个人用品、交通和通信、娱乐教育文化用品及服务、居住等方面，原假设成立概率均小于 0.01 的显著性水平，这表明城乡居民在这些消费方面均存在着显著性差异。

三、就业在消费结构中的差异分析

（一）均值差异分析

不同住户成员的就业状况，直接决定了家庭收入来源，对居民消费水平及消费结构具有重要影响，现将这方面软件运行结果整理如表5-14所示。

表5-14　　　　　　就业状况在消费结构中的差异分析（2015年）　　　　　单位：万元

就业		食品	烟酒	衣着	耐用品	医疗	交通	娱乐教育	居住
正常就业（954）	均值	2.6390	0.6217	1.3450	1.0144	0.8589	1.1338	1.5636	2.3776
	标准差	1.8065	0.7666	1.3129	1.2401	1.0825	1.2500	1.4852	2.5052
失业（20）	均值	1.4500	0.2960	0.6975	0.6365	0.6345	0.7685	1.0235	1.4850
	标准差	0.8513	0.3997	0.7605	0.6695	0.8501	1.0349	0.8305	1.9104
只有一方就业（277）	均值	2.4400	0.5507	1.0140	0.7507	0.7857	0.7698	1.3900	2.1143
	标准差	1.7330	0.8748	1.0571	1.4038	0.8593	0.9134	1.2231	2.2819
在家务农（72）	均值	1.4430	0.2571	0.5471	0.3644	0.3901	0.3551	0.9269	1.1929
	标准差	1.0256	0.2566	0.5495	0.4248	0.4421	0.3582	0.7191	1.2762
离退休（12）	均值	2.2000	0.3458	0.6883	0.4233	1.0800	0.6025	1.5742	2.2050
	标准差	1.6310	0.2857	0.6815	0.4652	1.6315	0.7290	1.0823	1.5355
总计（1335）	均值	2.5120	0.5799	1.2177	0.9136	0.8171	1.0060	1.4852	2.2441
	标准差	1.7700	0.7703	1.2417	1.2476	1.0222	1.1678	1.3995	2.4091

注：表中第一列各分类下面小括号里的数值表示各地得到的样本数量。

从表5-14可知，正常就业条件下，住户在食品消费方面平均为2.6390万元，在烟酒及其他饮料方面消费为0.6217万元，在衣服、鞋袜方面平均消费1.3450万元，在家庭设备用品及服务方面平均消费1.0144万元，在交通和通信方面平均消费1.1338万元，在居住方面平均消费2.3776万元，在这些方面基本都要高于失业、只有一方就业、在家务农、离退休这四个群体，这些特点符合大家的基本设想，因为这些群体正常就业，收入有保障。同时，在住户消费方面，呈现出正常就业群体、离退休群体、只有一方就业、在家务农、失业等依次排列状况。

但是，在医疗保健及个人用品、娱乐教育文化用品及服务这两方面消费最高的群体却是离退休人员，他们年人均消费额分别为1.0800万元、1.5742万元，这说明这些群体虽然离退休了，但是有退休金的保障，因此，在旅游方面花费比较多，同时由于人老了，在医疗保健等方面花费自然也多了。

不同就业状况群体消费结构对比分析如图5-3所示。

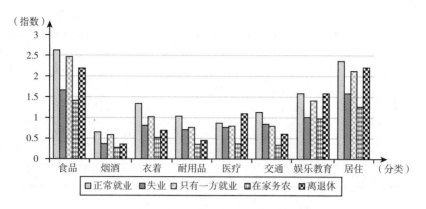

图 5 - 3 不同就业状况群体消费结构对比分析

（二）单因子方差分析表（ANOVA）

不同住户成员的就业状况，直接决定了家庭收入来源，那么，这种差异性对居民消费结构影响是否显著，需要进行方差分析，现将软件运行结果整理如表 5 - 15 所示。

表 5 - 15　　　　　　　　　　就业状况视角的住户消费结构方差分析

		平方和	df	均方	F	显著性
食品 * 就业	组间	122. 825	4	30. 706	10. 067	0. 000
	组内	4056. 625	1330	3. 050		
	总计	4179. 450	1334			
烟酒 * 就业	组间	11. 673	4	2. 918	4. 977	0. 001
	组内	779. 801	1330	0. 586		
	总计	791. 475	1334			
衣着 * 就业	组间	68. 100	4	17. 025	11. 387	0. 000
	组内	1988. 507	1330	1. 495		
	总计	2056. 608	1334			
耐用品 * 就业	组间	43. 176	4	10. 794	7. 061	0. 000
	组内	2031. 690	1329	1. 529		
	总计	2074. 866	1333			
医疗 * 就业	组间	16. 561	4	4. 140	3. 998	0. 003
	组内	1377. 327	1330	1. 036		
	总计	1393. 888	1334			
交通 * 就业	组间	64. 606	4	16. 152	12. 243	0. 000
	组内	1754. 603	1330	1. 319		
	总计	1819. 209	1334			

续表

		平方和	df	均方	F	显著性
娱乐教育 * 就业	组间	35.167	4	8.792	4.536	0.001
	组内	2577.667	1330	1.938		
	总计	2612.834	1334			
居住 * 就业	组间	112.774	4	28.194	4.915	0.001
	组内	7629.137	1330	5.736		
	总计	7741.912	1334			

从表 5 – 15 可知,居民消费结构 8 大分类方面的原假设概率值均小于常用的显著性水平 0.05,可见,住户成员不同的就业状况对他们的消费结构具有显著性影响。

四、文化程度在消费结构中的差异分析

(一)均值差异分析

对于一个家庭的主要成员来说,文化程度的差异能够在一定程度上体现职业上的差别,而职业差别往往与收入差异密切联系[①]。因此,从文化程度方面分析不同消费群体的消费结构差异也是可行的,如表 5 – 16 所示。

表 5 – 16 　　　　　　　　文化程度视角的住户消费差异分析（2015 年）　　　　　单位：万元

文化程度		食品	烟酒	衣着	耐用品	医疗	交通	娱乐教育	居住
初中及以 下（452）	均值	2.1040	0.5114	0.8275	0.6653	0.6721	0.7691	1.2167	1.8104
	标准差	1.6523	0.8177	0.9767	0.9772	1.1751	1.3249	1.5736	2.1212
高中、中 专（449）	均值	2.7210	0.6312	1.2557	0.9534	0.7990	1.0386	1.4468	2.2545
	标准差	1.8495	0.7851	1.2490	1.4056	0.8268	1.0789	1.1775	2.0594
大专 （165）	均值	2.7400	0.6176	1.5924	1.0641	0.8848	1.1703	1.7606	2.7790
	标准差	1.6652	0.8426	1.2330	0.9780	0.8008	1.0137	1.2730	2.1748
本科 （243）	均值	2.7450	0.5909	1.6178	1.1844	1.0303	1.2519	1.8141	2.4970
	标准差	1.7682	0.5905	1.4790	1.4824	1.1176	1.0496	1.3875	2.5302
研究生 （23）	均值	2.5390	0.5904	1.2452	1.0830	1.2526	1.3100	2.1522	4.2043
	标准差	1.8879	0.6370	0.7698	0.9132	1.1466	1.0191	1.6270	7.5146
总计 （1334）	均值	2.5130	0.5803	1.2183	0.9142	0.8172	1.0063	1.4862	2.2457
	标准差	1.7702	0.7704	1.2419	1.2479	1.0226	1.1682	1.3996	2.4093

注：表中第一列各分类下面小括号里的数值表示各地得到的样本数量。

---

① 本来在设计调查问卷时,项目组想分析不同消费者职业差别对消费结构的影响,正如前面所述,我国职业分类极为复杂,因此,设计文化程度这个标志,间接分析职业差别对居民消费结构的影响。

从表 5 - 16 可知，（1）在食品消费方面，消费额从高到低对应的文化程度依次是本科、大专、高中及中专、研究生、初中及以下，显然，文化程度最高与最低的群体在食品方面消费不高，反而是文化程度中等的群体，食品方面消费高。（2）在烟酒消费方面，文化程度最高的是高中及中专、然后依次是大专、本科、初中及以下，最后是研究生。显然，烟酒方面的消费与文化程度呈现出反向变化关系。（3）在衣服鞋袜方面，消费额从高到低对应的文化程度依次是研究生、本科、大专、高中及中专、初中及以下。显然，文化程度越高，更注重日常的穿着打扮。（4）从家庭耐用品及服务消费看，消费额从高到低对应的文化程度依次是本科、研究生、大专、高中及中专、初中及以下。这说明家庭耐用品及服务消费与文化程度基本呈现出正向变化关系。（5）从医疗保健消费方面看，消费额从高到低对应的文化程度依次是研究生、本科、大专、高中及中专、初中及以下。这说明医疗保健消费与文化程度呈现出正向变化关系。（6）从交通通信消费看，消费额从高到低对应的文化程度依次是研究生、本科、大专、高中及中专、初中及以下。这说明交通通信消费与文化程度呈现出正向变化关系。（7）从娱乐教育文化消费看，消费额从高到低对应的文化程度依次是研究生、本科、大专、高中及中专、初中及以下。这说明文化程度越高、需要的投入越多。（8）从居住消费看，消费额从高到低对应的文化程度依次是研究生、大专、本科、高中及中专、初中及以下。这说明居住消费与文化程度基本呈现出正向变化关系。

实证分析表明：文化程度高，收入相对要高一些，在各方面消费水平也要高一些。

（二）单因子方差分析表（ANOVA）

我们紧接着分析文化程度对居民消费结构的影响情况，软件运行结果整理如表 5 - 17 所示。

表 5 - 17　　　　　　　　　　文化程度视角的住户消费结构方差分析

		平方和	df	均方	F	显著性
食品 * 文化	组间	123. 606	6	20. 601	6. 744	0. 000
	组内	4053. 558	1327	3. 055		
	总计	4177. 163	1333			
烟酒 * 文化	组间	3. 787	6	0. 631	1. 064	0. 382
	组内	787. 428	1327	0. 593		
	总计	791. 214	1333			
衣着 * 文化	组间	134. 995	6	22. 499	15. 544	0. 000
	组内	1920. 824	1327	1. 447		
	总计	2055. 819	1333			

		平方和	df	均方	F	显著性
耐用品 * 文化	组间	52.477	6	8.746	5.736	0.000
	组内	2021.836	1326	1.525		
	总计	2074.313	1332			
医疗 * 文化	组间	28.563	6	4.761	4.627	0.000
	组内	1365.303	1327	1.029		
	总计	1393.866	1333			
交通 * 文化	组间	48.001	6	8.000	5.994	0.000
	组内	1771.095	1327	1.335		
	总计	1819.096	1333			
娱乐教育 * 文化	组间	83.303	6	13.884	7.289	0.000
	组内	2527.800	1327	1.905		
	总计	2611.103	1333			
居住 * 文化	组间	241.051	6	40.175	7.112	0.000
	组内	7496.556	1327	5.649		
	总计	7737.606	1333			

从表 5 - 17 可知，文化程度对居民在烟酒及其他饮料方面的消费，原假设成立概率为 0.382，大于显著性水平 0.05，显然文化程度对居民在烟酒及其他饮料方面消费没有什么影响。而其余各项原假设成立的概率均为 0，小于 0.05 的显著性水平，这说明文化程度（间接也可以理解为职业差别）对居民的消费结构具有重要影响。

五、收入在消费结构中的差异分析

（一）均值差异分析

由于收入是居民消费的决定性因素，因此，针对不同收入群体情况国家统计局进行了仔细划分。国家统计局对城镇居民按照收入分类情况如图 5 - 4 所示。

从图 5 - 4 可知，国家统计局对城镇居民按照人口数分 5 等份，每一等份占总人口数的 20%，其中低收入群体再细分为 3 个群体，最低收入户（占总人口数的 5%）、困难户（占总人口数的 5%）、较低收入户（占总人口数的 10%），高收入户又分为较高收入户（占总人口数的 10%）与最高收入户（占总人口数的 10%）。

对农村居民分类简单点，按照收入共等分为 5 类，分别是低收入户（占总人口数的 20%）、中等偏下收入户（占总人口数的 20%）、中等收入户（占总人口数的

20%)、中等偏上收入户（占总人口数的20%）与高收入户（占总人口数的20%）5类，具体情况如图5-5所示。

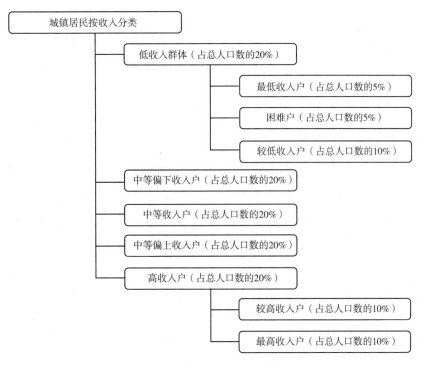

图5-4 城镇居民按收入分类及比重情况

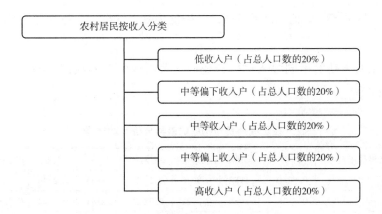

图5-5 农村居民按收入分类及比重情况

在本书中，前面已经按照城乡居民的户口性质进行了分析，此处不再细分，而是基于抽样调查数据，先将所有住户收入按照升序排列后，再按照住户数量分5等份，划分为5个不同收入群体。整体性划分结果如表5-18所示。

表 5 - 18　　　　　　　　对抽样调查的住户 5 等份统计（2015 年）

收入分组	平均年收入（万元）	住户数（个）	标准差
低收入群体	2.980	267	1.0812
中等偏下收入群体	6.976	267	1.3526
中等收入群体	10.932	267	1.1105
中等偏上收入群体	17.012	267	2.2882
高收入群体	31.640	267	14.2436
总计	13.908	1335	11.9371

从表 5 - 18 可知，低收入群体年人均收入为 2.980 万元，中等偏下收入群体年人均收入为 6.976 万元，中等收入群体年人均收入为 10.932 万元，中等偏上收入群体年人均收入为 17.012 万元，高收入群体年人均收入为 31.640 万元。可见，不同收入群体间的差别明显。各群体间收入差异的方差分析情况如表 5 - 19 所示。

表 5 - 19　　　　　　　　对抽样调查的住户消费结构方差分析

		平方和	df	均方	F	显著性
收入 * t （已离散化）	组间	133604.451	4	33401.113	786.476	
	组内	56484.221	1330	42.469		
	总计	190088.673	1334			

从表 5 - 19 可知，F 值为 786.476，概率值为 0。很明显，各类住户收入差异具有显著性。

现在我们接着研究不同收入群体，他们消费结构的差异性，软件运行结果整理如表 5 - 20 所示。

表 5 - 20　　　　　收入在居民消费结构中的差异分析（2015 年）　　　　　单位：万元

收入（已离散化）		食品	烟酒	衣着	耐用品	医疗	交通	娱乐教育	居住
低收入群体 （267）	均值	0.8280	0.1482	0.3026	0.2152	0.1838	0.2346	0.4306	0.6563
	标准差	0.7328	0.1956	0.3721	0.3213	0.2181	0.2644	0.4582	0.7454
中等偏下收入群体 （267）	均值	1.8620	0.3533	0.6654	0.5191	0.5329	0.5528	1.0170	1.5163
	标准差	1.0022	0.4131	0.7162	0.6204	0.6187	0.6385	0.7258	1.1834
中等收入群体 （267）	均值	2.6000	0.5286	1.1967	0.8846	0.7914	0.8902	1.5949	2.3592
	标准差	1.1265	0.4930	0.8883	1.3920	0.6382	0.7995	1.003517	2.6609
中等偏上收入群体 （267）	均值	3.0940	0.7084	1.5797	1.2195	0.9772	1.2473	1.8235	2.8777
	标准差	1.3780	0.5570	1.0227	1.0132	0.7168	0.8264	1.0115	2.1868

收入（已离散化）		食品	烟酒	衣着	耐用品	医疗	交通	娱乐教育	居住
高收入群体 （267）	均值	4.1750	1.1612	2.3439	1.7281	1.6000	2.1051	2.5601	3.8112
	标准差	2.1470	1.2713	1.6411	1.7156	1.6623	1.7180	2.1054	3.0566
总计 （1335）	均值	2.5120	0.5799	1.2177	0.9136	0.8171	1.0060	1.4852	2.2441
	标准差	1.7700	0.7703	1.2417	1.2476	1.0222	1.1678	1.3995	2.4091

注：表中第一列各分类下面小括号里的数值表示各地得到的样本数量。

从表 5-20 可知，各收入群体在居民消费结构中的 8 大分类方面差异明显，例如，低收入群体在食品、烟酒、衣服鞋袜、家庭耐用品设备、医疗保健、交通通信、娱乐教育文化、居住方面年人均消费分别为 0.828 万元、0.1482 万元、0.3026 万元、0.2152 万元、0.1838 万元、0.2346 万元、0.4306 万元、0.6563 万元，而高收入群体在这些方面对应消费值分别为 4.1750 万元、1.1612 万元、2.3439 万元、1.7281 万元、1.6000 万元、2.1051 万元、2.5601 万元、3.8112 万元，差距明显。

（二）单因子方差分析表（ANOVA）

收入对居民消费结构影响的方差分析结果如表 5-21 所示。

表 5-21　　　　　　　　不同收入群体视角的住户消费结构方差分析

		平方和	df	均方	F	显著性
食品 * 收入 （已离散化）	组间	1700.709	4	425.177	228.134	0.000
	组内	2478.741	1330	1.864		
	总计	4179.450	1334			
烟酒 * 收入 （已离散化）	组间	158.802	4	39.701	83.458	0.000
	组内	632.672	1330	0.476		
	总计	791.475	1334			
衣着 * 收入 （已离散化）	组间	678.793	4	169.698	163.809	0.000
	组内	1377.814	1330	1.036		
	总计	2056.608	1334			
耐用品 * 收入 （已离散化）	组间	373.969	4	93.492	73.050	0.000
	组内	1700.897	1329	1.280		
	总计	2074.866	1333			
医疗 * 收入 （已离散化）	组间	299.347	4	74.837	90.936	0.000
	组内	1094.541	1330	0.823		
	总计	1393.888	1334			

		平方和	df	均方	F	显著性
交通*收入 （已离散化）	组间	538.675	4	134.669	138.589	0.000
	组内	1291.410	1329	0.972		
	总计	1830.084	1333			
娱乐教育*收入 （已离散化）	组间	708.323	4	177.081	121.526	0.000
	组内	1937.997	1330	1.457		
	总计	2646.321	1334			
居住*收入 （已离散化）	组间	1630.657	4	407.664	86.997	0.000
	组内	6232.341	1330	4.686		
	总计	7862.998	1334			

从表5-21可知，收入对居民消费结构8大分类均具有显著性影响。

六、感受在消费结构中的差异分析

（一）居民对CPI感受情况描述

居民对真实CPI大小的感受值相关数据整理如表5-22所示。

表5-22　　　　　　　居民对CPI感受结果的描述性分析（2015年）

感受分类	频数（人次）	占比（%）	累积占比（%）
准确	50	3.7	3.7
不准确	213	16	19.7
基本准确	634	47.5	67.2
不关心	438	32.8	100
合计	1335	100	

从表5-22可知，对2015年浙江省官方CPI（环比指数101.4%）真实性感受准确的人数为50人、占比3.7%，感受不准确的有213人、占比16%，感受基本准确的有634人、占比47.5%，不关心的人数有438人、占比32.8%。结论显示，对CPI感受基本准确与准确的人数占比51.2%，不准确、不关心的人数占比48.8%，将近各占一半，特别是对CPI感受不好的人数中，绝大部分是根本不关心。那么对CPI感受不同的群体，他们的收入情况怎样，相关数据整理如表5-23所示。

表 5 – 23　　　　　　　　　　不同感受群体的收入情况（2015 年）

感受分类	收入均值（万元）	频数（人次）	标准差	占比（%）
准确	18. 408	50	12. 90	3. 7
不准确	13. 907	213	14. 89	16. 0
基本准确	14. 01	634	11. 95	47. 5
不关心	13. 248	438	9. 94	32. 8
合计		1335		100

从表 5 – 23 可知，对浙江省 2015 的 CPI 数据准确性感受异样的群体，他们之间的收入大体差不多，认为 CPI 准确的群体平均年收入最高，为 18. 408 万元，认为 CPI 不准确的群体平均年收入为 13. 907 万元，认为 CPI 基本准确的群体平均年收入为 14. 01 万元，不关心 CPI 数据准确性的群体平均年收入最低为 13. 248 万元。可见，收入最高的群体关心 CPI、认为 CPI 数据准确，收入最低的群体不关心 CPI。各群体间收入的方差分析情况如表 5 – 24 所示。

表 5 – 24　　　　　　　居民对 CPI 感受不同群体收入的方差分析

		平方和	df	均方	F	显著性
收入 * 感受	组间	1210. 024	3	403. 341	2. 842	0. 037
	组内	188878. 648	1331	141. 907		
	总计	190088. 673	1334			

从表 5 – 24 可知，对 CPI 感受不同群体间收入的单因子方差分析结果显示 F 值为 2. 842，显著性概率为 0. 037，低于常用的 0. 05 的显著性水平，可以认为：不同收入群体对 CPI 感受情况具有显著性差异。

（二）居民 CPI 不同感受在消费结构中的差异性分析

（1）均值差异性。现在，我们接着分析，对 CPI 感受差异的群体，他们消费结构间的对比关系，软件运行的具体结果整理如表 5 – 25 所示。

表 5 – 25　　　　居民对 CPI 感受差异群体间的消费结构差异分析（2015 年）　　　　单位：万元

感受分类		食品	烟酒	衣着	耐用品	医疗	交通	娱乐教育	居住
准确（50）	均值	2. 8700	0. 6182	1. 7442	1. 1844	0. 8774	1. 1660	1. 5414	3. 2624
	标准差	1. 8659	0. 7876	1. 7177	1. 1015	0. 7128	0. 9001	1. 0275	5. 3293
不准确（213）	均值	2. 6270	0. 6168	1. 1948	0. 9180	0. 7932	0. 9207	1. 4355	1. 8645
	标准差	2. 1479	1. 0626	1. 2882	1. 3036	0. 9004	1. 0090	1. 3011	2. 0169

感受分类		食品	烟酒	衣着	耐用品	医疗	交通	娱乐教育	居住
基本准确	均值	2.4260	0.5630	1.1710	0.8682	0.8051	1.0334	1.5452	2.2473
(634)	标准差	1.7053	0.6907	1.2178	1.1177	1.1875	1.3207	1.6195	2.1118
不关心	均值	2.5390	0.5821	1.2362	0.9463	0.8391	0.9896	1.4161	2.3080
(438)	标准差	1.6402	0.7082	1.1776	1.4036	0.8339	1.0216	1.1084	2.4300
总计	均值	2.5120	0.5799	1.2177	0.9136	0.8171	1.0060	1.4852	2.2441
(1335)	标准差	1.7700	0.7703	1.2417	1.2476	1.0222	1.1678	1.3995	2.4091

注：表中第一列各分类下面小括号里的数值表示各地得到的样本数量。

从表 5 – 25 可知，对 2015 年浙江省 CPI 数据真实性感受准确的群体，他们在 CPI 8 大项目方面的消费具体数据分别是 2.8700 万元、0.6182 万元、1.7442 万元、1.1844 万元、0.8774 万元、1.1660 万元、1.5414 万元、3.2624 万元，不关心群体在这些方面的消费数据情况是 2.5390 万元、0.5821 万元、1.2362 万元、0.9463 万元、0.8391 万元、0.9896 万元、1.4161 万元、2.3080 万元，所有群体的平均消费情况分别是 2.5120 万元、0.5799 万元、1.2177 万元、0.9136 万元、0.8171 万元、1.0060 万元、1.4852 万元、2.2441 万元。

（2）单因子方差分析表（ANOVA）。运行单因子方差分析，研究 CPI 感受异质性群体，他们消费结构方面的情况，相关结果整理如表 5 – 26 所示。

表 5 – 26　　　　　　　　　　CPI 感受对消费结构影响的方差分析

		平方和	df	均方	F	显著性
食品*感受	组间	14.272	3	4.757	1.520	0.207
	组内	4165.178	1331	3.129		
	总计	4179.450	1334			
烟酒*感受	组间	0.547	3	0.182	0.307	0.821
	组内	790.928	1331	0.594		
	总计	791.475	1334			
衣着*感受	组间	15.506	3	5.169	3.370	0.018
	组内	2041.102	1331	1.534		
	总计	2056.608	1334			
耐用品*感受	组间	5.443	3	1.814	1.166	0.321
	组内	2069.423	1330	1.556		
	总计	2074.866	1333			
医疗*感受	组间	0.607	3	0.202	0.193	0.901
	组内	1393.281	1331	1.047		
	总计	1393.888	1334			

		平方和	df	均方	F	显著性
交通 * 感受	组间	3.423	3	1.141	0.836	0.474
	组内	1815.786	1331	1.364		
	总计	1819.209	1334			
娱乐教育 * 感受	组间	5.059	3	1.686	0.861	0.461
	组内	2607.776	1331	1.959		
	总计	2612.834	1334			
居住 * 感受	组间	84.341	3	28.114	4.887	0.002
	组内	7657.570	1331	5.753		
	总计	7741.912	1334			

从表 5-26 可知，对 CPI 感受的差异样，他们的消费结构仅仅只有衣着、居住这两个方面的显著性水平小于 0.05，这说明这两个方面具有显著性差异；其他方面均通过了 0.05 的显著性检验。

第四节 本章小结

通过研究，本章可以得到一些基本性的结论。

1. 调查方案设计与信度、效度检验

通过小范围的抽样调查，完善与确立了正式的调查问卷，并计算出必要样本容量为 1289 份。通过抽样调查，得到有效的调查问卷 1335 份，获取了研究所需要的样本数据。实证发现：调查问卷的信度系数为 0.817，比较理想；调查问卷的 KMO 值为 0.831，说明得到的样本数据适合做因子分析，因子分析运行结果显示初始特征值大于 1 的方差累计贡献率为 57.957%，可以考虑提取 5 个主成分进行分析。

2. 居民消费结构差异性的影响因素

通过对样本的地域位置、户口性质、就业状况、文化程度、收入、CPI 真实感受值等多维度影响因素样本的均值测度、方差分析发现：绝大多数因素间的均值存在差异性。这说明基于这些视角的不同消费群体间的消费结构存在着显著性差异。我们可以尝试从这些视角测度 CPI 权重、编制 CPI。

第六章　多层次 CPI 构建

第一节　CPI 权重测度

居民消费结构受多个因素影响，主要有地域位置、户口性质、就业状况、家庭主要成员的文化程度、收入等因素影响，并且单因素方差分析结果显示这些因素绝大部分对居民消费结构具有显著性的影响关系，不同分组居民间的消费结构差异性明显。因此，从这些影响因素角度我们可以尝试编制多层次的 CPI。

CPI 主要取决于两个因素：分类价格指数与对应的权重。从第二章关于 CPI 基本理论知识与方法的梳理可知，分类价格指数是对居民消费的商品与服务价格个体指数的层层加权平均得到的，本书对于不同消费层次的居民来说，他们面对的商品与服务篮子是一样的，区别只是他们在不同商品与服务上消费权重的差异。因此，居民消费的这些商品与服务价格指数我们直接从浙江省统计局官方网站上获取。只要把不同消费层次的居民消费权重，运用抽样调查数据进行多视角的分层测度出来，与分类价格指数结合起来即可计算居民多层次的 CPI。

一、聚类分析权重测度

（一）不同地域位置的分层权重

1. 聚类分析方法的适用性

对于 CPI 的编制，我国最早采用的是按照城乡区域分隔进行编制，在与我国早期城乡分割的二元经济结构相对应。这种分类与编制体系具有便于操作与管理方面的原因，也有客观的历史原因，但是不可否认的是，这是一种典型的主观性分类方法，这种分类方法正如前面所述那样，组内未必同质、组间未必异质。至少，本书认为可以从学术的角度选择诸如聚类分析等于统计方法来客观分组，探讨居民消费结构的自然层次结构。

聚类分析（Cluster Analysis）在统计分组方面是常用的分类方法，它是研究"物以类聚"的一种统计分析方法。对研究对象进行分组是一种基本而有效的统计分析方法，也是人类认识世界的基础，它能够使我们比较全面掌握研究对象的总体特征。因此，分类学是人类认识与了解世界、了解社会的基础性科学。但是，在近代统计学出现之前，人们主要是依靠经验与相关的专业基础知识进行分类。后来，随着社会发展与人类对自然认识的不断深化，人们对分类的要求越来越细也越来越高，以致传统凭经验与专业知识的主观分类方法越来越暴露出缺点，于是数学渐渐地被引入到分类学之中，形成了数值分类学。同时，多元统计分析也逐渐完善，从数学中逐渐演化出了聚类分析方法。与其他比较成熟的统计分析方法相比，目前聚类分析还是比较粗糙的，理论尚待完善与深化。尽管如此，它仍然在统计实践中取得了巨大的成功。

（1）基本思想。目前的聚类分析用得比较多的有两步聚类、K－均值聚类、系统聚类等方法，本书主要运用系统聚类进行分析。

系统聚类是将 n 个样品分成若干类的方法。它的基本思想是：先将 n 个样品各自独立地看作一类，然后计算类与类之间的距离（类与类之间距离的测定方法有很多种定义方法），将距离最小的一对合并成新的一类，然后计算新类与其他类之间的距离，再将距离最近的两类再合并成一个新的类，按照这种方法不断重复下去，直至将所有样品合并成一个类为止。在这个合并的过程中，我们可以根据社会需求与研究需要，在其中的某个状态停止，观测其分类的动态演化过程，选择我们需要的客观类型，探讨它们的"自然结构"，做到客观、合理地进行分类。

（2）常用的距离测度指标。对于类与类之间距离的定义与测度，常用的方法有以下 6 种。

第一种，绝对值距离，相关公式可以表示为：

$$d_{ij} = \sum_{k=1}^{n} \left| x_{ik} - x_{jk} \right| \quad i,j,k = 1,2,\cdots,n \tag{6-1}$$

第二种，欧氏（Euclidean）距离，相关公式可以表示为：

$$d_{ij}(2) = \left[\sum_{k=1}^{n} (x_{ik} - x_{jk})^2 \right]^{\frac{1}{2}} \quad i,j,k = 1,2,\cdots,n \tag{6-2}$$

第三种，闵可夫斯基（Minkowski）距离，相关公式可以表示为：

$$d_{ij}(q) = \left[\sum_{k=1}^{n} (x_{ik} - x_{jk})^q \right]^{\frac{1}{q}}, \quad (q > 0), i,j,k = 1,2,\cdots,n \tag{6-3}$$

第四种，切比雪夫（Chebyshev）距离，相关公式可以表示为：

$$d_{ij}(\infty) = \max_{1 \leqslant k \leqslant n} \left| x_{ik} - x_{jk} \right| \quad i,j,k = 1,2,\cdots,n \tag{6-4}$$

第五种，马氏（Mahalanobis）距离，相关公式可以表示为：

$$d_{ij}(M) = (X_{(i)} - X_{(j)})'S^{-1}(X_{(i)} - X_{(j)}) \quad i,j = 1,2,\cdots,n \qquad (6-5)$$

第六种，兰氏（Lance）距离，相关公式可以表示为：

$$d_{ij}(L) = \frac{1}{n}\sum_{k=1}^{n} \frac{|x_{ik} - x_{jk}|}{x_{ik} - x_{jk}}, \quad (x_{ij} > 0), i,j,k = 1,2,\cdots,n \qquad (6-6)$$

2. 按不同地域位置分层测度 CPI 权重

根据调查表中调查项目的设置顺序与消费理论，首先分析地理位置的差异对居民消费的影响情况。运用 SPSS17.0 软件的 Q 型聚类方法，就不同地域位置居民的人均消费情况进行分类，其中，聚合系数随分类数的变化情况如图 6-1 所示。

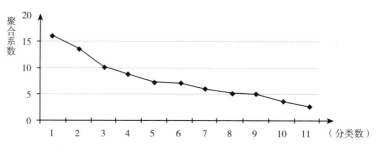

图 6-1 聚合系数随分类数变化曲线

从图 6-1 可知，聚合系数与分类数基本呈现出线性变化关系，聚合系数随着分类数的增加缓慢下降，这种情况说明分组数越多，聚合系数逐渐减小，即聚合系数的减小主要依赖于分类组数的增加。根据聚合系数的启示，现对浙江省各地市居民人均消费情况进行系统聚类分析。首先将原始变量标准化，聚类方法选择组内联结法，计算距离选择平方欧氏距离（Square Euclidean Distance），输出水平树状聚类图，结果如图 6-2 所示。

考虑到统计工作的便利性，从图 6-2 可知，在距离为 10 的地方往下切，我们可以将浙江省各地市居民大致分为五类：宁波市、丽水市、台州市、杭州市、金华市为第一类，温州市为第二类，湖州市、浙江省以外为第三类，嘉兴市、绍兴市、衢州市为第四类，舟山市为第五类。

按地理位置进行分类的结果如表 6-1 所示。

从表 6-1 可知，在食品类方面消费最高的是第二类，为 27.16%，最低第三类，为 22.57%；在烟酒方面消费最高的是第三类，为 5.58%，最低第五类，为 4.70%；在衣着方面消费最高的是第五类，为 11.90%，最低第四类，为 10.53%；在耐用品方面消费最高的是第五类，为 10.27%，最低第二类，为 7.10%；在医疗保健方面消费最高的是第四类，为 8.15% ，最低第五类，为 5.56% ；在交通通信方面消费最高的是第一类，为 9.84% ，最低第五类，为 6.76% ；在娱乐教育文化方面消费最高的是第三类，为 14.45% ，最低第一类，为 13.16% ；在居住方面消费最高的是第五类，为 22.12% ，最低第四类，为 20.34% 。

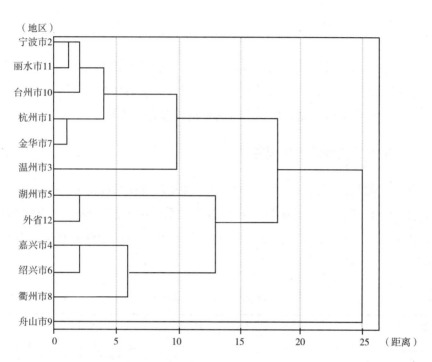

图 6 - 2　浙江省及外省居民人均消费聚类图

表 6 - 1　　　　　　　　　不同地域聚类后的权重（2015 年）　　　　　　　单位：%

分组	食品	烟酒	衣着	耐用品	医疗	交通	娱乐教育	居住
第一类	22.84	5.39	11.76	8.54	7.88	9.84	13.16	20.58
第二类	27.16	4.88	11.57	7.10	6.13	9.12	13.60	20.43
第三类	22.57	5.58	11.23	8.88	7.42	8.71	14.45	21.17
第四类	23.27	5.48	10.53	8.58	8.15	9.46	14.18	20.34
第五类	24.66	4.70	11.90	10.27	5.56	6.76	14.05	22.12

（二）户口性质方面的分层权重

户口性质与我国传统的城乡居民分类价格指数是一致的，区别仅仅在此我们是运用抽样调查数据对此进行编制，也是从另一角度对此进行佐证与检验分析。由于这个调查标志的结果少，不进行聚类分析，直接按照可能的结果进行分层，相关权重，软件运行结果整理如表 6 - 2 所示。

表 6 - 2 户口性质分层权重（**2015 年**） 单位：%

户口性质	食品	烟酒	衣着	耐用品	医疗	交通	娱乐教育	居住
城镇居民	22.61	5.06	12.14	8.61	7.56	9.34	13.71	20.97
农村居民	24.19	5.88	10.27	8.39	7.71	9.40	13.84	20.31

从表 6 - 2 可知，城镇居民的消费结构中比农村居民的权重大的是衣着、家庭耐用品及服务、居住 3 个方面，其余方面则是农村稍大。总的来看，各方面差别不大，这就是说，对于浙江省来说，城乡居民生活消费结构差距不太明显。

（三）就业状况方面的分层权重

就业状况一般与家庭收入关系较为密切，因此，就业状况的差异也就对应了不同的收入群体，并且还能说明就业与收入方面的关系。由于这个调查标志的结果有限，不进行聚类分析，直接按照可能的结果进行分层，针对不同的就业状况，对样本数据处理结果如表 6 - 3 所示。

表 6 - 3 就业状况分层权重（**2015 年**） 单位：%

就业状况	食品	烟酒	衣着	耐用品	医疗	交通	娱乐教育	居住
正常就业	22.81	5.41	11.71	8.80	7.48	9.85	13.54	20.40
失业	21.49	5.05	10.13	9.30	9.66	10.95	12.91	20.52
只有一方就业	24.87	5.61	10.43	7.77	7.99	7.87	13.99	21.47
在家务农	25.68	4.58	9.64	6.42	6.81	6.22	17.75	22.89
离退休	24.11	3.78	7.56	4.58	11.86	6.62	17.29	24.21

从表 6 - 3 可知，在食品类方面消费最高的是在家务农这一类群体，为 25.68%，最低失业群体，为 21.49%；在烟酒方面消费最高的是只有一方就业群体，为 5.61%，最低离退休群体，为 3.78%；在衣着方面消费最高的是正常就业群体，为 11.71%，最低离退休群体，为 7.56%；在耐用品方面消费最高的是失业群体，为 9.30%，最低离退休群体，为 4.58%；在医疗保健方面消费最高的是离退休群体，为 11.86%，最低在家务农群体，为 6.81%；在交通通信方面消费最高的是失业群体，为 10.95%，最低在家务农群体，为 6.22%；在娱乐教育文化方面消费最高的是在家务农群体，为 17.75%，最低失业群体，为 12.91%；在居住方面消费最高的是离退休群体，为 24.21%，最低正常就业群体，为 20.40%。

（四）文化程度方面的分层权重

居民文化程度的差异影响了他们的职业差异，职业差别影响了居民的收入差异，因此，居民的文化程度方面的差异性间接地决定了他们所处的不同收入群体。由于这个调查标志的结果少，不进行聚类分析，直接按照可能的结果进行分层，软件运行的相关结果整理如表 6-4 所示。

表 6-4　　　　　　　　　　　　文化程度分层权重（2015 年）　　　　　　　　单位：%

文化程度	食品	烟酒	衣着	耐用品	医疗	交通	娱乐教育	居住
初中及以下	24.50	6.04	9.77	7.81	7.84	9.01	14.07	20.96
高中、中专	24.45	5.72	11.37	8.64	7.26	9.37	13.05	20.14
大专	21.75	4.86	12.67	8.46	7.07	9.35	13.95	21.88
本科	21.54	4.64	12.72	9.30	8.13	9.84	14.26	19.57
研究生	17.64	4.11	8.66	7.53	8.71	9.11	14.97	29.25

从表 6-4 可知，从上到下，文化程度依次从初中、高中、大专、本科到研究生，文化程度逐渐提高，在食品等温饱型方面的消费权重逐渐降低，在医疗保健、交通通信、娱乐教育文化、居住等享受型消费方面的比重基本算是逐渐提高。

（五）不同收入群体的分层权重

（1）收入分层的等分人口数法。收入是决定居民消费水平与消费结构最直接、最关键性的因素。目前国家统计局通常对城乡居民按照人口数等分为 5 个群体（每一群体的人口数占 20%）。本书首先按照通常的分法，将样本数据按照居民人均收入排序后，按照住户数分 5 等份，计算不同收入阶层住户的消费结构，相关结果如表6-5所示。

表 6-5　　　　　　　　　　　　不同收入群体分层权重（2015 年）　　　　　　　单位：%

收入群体	食品	烟酒	衣着	耐用品	医疗	交通	娱乐教育	居住
低收入	27.61	4.94	10.09	7.18	6.13	7.82	14.36	21.88
中等偏下收入	26.53	5.03	9.48	7.40	7.59	7.88	14.49	21.60
中等收入	23.97	4.87	11.03	8.16	7.30	8.21	14.71	21.75
中等偏上收入	22.87	5.24	11.68	9.02	7.22	9.22	13.48	21.27
高收入	21.43	5.96	12.03	8.87	8.21	10.80	13.14	19.56

从表6-5可知，低收入群体在食品、居住方面的消费比重高，即恩格尔系数大，而在衣着、家庭设备耐用品及服务、医疗保健、交通通信方面消费比重较低。

（2）收入分层的聚类分析。对于数值型变量（收入）的分类，本书用类平均法（average lingage）、重心法（centroid method）、中间距离法（median method）、最长距离法（complete method）、最短距离法（single method）、离差平方和法（ward method）等方法，通过编制相应的R程序，探索它们的"自然结构"。

第一，样本数据的可能分组情况。首先，我们来研究它们的自然结构的一般情况，相关的结果如图6-3～图6-8所示（相关的R聚类分析程序见附录3）。

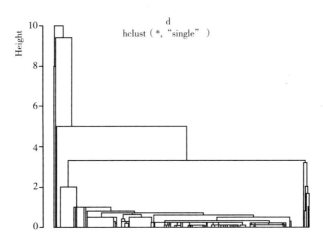

图6-3　人均收入的最短距离法聚类分析

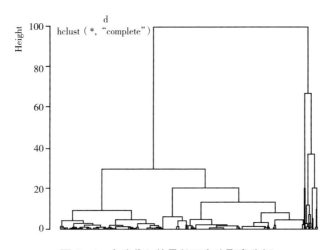

图6-4　人均收入的最长距离法聚类分析

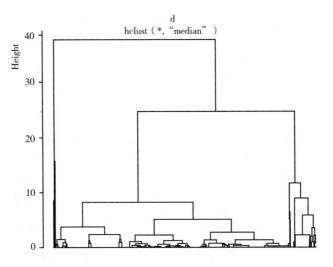

图 6 - 5　人均收入的中间距离法聚类分析

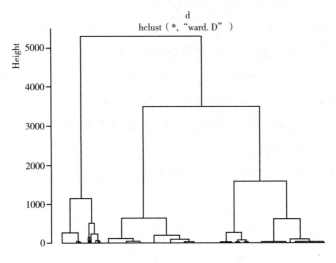

图 6 - 6　人均收入的离差平方和法聚类分析

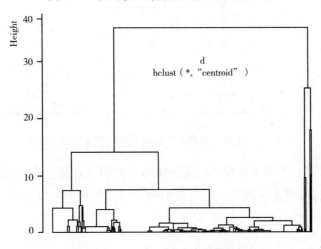

图 6 - 7　人均收入的重心法聚类分析

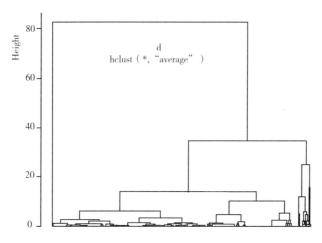

图6-8　人均收入的类平均法聚类分析

从图6-3～图6-8可知，对于居民人均收入的聚类分析结果，具有一些基本的结论：居民人均收入具有明显的分组特征。从图6-3、图6-5可知，两边存在极端分组情况，同时中间的大部分居民收入呈现明显的聚集情况；相比之下，图6-4、图6-7、图6-8显示，极端的高收入群体存在，其余的居民聚集状态也存在；图6-6显示的情况具有比较均匀的分组特征，样本数据的分组特征明显。

根据距离的不同测度方法，显示结果的这种细微差异性情况，学术界一般建议采用最短距离法与离差平方和法。

第二，离差平方和法聚类分组。离差平方和法初步聚类结果如图6-9所示。

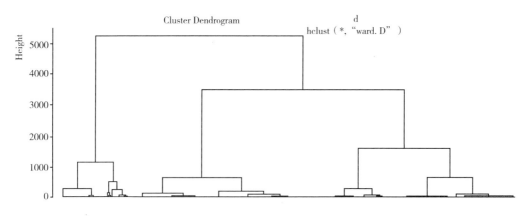

图6-9　居民人均收入的聚类分析（离差平方和法）

从图6-9可知，居民人均收入的聚集情形十分明显，那么现在的问题是针对这种情况，我们到底需要将它分成几组？可能的分组情形如图6-10所示（相关的R程序见附录4）。

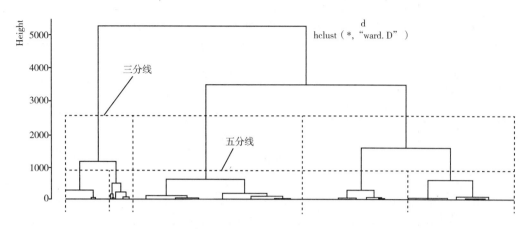

图6-10 居民人均收入的3或者5聚类分组情形（离差平方和法）

从图6-10可知，根据聚类结果，我们选择了3组或者5组两种情形，相关结果如图6-10中标示的"三分线"与"五分线"所示，据此我们可以观察得到几种分类情况。

关于这几种对应分组的基本情况，我们通过编制相应的R程序将它们导出，并据此计算对应群体的居民消费结构（相关的R程序见附录5）。

离差平方和法聚类结果的3分组或者5分组结果基本信息及居民消费结构情况如表6-6所示。

表6-6　　　　　　　　　离差平方和法聚类结果3分法基本信息及居民消费结构

样本数（个）	人均收入（万元）	食品	烟酒	衣着	耐用品	医疗	交通	娱乐教育	居住	合计
501（37.52）	4.701	1.267	0.2359	0.4566	0.3563	0.331	0.3654	0.6916	1.02	4.7238
		26.82	4.99	9.67	7.54	7.01	7.74	14.64	21.59	100.00
635（47.57）	14.4	2.896	0.6325	1.409	1.043	0.9155	1.138	1.687	2.621	12.342
		23.46	5.12	11.42	8.45	7.42	9.22	13.67	21.24	100.00
199（14.91）	35.52	4.42	1.278	2.522	1.905	1.727	2.197	2.84	4.121	21.01
		21.04	6.08	12.00	9.07	8.22	10.46	13.52	19.61	100.00

注：（1）第一列小括号内数值为百分数；（2）消费结构中的第一行数据为绝对数，第二行数据为对应的比重。

从表6-6可知，如果对聚类分析结果分为3组，第一组有501户、占比37.52%，第二组有635户、占比47.57%，第三组有199户、占比14.91%。从人均可支配收入看，依次分为4.701万元、14.4万元、35.52万元，差异较大。并且这种特征在它们的消费结构上也得到体现，呈现出显著的差异性特征。

对聚类分析结果3分法，显得有点粗糙，太抽象了，特别是低收入群体有501户、占37.52%，根本看不出他们的差异性。因此，我们来尝试进一步细化的分组。相关结果的5分法如表6-7所示。

表 6 - 7　　　　　　　　　离差平方和法聚类结果 5 分法基本信息及居民消费结构

样本数（个）	人均收入（万元）	食品	烟酒	衣着	耐用品	医疗	交通	娱乐教育	居住	合计
501 (37.52)	4.701	1.267	0.2359	0.4566	0.3563	0.331	0.3654	0.6916	1.02	4.7238
		26.82	4.99	9.67	7.54	7.01	7.74	14.64	21.59	100.00
314 (23.52)	10.89	2.62	0.5318	1.162	0.8679	0.7927	0.9028	1.556	2.328	10.7612
		24.35	4.94	10.80	8.07	7.37	8.39	14.46	21.63	100.00
321 (24.04)	17.84	3.165	0.731	1.651	1.214	1.036	1.369	1.815	2.909	13.89
		22.79	5.26	11.89	8.74	7.46	9.86	13.07	20.94	100.00
131 (9.81)	27.91	3.951	1.098	2.311	1.569	1.543	1.925	2.493	3.837	18.727
		21.10	5.86	12.34	8.38	8.24	10.28	13.31	20.49	100.00
68 (5.10)	50.18	5.322	1.6525	2.929	2.554	2.081	2.72	3.507	4.668	25.4335
		20.93	6.50	11.52	10.04	8.18	10.69	13.79	18.35	100.00

注：（1）第一列小括号内数值为百分数；（2）消费结构中的第一行数据为绝对数，第二行数据为对应的比重。

从表 6 - 7 可知，对聚类结果进行 5 分法分组，分组的结果只是对中、高收入阶层进行了细化分组，将原来的中间收入阶层 635 户，分为 314 户与 321 户两组，原来的高收入阶层由 199 户，分为 131 户与 68 户，而对我们通常比较关心的低收入阶层，离差平方和法没有展现细致的分组作用。而通常在 CPI 不断上涨的情况下，我们通常更多需要关注低收入阶层的消费结构，为此，我们尝试运用类平均法，更多地探索居民的消费结构情况。

第三，类平均法聚类分组。人均收入的类平均法聚类分析相关结果如图 6 - 11 所示。

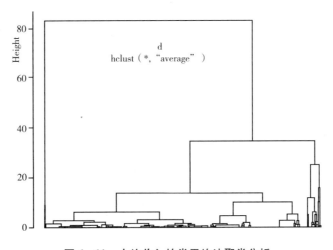

图 6 - 11　人均收入的类平均法聚类分析

从图6-11可知，运用类平均法进行聚类分析，居民的人均可支配收入也呈现出两极分化现象，同时在中间区域的绝大多数居民人均收入自然分组现象十分明显。为此，我们先将处于两个极端的居民群体分离出来，然后对中间区域居民进行分组，将处于两个极端位置的居民先分离出来，我们首先需要进行粗略的3分法，相关结果如图6-12所示。

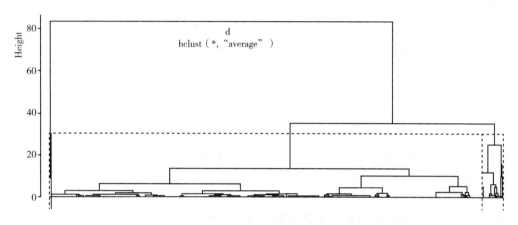

图6-12　类平均法聚类结果3分法

从图6-12可知，首先对类平均法进行3分法，可以将处于两边的极端值群体分离出来，具体情况如表6-8所示。

表6-8　　　　　　　　类平均法聚类结果3分法基本信息及居民消费结构

样本数（个）	人均收入（万元）	食品	烟酒	衣着	耐用品	医疗	交通	娱乐教育	居住	合计
1267 (94.91)	11.96	2.361	0.5238	1.126	0.8258	0.7492	0.914	1.377	2.114	9.9908
		23.63	5.24	11.27	8.27	7.50	9.15	13.78	21.16	100.00
63 (4.72)	46.52	5.17	1.405	2.733	2.186	1.707	2.389	3.183	4.356	23.129
		22.35	6.07	11.82	9.45	7.38	10.33	13.76	18.83	100.00
5 (0.37)	96.4	7.24	4.4	5.4	7.2	6.8	6.896	7.6	8.6	54.136
		13.37	8.13	9.97	13.30	12.56	12.74	14.04	15.89	100.00

注：（1）第一列小括号内数值为百分数；（2）消费结构中的第一行数据为绝对数，第二行数据为对应的比重。

从表6-8可知，两边的极端值群体分别有63户与5户，合计起来占比5.09%，而中间群体有1267户、占比94.91%，显然，我们需要对中间群体再次做深入细致分析。

运用类平均法，中间群体的聚类结果如图6-13所示。

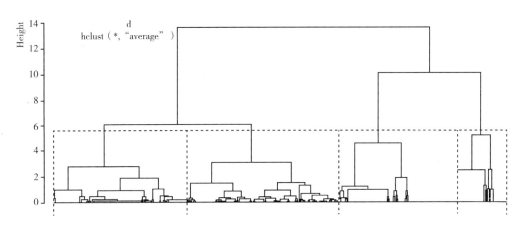

图6-13 中间群体的再次聚类分析（类平均法）

从图6-13可知，根据中间群体的客观分布状况，我们对中间群体的再次聚类结果划分为4个群体，划分结果与客观情况基本呈现出一致性特征。这4个细分的群体居民消费结构如表6-9所示。

表6-9　　　　　中间群体（1267个）聚类结果4分法基本信息及居民消费结构

样本数（个）	人均收入（万元）	食品	烟酒	衣着	耐用品	医疗	交通	娱乐教育	居住	合计
424（33.46）	4.104	1.115	0.2149	0.4085	0.2899	0.2899	0.3296	0.5914	0.91	4.1492
		26.87	5.18	9.85	6.99	6.99	7.94	14.25	21.93	100.00
375（29.60）	10.16	2.491	0.4883	1.076	0.8235	0.7426	0.8165	1.488	2.081	10.0069
		24.89	4.88	10.75	8.23	7.42	8.16	14.87	20.80	100.00
330（26.05）	17.56	3.125	0.7187	1.621	1.207	1.018	1.34	1.817	3.017	13.8637
		22.54	5.18	11.69	8.71	7.34	9.67	13.11	21.76	100.00
138（10.89）	27.62	4.008	1.103	2.282	1.567	1.5368	1.957	2.433	3.743	18.6298
		21.51	5.92	12.25	8.41	8.25	10.50	13.06	20.09	100.00

注：（1）第一列小括号内数值为百分数；（2）消费结构中的第一行数据为绝对数，第二行数据为对应的比重。

从表6-9可知，中间群体（1267个）经过再次分组为4个群体，他们的人均可支配收入分别为4.104万元、10.16万元、17.56万元、27.62万元，所拥有的户数分别为424户、375户、330户、138户，占比分别为33.46%、29.60%、26.05%、10.89%，他们的消费结构具有明显的差异性。

（六）居民消费结构多变量聚类分析

相对于居民的人均可支配收入来说，对居民的消费结构等多变量直接进行聚类分

172

析，可能得到一些更加合理的结果。因此，此处直接对居民消费结构（8个大类）进行多变量聚类分析。

首先，对居民消费结构的大致聚类情况如图6－14所示。

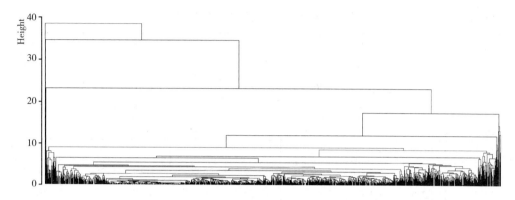

图6－14 居民消费结构的多变量聚类分析（类平均法）

从图6－14可知，由于左边极端值的影响，如果按照聚类方法客观分组，将对结果产生极大影响。主要是因为这些极端值的人数少，不具有代表性，必须用一定方法进行处理，由于个数不多，我们常常对它们进行简单的删除。这主要是因为样本数据质量不是很理想所致，这从前面问卷的信度与效度检验结果可以得到验证。

通过不断地测试与观察，最终发现：由于我国居民消费结构两极分化现象的存在，对居民消费结构多变量的综合研究，要做到"理想分组"，这是一个无限细化的过程，过于复杂。

根据软件运行结果，我们不妨选择一些分类数目（分别选择了3、5、7、9、11数目），观察软件聚类的结果，相关结果如表6－10所示。

表6－10　　　　　　　　居民消费结构多变量聚类结果3分法　　　　　　单位：万元

分组	食品	烟酒	衣着	耐用品	医疗	交通	娱乐教育	居住
1（1）	10	5	5	10	20	20	25	5
占比（%）	10	5	5	10	20	20	25	5
2（251）	4.5	1.17	2.64	2.07	1.67	2.07	2.703	5.15
占比（%）	20.48	5.32	12.01	9.42	7.60	9.42	12.30	23.44
3（1082）	2.0	0.44	0.89	0.64	0.60	0.74	1.182	1.57
占比（%）	24.81	5.46	11.04	7.94	7.44	9.18	14.66	19.47

注：（1）第一列小括号内数值为相应群体的样本数；（2）消费结构中的第一行数据为绝对数，第二行数据为对应的比重。

从表6－10可知，如果设定为3组，则第一组仅有1户家庭，第二组有251户家庭，第三组有 1082 户家庭，显然这样的自然分组法未能充分反映居民消费结构的实际情况。

相应地，如果我们做出 5 分法的分组，相关结果如表 6-11 所示。

表 6-11　　　　　　　　　　居民消费结构多变量聚类结果 5 分法　　　　　　　单位：万元

分组	食品	烟酒	衣着	耐用品	医疗	交通	娱乐教育	居住
1（874）	1.7	0.36	0.71	0.52	0.51	0.58	1.007	1.27
占比（%）	25.54	5.41	10.67	7.81	7.66	8.71	15.13	19.08
2（4）	7.1	1.38	8.25	9.5	1	1.75	2	13.75
占比（%）	15.87	3.09	18.44	21.24	2.24	3.91	4.47	30.74
3（1）	10	5	5	10	20	20	25	5
占比（%）	10.00	5.00	5.00	10.00	20.00	20.00	25.00	5.00
4（3）	2.5	1.07	2.77	3.33	1.73	1.68	2	27.17
占比（%）	5.92	2.53	6.56	7.88	4.09	3.98	4.73	64.31
5（452）	4	0.98	2.11	1.57	1.36	1.77	2.351	3.86
占比（%）	22.22	5.44	11.72	8.72	7.56	9.83	13.06	21.44

注：（1）第一列小括号内数值为相应群体的样本数；（2）消费结构中的第一行数据为绝对数，第二行数据为对应的比重。

从 6-11 可知，5 分法的分组显示：第一组有 874 户家庭，第二组有 4 户家庭，第三组有 1 户家庭，第四组有 3 户家庭，第五组有 452 户家庭，呈现出两极分化现象。并且中间的各自然分组由于家庭数量太少，均没有代表性。

沿用这种思想，我们下面列出了居民消费结构多变量的 7 分法、9 分法与 11 分法。7 分法相关结果如表 6-12 所示。

表 6-12　　　　　　　　　　居民消费结构多变量聚类结果 7 分法　　　　　　　单位：万元

分组	食品	烟酒	衣着	耐用品	医疗	交通	娱乐教育	居住
1（1）	5.4	3.5	5	20	1	3	1	13
占比（%）	10.40	6.74	9.63	38.54	1.93	5.78	1.93	25.05
2（843）*	1.7	0.35	0.68	0.51	0.5	0.56	0.99	1.24
占比（%）	26.03	5.36	10.41	7.81	7.66	8.58	15.16	18.99
3（1）	10	5	5	10	20	20	25	5
占比（%）	10.00	5.00	5.00	10.00	20.00	20.00	25.00	5.00
4（270）*	4.6	1.21	2.45	1.79	1.44	2.06	2.367	2.39
占比（%）	25.13	6.61	13.38	9.78	7.87	11.25	12.93	13.06
5（16）	5.1	1.08	3.89	3.04	1.74	2.09	4.381	13.47
占比（%）	14.66	3.10	11.18	8.74	5.00	6.01	12.59	38.72

续表

分组	食品	烟酒	衣着	耐用品	医疗	交通	娱乐教育	居住
6 (1)	2.4	0.7	0.8	1	0.3	1.5	2	36.5
占比（%）	5.31	1.55	1.77	2.21	0.66	3.32	4.42	80.75
7 (202)*	2.9	0.62	1.56	1.13	1.13	1.27	2.031	5.13
占比（%）	18.39	3.93	9.89	7.17	7.17	8.05	12.88	32.53

注：（1）第一列小括号内数值为相应群体的样本数；（2）消费结构中的第一行数据为绝对数，第二行数据为对应的比重；（3）＊号表示建议选择的分组。

从表6-12可知，居民消费结构多变量的7分法结果具有一定的参考价值。主要是如果按照自然结构，设定的7组中，第一组、第三组、第五组、第六组由于家庭数量太少而没有什么代表意义，但如果将自然的第二组（843户）、第四组（270户）、第七组（202户）专门独立地分离出来，应该具有一定的参考价值。也就是说，自然地7分法中，兼顾实际情况，可以选择出具有代表性的3组出来，研究居民消费结构的多层次与差异性特征（其余家庭根据就近原则，进行合并，纳入选择的3组中）。9分法相关结果如表6-13所示。

表6-13　　　　　　　　　　居民消费结构多变量聚类结果9分法　　　　　　　单位：万元

分组	食品	烟酒	衣着	耐用品	医疗	交通	娱乐教育	居住
1 (622)*	1.4	0.29	0.55	0.41	0.37	0.43	0.765	0.87
占比（%）	27.53	5.70	10.82	8.06	7.28	8.46	15.04	17.11
2 (9)	7.3	5.15	5.94	4.28	2.45	4.53	3.047	4.39
占比（%）	19.68	13.89	16.02	11.54	6.61	12.21	8.22	11.84
3 (1)	5.4	3.5	5	20	1	3	1	13
占比（%）	10.40	6.74	9.63	38.54	1.93	5.78	1.93	25.05
4 (7)	5.1	0.73	5.43	4.03	1.39	1.59	1.857	16.71
占比（%）	13.84	1.98	14.74	10.94	3.77	4.32	5.04	45.36
5 (417)*	2.7	0.55	1.22	0.89	0.9	1.07	1.779	3.05
占比（%）	22.21	4.52	10.03	7.32	7.40	8.80	14.63	25.08
6 (207)*	4.9	1.15	2.54	1.84	1.52	2.08	2.3	2.23
占比（%）	26.40	6.20	13.69	9.91	8.19	11.21	12.39	12.02
7 (1)	10	5	5	10	20	20	25	5
占比（%）	10.00	5.00	5.00	10.00	20.00	20.00	25.00	5.00
8 (69)*	3.6	0.95	2.11	1.71	1.71	1.73	3.18	7.47
占比（%）	16.03	4.23	9.39	7.61	7.61	7.70	14.16	33.26
9 (1)	2.4	0.7	0.8	0.3	1.5	2	36.5	
占比（%）	5.31	1.55	1.77	2.21	0.66	3.32	4.42	80.75

注：（1）第一列小括号内数值为相应群体的样本数；（2）消费结构中的第一行数据为绝对数，第二行数据为对应的比重；（3）＊号表示建议选择的分组。

从表 6 – 13 可知，我们同样观察到：根据居民消费结构的自然分组情况，结合实际情况，我们可以选择出 4 个自然分组，进行分组（相应的选择用 * 号标记）。11 分法相关结果如表 6 – 14 所示。

表 6 – 14　　　　　　居民消费结构多变量聚类结果 11 分法　　　　　　单位：万元

分组	食品	烟酒	衣着	耐用品	医疗	交通	娱乐教育	居住
1 (59) *	4.4	1.23	2.93	3.76	1.77	1.81	2.364	2.33
占比（%）	21.37	5.97	14.23	18.26	8.59	8.79	11.48	11.31
2 (4)	9.6	0.15	6.85	4.63	2.18	1.2	1.875	9.53
占比（%）	26.66	0.42	19.02	12.86	6.05	3.33	5.21	26.46
3 (38) *	3.1	0.63	1.21	1.19	1.29	1.24	1.74	8.18
占比（%）	16.68	3.39	6.51	6.40	6.94	6.67	9.36	44.03
4 (1)	10	5	5	10	20	20	25	5
占比（%）	10	5	5	10	20	20	25	5
5 (45) *	7.6	2.18	3.16	1.95	2.12	2.77	2.525	2.89
占比（%）	30.16	8.65	12.54	7.74	8.41	10.99	10.02	11.47
6 (1)	2.4	0.7	0.8	1	0.3	1.5	2	36.5
占比（%）	5.31	1.55	1.77	2.21	0.66	3.32	4.42	80.75
7 (516) *	2.9	0.63	1.37	0.89	0.93	1.2	1.765	2.55
占比（%）	23.70	5.15	11.20	7.27	7.60	9.81	14.43	20.84
8 (588) *	1.3	0.27	0.49	0.38	0.35	0.39	0.724	0.88
占比（%）	27.17	5.64	10.24	7.94	7.32	8.15	15.13	18.39
9 (78) *	3.7	1.07	2.79	1.52	1.58	2.31	3.623	5.52
占比（%）	16.73	4.84	12.62	6.87	7.15	10.45	16.38	24.96
10 (3)	2.7	1.5	5.17	5.67	1.97	1.84	2.667	21
占比（%）	6.35	3.53	12.16	13.34	4.63	4.33	6.27	49.39
11 (1)	5.4	3.5	5	20	1	3	1	13
占比（%）	10.40	6.74	9.63	38.54	1.93	5.78	1.93	25.05

注：（1）第一列小括号内数值为相应群体的样本数；（2）消费结构中的第一行数据为绝对数，第二行数据为对应的比重；（3）* 号表示建议选择的分组。

从表 6 – 14 可知，自然地 11 分组法中我们可以选择出 6 组：第一组（59 户）、第三组（38 户）、第五组（45 户）、第七组（516 户）、第八组（588 户）、第九组（78户）。其余的自然分组，由于家庭户数量太少，不单独分组，与邻近组进行合并处理。他们相应的消费结构列示于表格右侧。

（七）对 CPI 感受异质性群体的权重

在抽样调查中还设置了居民对官方 CPI 数据准确性的感受情况，共分为准确、基本准确、不准确、不关心四种，相关情况如表 6 – 15 所示。由于调查表中只设置了四种可能情形，因此，本书按照可能的分类情形研究相应群体的消费结构，不需要进行聚类分析。

表 6 – 15　　　　　　　　对 CPI 感受异质性群体的消费结构（2015 年）　　　　　　单位：万元

分组	食品	烟酒	衣着	耐用品	医疗	交通	娱乐教育	居住
准确	2.87	0.62	1.74	1.18	0.88	1.17	1.54	3.26
（50）	21.64	4.66	13.15	8.93	6.61	8.79	11.62	24.60
基本准确	2.426	0.563	1.171	0.8682	0.8051	1.0334	1.5452	2.2473
（634）	22.76	5.28	10.99	8.15	7.55	9.69	14.50	21.08
不准确	2.627	0.6168	1.1948	0.918	0.7932	0.9207	1.4355	1.8645
（213）	25.33	5.95	11.52	8.85	7.65	8.88	13.84	17.98
不关心	2.539	0.5821	1.2362	0.9463	0.8391	0.9896	1.4161	2.308
（438）	23.39	5.36	11.39	8.72	7.73	9.12	13.04	21.26

注：（1）第一列小括号中数值为相应群体的样本数；（2）表中每一群体的消费结构第一行数据为消费结构的绝对数，第二行数据为相对数。

从表 6 – 15 可知，对浙江省目前的 CPI 准确性的感受情况共设置了"准确、基本准确、不准确、不关心"四类情况。其中，感受准确与基本准确的有 684 户、占比 51.24%；感受不准确的有 213 户、占比 15.96%，不关心的有 438 户、占比 32.80%，这两项合计占比 48.76%。可见，大家对浙江省 2015 年的 CPI 准确性存在较大分歧。

从他们对应的消费结构中的食品消费来看，感受准确的群体食品项目方面年消费 2.87 万元，感受基本准确的群体食品项目方面年消费 2.426 万元，感受不准确的群体食品项目方面年消费 2.627 万元，不关心的群体食品项目方面年消费 2.539 万元。从这个结果来看，年消费少的反而不怎么关心 CPI 的准确性，倒是食品项目方面年消费高的群体对 CPI 的准确性感受强烈些。这些结果可能与我国居民工资、社会福利未能利用 CPI 进行指数化处理等因素相关。

（八）不同消费群体心中真实 CPI 值的分层权重

根据抽样调查表，本书还设置了居民心中对 CPI 真实值的估计情况，现在就居民估计的真实 CPI 值运用类平均法进行聚类分析，初步结果如图 6 – 15 所示。

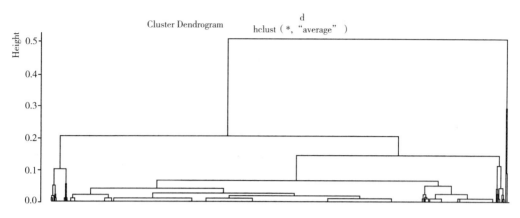

图6-15　居民对CPI真实值估计的聚类分析（类平均法）

从图6-15可知，聚类结果存在着明显的极端值情况，我们可以先将初步聚类结果分成两组，将右边的少数群体分离出来。经过编制相关的R程序（参见附录3，程序类似，不再单独列示），结果第一组有1322户、第二组有13户。我们将第二组这13户家庭单独列为一组，再对剩下的1322户家庭进行细分，相关分组情况如图6-16所示。

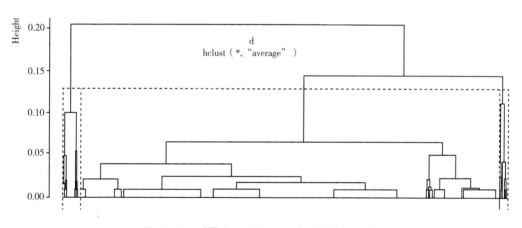

图6-16　对最大一组（1322户）再次3分法

从图6-16可知，再次细分，通过3分法将两边极端群体单独划分出来，单独成组，他们的家庭数分别为1241户、55户、26户。同理，对最大的一组1241户再次细分，结果如图6-17所示。

通过对图形的观察，对最大一组（1241户）进行4分法为宜，相关各组的家庭数量分别为896户、195户、22户、128户。

现在将居民心中对真实值估计的聚类结果不断细分，得到的各分组的消费结构汇总如表6-16所示。

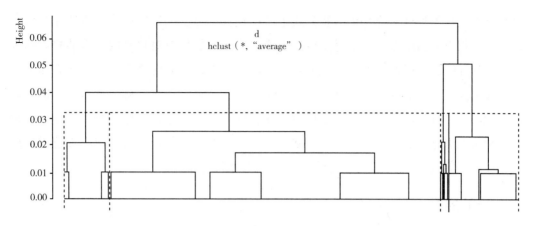

图6-17 对最大一组（1241户）再次进行4分法

表6-16 居民对CPI真实值估计变量的聚类分组（2015年）

分组	食品	烟酒	衣着	耐用品	医疗	交通	娱乐教育	居住
第一组 （13）	1.777	0.2246	0.6415	0.3908	0.7523	0.3708	1.206	1.795
	24.83	3.14	8.96	5.46	10.51	5.18	16.85	25.08
第二组 （55）	2.544	0.5965	1.377	1.027	0.8431	0.8709	1.395	1.965
	23.96	5.62	12.97	9.67	7.94	8.20	13.14	18.51
第三组 （26）	3.038	0.9265	1.4535	1.2112	1.431	1.322	1.767	2.87
	21.67	6.61	10.37	8.64	10.21	9.43	12.60	20.47
第四组 （896）	2.423	0.5336	1.163	0.8819	0.7805	1.006	1.492	2.294
	22.91	5.05	11.00	8.34	7.38	9.51	14.11	21.69
第五组 （195）	2.549	0.5433	1.166	0.8612	0.8209	0.8784	1.363	2.011
	25.01	5.33	11.44	8.45	8.05	8.62	13.37	19.73
第六组 （226）	1.986	0.3895	0.7905	0.4345	0.5827	0.5945	0.9691	1.22
	28.51	5.59	11.35	6.24	8.36	8.53	13.91	17.51
第七组 （126）	3.122	0.9511	1.697	1.244	0.9779	1.328	1.721	2.463
	23.12	7.04	12.57	9.21	7.24	9.83	12.74	18.24

注：（1）第一列小括号中数值为相应群体的样本数；（2）表中每一群体对应数据第一行数据为消费结构的绝对数，第二行数据为相对数。

从表6-16可知，就居民对真实CPI的估计情况，本书按照聚类分析结果，不断细分思路与顺序列示了他们各自的分组情况，从他们的消费结构可知，消费结构具有显著的差异性情况。

二、层次分析法（AHP）权重

对于CPI中权重的测度，除了通常使用的支出法计算外，即计算目标人群的消费结构指标，作为目标人群 CPI 编制公式中的权重，还可尝试运用层次分析法作为居民消费结构权重的测度方法。相对支出法来说，绝大多数住户对自己的日常消费数据并不进行详细统计，但物价上涨对他们日常生活的影响，却时时感受较深。他们知道随着物价上涨，哪方面需要花钱多、感觉压力大，哪方面花钱少、感觉压力小，这些情况他们心里比较清楚，特别是对于那些文化程度不高、不擅长记账的居民来说，心理上对物价上涨感受的权重要好于那些账面数据。因此，从住户日常消费心理感受，探讨 CPI 中权重数据大小，也是一种极为有益的学术性探索。

（一）层次分析法简介

层次分析法（Analytic Hierarchy Process，AHP）是由美国匹茨堡大学教授、运筹学家托马斯·萨蒂（T. L. Saaty）于 20 世纪 70 年代初提出的一种将定性分析定量化的分析方法。当时，萨蒂课题小组专门为美国国防部研究"根据各个工业部门对国家福利的贡献大小而进行电力分配"课题时，提出了一种层次权重决策分析方法：应用网络系统理论与多目标综合评价方法，通过将与决策总目标有关的因素分解成目标、准则、方案等结构化层次，运用 1~9 标度法两两进行比较、赋值，然后进行一系列定量研究等决策方法。这种方法后来广泛应用于对人们的主观判断进行客观赋权方面。

（二）层次分析法测度 CPI 权重的合理性

（1）物价上涨已经成为居民生活压力主要来源。2015 年 12 月 19 日，上海交通大学舆情研究实验室携同社会科学文献出版社于 2016 年底，开展了一项统计调查，专门研究影响我国民生民意情况。调查报告《民调蓝皮书：中国民生调查报告（2015）》的结果显示：62.7% 的受访者认为自己生活水平比 5 年前有所上升，但是不同年龄、不同收入居民对此问题的评价存在显著性差异。从被调查者的年龄段分析，大部分年龄在 20~29 岁之间的居民认为自己的生活水平不如 5 年前的生活水平。在对收入水平评价方面，大部分居民对收入满意度比较低，只有 31.8% 的被调查者对目前的收入状况满意。而在生活压力方面，47.7% 的被调查者认为生活压力主要来源于物价上涨，其次是家庭收入、住房问题。可见，物价问题是与国计民生息息相关的大问题，不断上涨的物价给居民生活带来了巨大压力。

（2）物价压力是居民的一种心理感受。目前 CPI 权重是通过抽样调查数据，计算居民在各类消费项目上的支出权重。这种方法具有明显的局限性：第一，它要求居民对其生活消费的各类支出要有比较详细、准确的记录数据。这点在统计实践工作中不太容易满足，即使对于城乡统计调查队工作人员经常联系的居民来说，也有难度。主要涉及居民对消费品分类的模糊性，有些商品与服务要想将它准确分类有一定难度。

第二，我国居民的统计素养不太高。对于居民消费支出数据，住户出于种种原因，或者涉及财产隐私等原因，对于统计调查工作并不十分配合，相关数据真实性有一定的差别。

但是，如果我们调查居民对于相关生活用品及服务价格压力的感受情况时却有一定的科学性。居民对于物价压力的感受并不需要居民细分在相应分类商品项目上支出情况，不涉及居民收入等隐私数据，而是居民根据自己的收入等各种因素（居民自己心里清楚，这是私人信息），对 CPI 上涨情况作出一种整体性、综合性的判断。虽然这种判断是一种心理现象，但是它综合了居民自身各种影响因素得到的结果，而这种综合性的因素我们并不需要调查清晰。这就使得居民对 CPI 波动情况的判断具有一定的真实性，相比支出法权重来说，可能更准确。

（3）层次分析法是一种对主观判断进行客观赋权的统计分析方法。物价变动虽然是客观现象，但其对居民生活产生的压力却是一种心理现象，是个体差异性的主观感受，是居民对其各种影响因素的综合性判断。但是，这种主观判断是以居民自身收入、福利、保障等各种因素为客观基础，个体在这些方面存在差异，因此，对于同样的外部 CPI 上涨情况，不同个体会产生不一样的感受、有不同的看法。我们可以通过统计调查，研究居民对 CPI 上涨的不同感受情况，然后运用 AHP 方法对其进行客观赋权，构建多层次的 CPI。因此，针对这种主观性的心理感受与判断，运用层次分析法对 CPI 进行赋权是可行的。

（4）AHP 是测度 CPI 权重的有益补充，是一种积极的探索。现有文献以及统计实践编制的 CPI 都是通过大规模的抽样调查，对消费支出进行详细分类，运用支出法赋权。而实际上，居民在现实生活中难以对各类消费品进行过于细致的分类。因此，采用层次分析法对 CPI 权重进行测度是对现有指数理论体系的补充与完善，是对现有支出法赋权方法的有益补充，是一种有益的、积极的学术性探讨。

（三）层次分析法求解方法

（1）层次分析法基本思想：根据研究目的与研究对象性质，把各种影响因素划分为相互联系的有序层次使之条理化，即按照各个因素间的隶属关系与关联程度，将不同因素按照不同层次进行聚集组合，形成一个有层次的分析结构模型，并根据对各个因素彼此间重要性的两两比较结果，运用 1～9 标度法进行定量赋值，得到判断矩阵，并以此进行分析研究的方法。

（2）层次分析法求解步骤。运用层次分析法解决相关的实际问题主要的步骤如下。

步骤 1：构建各影响因素间的层次分析结构。首先，进行系统分析，将复杂问题分解为由各影响因素组成的层次结构。层次分析法主要将这些相互影响元素分解成目标层、准则层、方案层等层次，在此基础上进行定量分析的决策方案。本书运用层次分析法来测算CPI中8个大类项目的权重。

步骤2：构造判断矩阵。将定性的对比分析，根据1~9标度法，进行客观的量化分析。在这里把CPI的8个大类要素进行两两对比分析，获取判断矩阵。构造的判断矩阵记为A，$A \sim (a_{ij})_{n \times n}$（$i, j = 1, 2, \cdots, n$），表示如下：

$$A = \begin{bmatrix} a_{11} & a_{12} & \cdots & a_{1n} \\ a_{21} & a_{22} & \cdots & a_{2n} \\ \cdots & \cdots & \cdots & \cdots \\ a_{n1} & a_{n2} & \cdots & a_{nn} \end{bmatrix}$$

其中a_{ij}为判断矩阵中的具体元素，含义是"i指标的重要性是j指标重要性的倍数"，在两两比较时运用1~9尺度的分级标准，具体取值和含义如表6-17所示。例如：若$a_{ij} = 9$，则表示元素i与元素j相比极端重要。

表6-17 判断矩阵标度的含义

标度a_{ij}	含义
1	元素i与j相比，同样重要
3	元素i与j相比，稍微重要
5	元素i与j相比，明显重要
7	元素i与j相比，强烈重要
9	元素i与j相比，极端重要
2, 4, 6, 8	表示上述相邻判断的中间值
$1/a_{ij}$	i与j相比得a_{ij}，则j与i相比，得$1/a_{ij}$

步骤3：权重计算及一致性检验。这里主要解决两个问题，一是权重计算问题，二是判断矩阵的一致性检验问题。

第一个问题：权重计算方法。首先对于各影响元素A_1，A_2，$\cdots$，A_n，通过两两比较得到判断矩阵A，求解A的特征根：

$$AW = \lambda_{\max} W \tag{6-7}$$

所得向量W，经过正规化后作为元素A_1，A_2，$\cdots$，A_n在准则下的排序权重。$\lambda_{\max}$存在并且是唯一的，W由正分量组成，除了一个常数外，W也是唯一的。$\lambda_{\max}$和W的测度一般采用幂法，步骤为：

第一步，设初值向量W_0，例如，$W_0 = \left(\dfrac{1}{n}, \dfrac{1}{n}, \cdots, \dfrac{1}{n} \right)^T$

第二步，对$k = 1, 2, \cdots, n$计算

$$\overline{W}_k = AW_{k-1}$$

上式中，W_{k-1} 为经过归一化处理后得到的向量。

对于事先给定的 W_k，计算精度，若：

$$\max | W_{ki} - W_{(k-1)i} | < \varepsilon$$

则计算停止，否则继续步骤二，式中 W_{ki} 表示 W_k 的第 i 个分量。

计算：

$$\lambda_{\max} = \frac{1}{n} \sum_{i=1}^{n} \frac{\overline{W}_{ki}}{W_{(k-1)i}} \qquad (6-8)$$

如果在精度要求不高的条件下，我们也可采用一些近似方法计算特征根 $\lambda_{\max}$ 和权重向量 W，要大大简化计算难度，增强层次分析法的应用性。

层次分析法的权重确定有多种计算方法。一般而言，利用 AHP 解决实际问题时都是采用其中的某一种方法求权重向量，得出相应的结果。不同方法得出的权重向量一般来说比较接近，但也有细微差别。因此，本书选择较常见的三种方法同时求解权重向量，相互对比，使得结果更具可靠性。

第一种，算术平均法（和积法）。由于判断矩阵 A 中每一列都近似反映了权重的分配情况，故可采用全部列向量的算术平均值来估计 W，即：

$$W_i = \frac{1}{n} \sum_{j=1}^{n} \frac{a_{ij}}{\sum_{k=1}^{n} a_{kj}}, \quad i = 1, 2, \cdots, n \qquad (6-9)$$

计算步骤：首先，将矩阵 A 的元素按列归一化，即 $a_{ij} / \sum_{k=1}^{n} a_{kj}$；

其次，将归一化后的各列相加；

最后，相加后的向量除以 n 即得到权重向量。

第二种，几何平均法（方根法）。

$$W_i = \frac{\left(\prod_{j=1}^{n} a_{ij} \right)^{\frac{1}{n}}}{\sum_{i=1}^{n} \left(\prod_{j=1}^{n} a_{ij} \right)^{\frac{1}{n}}}, \quad i = 1, 2, \cdots, n \qquad (6-10)$$

计算步骤：首先，A 的元素按行相乘得到一个新向量；

其次，将新向量的每个分量开 n 次方；

最后，将所得量归一化即为权重向量。

第三种，特征向量法。将权重向量 W 右乘权重比矩阵 A，即：

$$AW = \lambda_{max} W \qquad (6-11)$$

λ_{max} 为判断矩阵的最大特征值，存在且唯一，W 的分量均为正。最后，将求得的权重向量归一化即为所求。

第二个问题：一致性检验及检验指标。若矩阵 A 具有完全一致性，则 $\lambda_{max} = n$。但实际调查中，消费者对 8 大类消费品重要性的判断矩阵无法保证是完全一致的。一般来说，构建的矩阵只需具有相对一致性，即可满足要求。一致性检验分为以下三步。

首先，计算一致性指标 $C.\,I.$（Consistency Index）：

$$C.\,I. = \frac{\lambda_{max} - n}{n - 1} \qquad (6-12)$$

式（6-12）中，λ_{max} 为判断矩阵的最大特征值。

其次，查找相应的平均随机一致性指标 $R.\,I.$：

$R.\,I.$ 的值是通过随机构造 500 个样本矩阵，随机从 1~9 及其倒数中抽取数字，构造正互反矩阵，求得最大特征根的平均值 λ_{max}，并定义：$R.\,I. = \dfrac{\lambda_{max} - n}{n - 1}$。萨蒂（Saaty）给出的 $R.\,I.$ 值如表 6-18 所示。

表 6-18 　　　　　　　　　　　平均随机一致性指标 $R.\,I.$

矩阵阶数	1	2	3	4	5	6	7
$R.\,I.$	0	0	0.52	0.89	1.12	1.26	1.36
矩阵阶数	8	9	10	11	12	13	14
$R.\,I.$	1.41	1.46	1.49	1.52	1.54	1.56	1.58

最后，计算一致性比例 $C.\,R.$（Consistency Ratio）：

$$C.\,R. = \frac{C.\,I.}{R.\,I.} \qquad (6-13)$$

当 $C.\,R. < 0.1$ 时，认为判断矩阵 A 的一致性可以接受；当 $C.\,R. \geqslant 0.1$ 时，认为判断矩阵 A 的一致程度无法接受。

步骤 4：利用层次排序结果进行分析。在一致性基本满足的条件下，根据层次单排序结果对相关问题进行定量分析研究，解决主观赋值的客观计算或评价问题。

（四）层次分析法权重测度

运用 AHP 方法计算 CPI 权重，首先需要获取判断矩阵，根据对样本数据的处理，多视角的判断矩阵如下。

1. 地域位置视角的居民判断矩阵

基于支出法视角研究居民多层次 CPI 权重时，运用了聚类分析、从地域方面将居民消费分成了 5 类。相对应地，这里也从这 5 类地域角度，将居民判断矩阵的样本数据整理成对应 5 类，相关的判断矩阵如下所示。

（1）第一类地域（宁波市、丽水市、台州市、杭州市、金华市）居民判断矩阵。地域位置视角的第一类居民对 CPI 8 大分类的重要性感受的结果，形成的判断矩阵如下所示。

$$
A_{11} = \begin{pmatrix}
1 & 7.18 & 3.71 & 4.42 & 3.14 & 4.17 & 3.86 & 2.53 \\
0.14 & 1 & 0.23 & 0.26 & 0.19 & 0.23 & 0.21 & 0.17 \\
0.27 & 4.30 & 1 & 2.84 & 1.38 & 1.94 & 1.74 & 0.97 \\
0.23 & 3.9 & 0.35 & 1 & 0.98 & 1.29 & 1.13 & 0.49 \\
0.32 & 5.32 & 0.73 & 1.02 & 1 & 3.15 & 2.09 & 2.79 \\
0.24 & 4.26 & 0.52 & 0.77 & 0.32 & 1 & 1.42 & 0.67 \\
0.26 & 7.82 & 0.57 & 0.89 & 0.48 & 0.71 & 1 & 2.4 \\
0.39 & 6.03 & 1.03 & 2.03 & 0.36 & 1.5 & 0.42 & 1
\end{pmatrix}
$$

（2）第二类地域（温州市）居民的判断矩阵如下所示。

$$
A_{12} = \begin{pmatrix}
1 & 8.03 & 4.1 & 4.45 & 3.42 & 4.55 & 4.87 & 2.48 \\
0.12 & 1 & 0.22 & 0.23 & 0.19 & 0.22 & 0.22 & 0.14 \\
0.24 & 4.65 & 1 & 3.16 & 1.34 & 2.55 & 2.49 & 0.99 \\
0.22 & 4.43 & 0.32 & 1 & 1.48 & 1.83 & 1.71 & 0.5 \\
0.29 & 5.2 & 0.75 & 0.68 & 1 & 3.33 & 2.87 & 2.77 \\
0.22 & 4.59 & 0.39 & 0.55 & 0.3 & 1 & 2.05 & 0.43 \\
0.21 & 4.59 & 0.4 & 0.58 & 0.35 & 0.49 & 1 & 3.06 \\
0.4 & 7.23 & 1.01 & 2.01 & 0.36 & 2.33 & 0.33 & 1
\end{pmatrix}
$$

（3）第三类地域（湖州市、省外）居民的判断矩阵如下所示。

$$
A_{13} = \begin{pmatrix}
1 & 7.02 & 4 & 4.57 & 3.29 & 4.34 & 4.11 & 2.79 \\
0.14 & 1 & 0.23 & 0.25 & 0.18 & 0.23 & 0.19 & 0.17 \\
0.25 & 4.42 & 1 & 3 & 1.67 & 2.26 & 1.8 & 1.2 \\
0.22 & 4.08 & 0.33 & 1 & 1.67 & 1.56 & 1.22 & 0.48 \\
0.3 & 5.57 & 0.6 & 0.6 & 1 & 2.92 & 2.09 & 3.01 \\
0.23 & 4.38 & 0.44 & 0.64 & 0.34 & 1 & 1.37 & 0.77 \\
0.24 & 5.36 & 0.56 & 0.82 & 0.48 & 0.73 & 1 & 2.43 \\
0.36 & 6.02 & 0.83 & 2.09 & 0.33 & 1.3 & 0.41 & 1
\end{pmatrix}
$$

（4）第四类地域（嘉兴市、绍兴市、衢州市）居民的判断矩阵如下所示。

$$A_{14} = \begin{pmatrix} 1 & 6.75 & 3.87 & 4.41 & 3.33 & 4.33 & 3.72 & 2.67 \\ 0.15 & 1 & 0.23 & 0.28 & 0.21 & 0.23 & 0.23 & 0.17 \\ 0.26 & 4.26 & 1 & 3.01 & 1.6 & 1.97 & 1.39 & 0.9 \\ 0.23 & 3.55 & 0.33 & 1 & 1.17 & 1.26 & 0.92 & 0.39 \\ 0.3 & 4.71 & 0.62 & 0.86 & 1 & 2.93 & 1.8 & 2.85 \\ 0.23 & 4.29 & 0.51 & 0.79 & 0.34 & 1 & 1.09 & 0.49 \\ 0.27 & 4.35 & 0.72 & 1.09 & 0.55 & 0.91 & 1 & 2.59 \\ 0.37 & 5.88 & 1.11 & 2.57 & 0.35 & 2.04 & 0.39 & 1 \end{pmatrix}$$

（5）第五类地域（舟山市）居民的判断矩阵如下所示。

$$A_{15} = \begin{pmatrix} 1 & 7 & 6.67 & 5.67 & 4.67 & 5 & 4.67 & 2.33 \\ 0.14 & 1 & 0.26 & 0.28 & 0.18 & 0.2 & 0.2 & 0.16 \\ 0.15 & 3.85 & 1 & 2.67 & 1.18 & 1.44 & 0.94 & 0.76 \\ 0.18 & 3.61 & 0.37 & 1 & 1.55 & 1.78 & 0.73 & 0.17 \\ 0.21 & 5.56 & 0.85 & 0.64 & 1 & 3.67 & 3.33 & 1.17 \\ 0.2 & 5 & 0.69 & 0.56 & 0.27 & 1 & 0.84 & 0.42 \\ 0.21 & 5.08 & 1.06 & 1.36 & 0.3 & 1.19 & 1 & 2.78 \\ 0.43 & 6.12 & 1.32 & 5.77 & 0.86 & 2.36 & 0.36 & 1 \end{pmatrix}$$

2. 户口性质视角的判断矩阵

与支出法权重对应的是户口性质视角对居民CPI的分类，由于浙江省目前编制的有全省CPI、城镇CPI及农村CPI，故对应的判断矩阵同样测度3个，根据对样本数据的处理，相关矩阵整理如下。

（1）浙江省城镇居民的判断矩阵如下所示。

$$A_{21} = \begin{pmatrix} 1 & 7.27 & 3.85 & 4.52 & 3.18 & 4.29 & 4.14 & 2.73 \\ 0.14 & 1 & 0.22 & 0.24 & 0.18 & 0.22 & 0.2 & 0.17 \\ 0.26 & 4.55 & 1 & 3.01 & 1.59 & 2.15 & 1.8 & 1.09 \\ 0.22 & 4.09 & 0.33 & 1 & 1.44 & 1.42 & 0.5 & 0.25 \\ 0.31 & 5.63 & 0.63 & 0.7 & 1 & 2.95 & 2.04 & 2.84 \\ 0.23 & 4.46 & 0.46 & 0.71 & 0.34 & 1 & 1.38 & 0.68 \\ 0.24 & 4.9 & 0.56 & 2 & 0.49 & 0.73 & 1 & 2.55 \\ 0.37 & 6 & 0.92 & 4 & 0.35 & 1.46 & 0.39 & 1 \end{pmatrix}$$

（2）浙江省农村居民的判断矩阵如下所示。

$$
A_{22} = \begin{pmatrix}
1 & 6.88 & 3.94 & 4.44 & 3.35 & 4.29 & 3.81 & 2.53 \\
0.15 & 1 & 0.24 & 0.27 & 0.2 & 0.24 & 0.21 & 0.16 \\
0.25 & 4.11 & 1 & 2.87 & 1.41 & 2.01 & 1.68 & 0.97 \\
0.23 & 3.72 & 0.35 & 1 & 1.08 & 1.43 & 1.08 & 0.44 \\
0.3 & 4.89 & 0.71 & 0.92 & 1 & 3.19 & 2.2 & 2.89 \\
0.23 & 4.16 & 0.5 & 0.7 & 0.31 & 1 & 1.38 & 0.61 \\
0.26 & 4.87 & 0.6 & 0.93 & 0.45 & 0.73 & 1 & 2.55 \\
0.4 & 6.16 & 1.03 & 2.29 & 0.35 & 1.63 & 0.39 & 1
\end{pmatrix}
$$

（3）浙江省居民判断矩阵如下所示。

$$
A_{23} = \begin{pmatrix}
1 & 7.11 & 3.88 & 4.48 & 3.25 & 4.28 & 4 & 2.64 \\
0.14 & 1 & 0.23 & 0.25 & 0.19 & 0.23 & 0.2 & 0.16 \\
0.26 & 4.35 & 1 & 2.95 & 1.51 & 2.09 & 1.75 & 1.04 \\
0.22 & 3.92 & 0.34 & 1 & 1.29 & 1.42 & 1.16 & 0.47 \\
0.31 & 5.28 & 0.66 & 0.78 & 1 & 3.05 & 2.1 & 2.86 \\
0.23 & 4.33 & 0.48 & 0.7 & 0.33 & 1 & 1.39 & 0.65 \\
0.25 & 4.88 & 0.57 & 0.86 & 0.48 & 0.72 & 1 & 2.49 \\
0.38 & 6.07 & 0.96 & 2.14 & 0.35 & 1.53 & 0.4 & 1
\end{pmatrix}
$$

3. 就业状况视角的判断矩阵

（1）正常就业群体的判断矩阵如下所示。

$$
A_{31} = \begin{pmatrix}
1 & 7.24 & 3.86 & 4.5 & 3.2 & 4.3 & 4.01 & 2.65 \\
0.14 & 1 & 0.23 & 0.26 & 0.19 & 0.23 & 0.21 & 0.16 \\
0.26 & 4.37 & 1 & 2.95 & 1.57 & 2.06 & 1.74 & 1.02 \\
0.22 & 3.91 & 0.34 & 1 & 1.25 & 1.34 & 1.14 & 0.47 \\
0.31 & 5.31 & 0.64 & 0.8 & 1 & 2.99 & 2.02 & 2.95 \\
0.23 & 4.42 & 0.48 & 0.75 & 0.33 & 1 & 1.33 & 0.62 \\
0.25 & 4.88 & 0.58 & 0.88 & 0.5 & 0.75 & 1 & 2.43 \\
0.38 & 6.1 & 0.98 & 2.12 & 0.34 & 1.61 & 0.41 & 1
\end{pmatrix}
$$

（2）失业群体的判断矩阵如下所示。

$$
A_{32} = \begin{pmatrix}
1 & 7 & 3 & 3 & 2 & 7 & 2 & 3 \\
0.14 & 1 & 0.33 & 0.14 & 0.11 & 0.5 & 0.14 & 0.14 \\
0.33 & 3.03 & 1 & 3 & 0.25 & 0.33 & 0.33 & 1 \\
0.33 & 7.14 & 0.33 & 1 & 1.25 & 1.34 & 1.14 & 0.47 \\
0.5 & 9.09 & 4 & 0.8 & 1 & 7 & 1 & 5 \\
0.14 & 2 & 3.03 & 0.75 & 0.14 & 1 & 0.2 & 0.11 \\
0.5 & 7.14 & 3.03 & 0.88 & 1 & 5 & 1 & 0.33 \\
0.33 & 7.14 & 1 & 2.12 & 0.2 & 9.09 & 3.03 & 1
\end{pmatrix}
$$

（3）只有一方就业群体的判断矩阵如下所示。

$$
A_{33} = \begin{pmatrix}
1 & 6.88 & 4.06 & 4.61 & 3.51 & 4.29 & 4.06 & 2.61 \\
0.15 & 1 & 0.23 & 0.26 & 0.19 & 0.24 & 0.21 & 0.17 \\
0.25 & 4.43 & 1 & 3 & 1.34 & 2.22 & 1.85 & 1.05 \\
0.22 & 3.91 & 0.33 & 1 & 1.52 & 1.68 & 1.27 & 0.43 \\
0.29 & 5.28 & 0.75 & 0.66 & 1 & 3.08 & 2.42 & 2.49 \\
0.23 & 4.24 & 0.45 & 0.6 & 0.32 & 1 & 1.49 & 0.62 \\
0.25 & 4.85 & 0.54 & 0.79 & 0.41 & 0.67 & 1 & 2.57 \\
0.38 & 5.88 & 0.95 & 2.32 & 0.4 & 1.62 & 0.39 & 1
\end{pmatrix}
$$

（4）在家务农群体的判断矩阵如下所示。

$$
A_{34} = \begin{pmatrix}
1 & 6.25 & 3.7 & 4 & 3.3 & 4.4 & 4.05 & 2.6 \\
0.16 & 1 & 0.26 & 0.26 & 0.21 & 0.25 & 0.2 & 0.16 \\
0.27 & 3.88 & 1 & 2.8 & 1.56 & 2.22 & 1.68 & 1.26 \\
0.25 & 3.78 & 0.36 & 1 & 0.95 & 1.46 & 1.11 & 0.52 \\
0.3 & 4.72 & 0.64 & 1.05 & 1 & 3.8 & 1.98 & 3.22 \\
0.23 & 3.94 & 0.45 & 0.69 & 0.26 & 1 & 1.65 & 1.05 \\
0.25 & 5.08 & 0.59 & 0.9 & 0.5 & 0.6 & 1 & 3.47 \\
0.38 & 6.29 & 0.79 & 1.91 & 0.31 & 0.95 & 0.29 & 1
\end{pmatrix}
$$

（5）离退休群体的判断矩阵如下所示。

$$A_{35} = \begin{pmatrix} 1 & 5.75 & 2.25 & 2.50 & 1.75 & 1.75 & 1.75 & 2.75 \\ 0.17 & 1 & 0.22 & 0.17 & 0.17 & 0.31 & 0.20 & 0.14 \\ 0.44 & 4.49 & 1 & 2.25 & 0.93 & 1.50 & 1.15 & 1.41 \\ 0.4 & 5.97 & 0.44 & 1 & 0.52 & 1.04 & 1.17 & 0.45 \\ 0.57 & 5.88 & 1.08 & 1.92 & 1 & 2.88 & 2.75 & 2.25 \\ 0.57 & 3.20 & 0.67 & 0.96 & 0.35 & 1 & 2.25 & 2.55 \\ 0.57 & 5.00 & 0.87 & 0.86 & 0.36 & 0.44 & 1 & 1.52 \\ 0.36 & 7.14 & 0.71 & 2.22 & 0.44 & 0.39 & 0.66 & 1 \end{pmatrix}$$

4. 文化程度视角的判断矩阵

（1）初中及以下文化程度群体的判断矩阵如下所示。

$$A_{41} = \begin{pmatrix} 1 & 6.81 & 3.99 & 4.60 & 3.07 & 4.26 & 4.02 & 2.53 \\ 0.15 & 1 & 0.25 & 0.27 & 0.21 & 0.25 & 0.22 & 0.17 \\ 0.25 & 3.94 & 1 & 2.81 & 1.36 & 2.10 & 1.80 & 0.90 \\ 0.22 & 3.71 & 0.36 & 1 & 1.04 & 1.42 & 1.02 & 0.47 \\ 0.33 & 4.86 & 0.74 & 0.96 & 1 & 3.26 & 2.18 & 2.74 \\ 0.23 & 3.97 & 0.48 & 0.71 & 0.31 & 1 & 1.31 & 0.64 \\ 0.25 & 4.64 & 0.56 & 0.98 & 0.46 & 0.76 & 1 & 2.44 \\ 0.40 & 5.85 & 1.11 & 2.12 & 0.37 & 1.57 & 0.41 & 1 \end{pmatrix}$$

（2）高中、中专文化程度群体的判断矩阵如下所示。

$$A_{42} = \begin{pmatrix} 1 & 7.10 & 3.70 & 4.49 & 3.44 & 4.39 & 3.69 & 2.60 \\ 0.14 & 1 & 0.23 & 0.27 & 0.19 & 0.22 & 0.20 & 0.15 \\ 0.27 & 4.38 & 1 & 2.95 & 1.66 & 2.05 & 1.71 & 0.99 \\ 0.22 & 3.76 & 0.34 & 1 & 1.44 & 1.30 & 1.07 & 0.45 \\ 0.29 & 5.22 & 0.60 & 0.70 & 1 & 2.91 & 1.94 & 2.96 \\ 0.23 & 4.49 & 0.49 & 0.77 & 0.34 & 1 & 1.31 & 0.64 \\ 0.27 & 5.00 & 0.59 & 0.93 & 0.51 & 0.76 & 1 & 2.36 \\ 0.38 & 6.48 & 1.01 & 2.25 & 0.34 & 1.56 & 0.42 & 1 \end{pmatrix}$$

（3）大专文化程度群体的判断矩阵如下所示。

$$A_{43} = \begin{pmatrix} 1 & 7.74 & 3.91 & 4.17 & 3.68 & 4.53 & 4.57 & 2.91 \\ 0.13 & 1 & 0.21 & 0.22 & 0.18 & 0.22 & 0.19 & 0.16 \\ 0.26 & 4.76 & 1 & 2.77 & 1.92 & 2.33 & 2.05 & 1.35 \\ 0.24 & 4.65 & 0.36 & 1 & 1.52 & 1.91 & 1.60 & 0.50 \\ 0.27 & 5.71 & 0.52 & 0.66 & 1 & 3.12 & 2.36 & 3.39 \\ 0.22 & 4.51 & 0.43 & 0.52 & 0.32 & 1 & 1.16 & 0.71 \\ 0.22 & 5.14 & 0.49 & 0.63 & 0.42 & 0.86 & 1 & 3.23 \\ 0.34 & 6.27 & 0.74 & 2.01 & 0.29 & 1.40 & 0.31 & 1 \end{pmatrix}$$

（4）本科文化程度群体的判断矩阵如下所示。

$$A_{44} = \begin{pmatrix} 1 & 7.30 & 4.02 & 4.43 & 3.05 & 4.14 & 4.11 & 2.80 \\ 0.14 & 1 & 0.21 & 0.24 & 0.17 & 0.22 & 0.20 & 0.18 \\ 0.25 & 4.81 & 1 & 3.11 & 1.32 & 2.14 & 1.61 & 1.10 \\ 0.23 & 4.13 & 0.32 & 1 & 1.28 & 1.42 & 1.18 & 0.47 \\ 0.33 & 5.83 & 0.76 & 0.78 & 1 & 3.03 & 2.10 & 2.71 \\ 0.24 & 4.56 & 0.47 & 0.71 & 0.33 & 1 & 1.47 & 0.62 \\ 0.24 & 4.97 & 0.62 & 0.85 & 0.48 & 0.68 & 1 & 2.35 \\ 0.36 & 5.64 & 0.91 & 2.11 & 0.37 & 1.60 & 0.43 & 1 \end{pmatrix}$$

（5）研究生文化程度群体的判断矩阵如下所示。

$$A_{45} = \begin{pmatrix} 1 & 6.44 & 3.78 & 4.78 & 2.78 & 3.00 & 4.67 & 2.00 \\ 0.16 & 1 & 0.23 & 0.18 & 0.17 & 0.22 & 0.22 & 0.14 \\ 0.26 & 4.37 & 1 & 4.22 & 1.24 & 1.01 & 1.66 & 1.67 \\ 0.21 & 5.46 & 0.24 & 1 & 1.18 & 1.07 & 2.51 & 0.61 \\ 0.36 & 5.96 & 0.81 & 0.85 & 1 & 2.17 & 2.36 & 2.11 \\ 0.33 & 4.61 & 0.99 & 0.93 & 0.46 & 1 & 4.00 & 1.17 \\ 0.21 & 4.57 & 0.60 & 0.40 & 0.42 & 0.25 & 1 & 3.20 \\ 0.50 & 7.03 & 0.60 & 1.65 & 0.47 & 0.86 & 0.31 & 1 \end{pmatrix}$$

5. 不同收入群体的判断矩阵

（1）低收入群体的判断矩阵如下所示。

$$A_{51} = \begin{pmatrix} 1 & 7.35 & 3.90 & 4.40 & 3.39 & 4.41 & 3.97 & 2.55 \\ 0.14 & 1 & 0.23 & 0.26 & 0.18 & 0.25 & 0.21 & 0.17 \\ 0.26 & 4.39 & 1 & 2.74 & 1.62 & 2.25 & 1.98 & 1.04 \\ 0.23 & 3.79 & 0.37 & 1 & 1.42 & 1.62 & 1.24 & 0.45 \\ 0.30 & 5.52 & 0.62 & 0.71 & 1 & 3.11 & 2.40 & 2.74 \\ 0.23 & 4.01 & 0.45 & 0.62 & 0.32 & 1 & 1.49 & 0.67 \\ 0.25 & 4.82 & 0.51 & 0.80 & 0.42 & 0.67 & 1 & 2.67 \\ 0.39 & 5.80 & 0.96 & 2.24 & 0.36 & 1.50 & 0.37 & 1 \end{pmatrix}$$

（2）中等偏下收入群体的判断矩阵如下所示。

$$A_{52} = \begin{pmatrix} 1 & 6.48 & 4.04 & 4.93 & 3.54 & 4.67 & 4.41 & 2.89 \\ 0.15 & 1 & 0.22 & 0.25 & 0.21 & 0.26 & 0.19 & 0.16 \\ 0.25 & 4.56 & 1 & 3.26 & 1.83 & 2.26 & 2.10 & 1.20 \\ 0.20 & 4.05 & 0.31 & 1 & 1.38 & 1.39 & 1.32 & 0.60 \\ 0.28 & 4.66 & 0.55 & 0.72 & 1 & 2.65 & 1.86 & 3.01 \\ 0.21 & 3.86 & 0.44 & 0.72 & 0.38 & 1 & 1.44 & 0.98 \\ 0.23 & 5.20 & 0.48 & 0.76 & 0.54 & 0.69 & 1 & 2.60 \\ 0.35 & 6.22 & 0.83 & 1.67 & 0.33 & 1.02 & 0.38 & 1 \end{pmatrix}$$

（3）中等收入群体的判断矩阵如下所示。

$$A_{53} = \begin{pmatrix} 1 & 7.01 & 3.82 & 4.42 & 3.37 & 4.18 & 3.99 & 2.74 \\ 0.14 & 1 & 0.23 & 0.27 & 0.19 & 0.22 & 0.22 & 0.17 \\ 0.26 & 4.35 & 1 & 3.04 & 1.45 & 1.86 & 1.54 & 0.85 \\ 0.23 & 3.75 & 0.33 & 1 & 1.15 & 1.27 & 1.03 & 0.43 \\ 0.30 & 5.23 & 0.69 & 0.87 & 1 & 2.84 & 2.00 & 2.89 \\ 0.24 & 4.45 & 0.54 & 0.79 & 0.35 & 1 & 1.22 & 0.59 \\ 0.25 & 4.61 & 0.65 & 0.97 & 0.49 & 0.82 & 1 & 2.43 \\ 0.37 & 6.03 & 1.18 & 2.34 & 0.35 & 1.69 & 0.41 & 1 \end{pmatrix}$$

（4）中等偏上收入群体的判断矩阵如下所示。

$$A_{54} = \begin{pmatrix} 1 & 7.10 & 3.78 & 4.00 & 2.78 & 3.59 & 3.15 & 2.54 \\ 0.14 & 1 & 0.23 & 0.24 & 0.20 & 0.24 & 0.21 & 0.17 \\ 0.26 & 4.27 & 1 & 2.83 & 1.32 & 1.73 & 1.41 & 1.10 \\ 0.25 & 4.17 & 0.35 & 1 & 0.98 & 1.36 & 1.05 & 0.53 \\ 0.36 & 4.97 & 0.76 & 1.02 & 1 & 2.94 & 1.93 & 2.98 \\ 0.28 & 4.23 & 0.58 & 0.74 & 0.34 & 1 & 1.31 & 0.65 \\ 0.32 & 4.65 & 0.71 & 0.95 & 0.52 & 0.77 & 1 & 2.22 \\ 0.39 & 6.04 & 0.91 & 1.90 & 0.34 & 1.54 & 0.45 & 1 \end{pmatrix}$$

（5）高收入群体的判断矩阵如下所示。

$$A_{55} = \begin{pmatrix} 1 & 7.38 & 3.96 & 4.81 & 3.03 & 4.63 & 4.41 & 2.48 \\ 0.14 & 1 & 0.24 & 0.23 & 0.17 & 0.20 & 0.18 & 0.15 \\ 0.25 & 4.25 & 1 & 2.93 & 1.45 & 2.55 & 1.94 & 1.28 \\ 0.21 & 4.26 & 0.34 & 1 & 1.57 & 1.55 & 1.31 & 0.46 \\ 0.33 & 5.78 & 0.69 & 0.64 & 1 & 3.73 & 2.13 & 2.80 \\ 0.22 & 5.02 & 0.39 & 0.64 & 0.27 & 1 & 1.61 & 0.59 \\ 0.23 & 5.67 & 0.51 & 0.76 & 0.47 & 0.62 & 1 & 2.51 \\ 0.40 & 6.50 & 0.78 & 2.17 & 0.36 & 1.71 & 0.40 & 1 \end{pmatrix}$$

（五）层次分析法权重测度

根据以上的各分类群体的判断矩阵，运用和积法、方根法、特征向量法对判断矩阵进行权重测度，相关的测度结果整理如下①。

（1）按地域分类视角的居民 CPI 权重，如表 6-19 所示。

表 6-19　　　　　地域分类视角的居民 AHP 权重及一致性指标（2015 年）　　　　单位：%

地域分层	计算方法	食品	烟酒	衣着	耐用品	医疗保健	交通通信	娱乐教育	居住	λ_{max}	C. R.
第一类地域	和积法	32.36	2.47	13.73	8.27	15.07	7.68	9.67	10.75	8.5833	0.0591
	方根法	33.31	2.45	14.03	8.28	14.83	7.72	9.22	10.15	8.5757	0.0583
	特征向量法	32.70	2.42	13.86	8.23	15.16	7.55	9.64	10.44	8.5801	0.0587

① 运用 AHP 常用的三种方法测度居民的 CPI 权重，其中方根法与和积法，设计的是 EXCEL 2003 模板计算，特征向量法编制的是 MATLAB 程序，计算出权重向量后，再运用 EXCEL 进行模板化计算。

续表

地域分层	计算方法	食品	烟酒	衣着	耐用品	医疗保健	交通通信	娱乐教育	居住	λ_{max}	C.R.
第二类地域	和积法	33.01	2.21	14.25	9.41	14.18	6.93	8.66	11.34	9.0241	0.1037
	方根法	34.87	2.23	14.85	9.33	14.16	6.80	7.43	10.32	8.9910	0.1004
	特征向量法	33.37	2.12	14.52	9.40	14.38	6.81	8.65	10.75	9.0130	0.1026
第三类地域	和积法	33.07	2.40	14.47	9.28	13.98	7.36	9.43	10.01	8.7427	0.0752
	方根法	34.38	2.37	14.96	8.97	13.38	7.45	9.09	9.41	8.7313	0.0741
	特征向量法	33.58	2.32	14.77	9.31	13.84	7.15	9.30	9.75	8.7393	0.0749
第四类地域	和积法	32.56	2.59	13.55	8.00	14.03	7.22	10.50	11.55	8.6549	0.0663
	方根法	33.82	2.57	13.86	7.88	13.61	7.23	10.27	10.76	8.6442	0.0653
	特征向量法	32.89	2.51	13.65	7.91	14.19	6.99	10.65	11.21	8.6526	0.0661
第五类地域	和积法	35.82	2.30	9.53	7.45	13.34	6.32	11.04	14.20	9.1034	0.1117
	方根法	38.22	2.30	10.30	6.97	12.55	6.30	10.04	13.32	9.0754	0.1089
	特征向量法	36.64	2.19	9.70	7.34	13.25	5.89	10.98	14.01	9.1034	0.1117

从表6-19可知，首先，按照地域位置分类后的居民群体，计算的权重数据与方法之间没有什么关系，特别是从最后一列的一致性比例指标得知：能够通过一致性检验的，使用什么方法（和积法、方根法、特征向量法）都可以；不能通过一致性检验的，用什么方法都通不过。所以使用AHP方法测度居民的消费权重与检验方法没有多少关系。其次，以"宁波市、丽水市、台州市、杭州市、金华市"5个地市为第一群体的居民，在食品方面的权重比较小，在医疗保健、交通通信、居住等方面的权重较大，以"舟山市"为代表的第五分群体居民在食品方面的权重较大。同时，我们可以发现，第二分类地区"温州市"、第五分类地区"舟山市"的一致性比例比较大，在显著性水平为0.1的情况下，判断矩阵一致性的原假设并不成立，结合样本数据可知，第二分类只包含"温州市"，第五分类只包含"舟山市"并且舟山市的样本容量只有7个，显然，基于学术研究角度考虑，这些样本量有点少，不能充分反映舟山市居民生活情况，这是本书使用简单随机抽样的固有缺陷，希望在以后的研究中尽量避免这种情况的发生。

（2）户口性质视角的居民CPI权重，如表6-20所示。

表6-20　　　户口性质视角的居民AHP权重及一致性指标（2015年）　　　单位：%

户口分层	计算方法	食品	烟酒	衣着	耐用品	医疗保健	交通通信	娱乐教育	居住	λ_{max}	C.R.
全省居民	和积法	32.47	2.43	14.02	8.67	14.43	7.43	9.60	10.65	8.6599	0.0668
	方根法	33.96	2.40	14.42	8.55	14.03	7.47	9.17	9.99	8.6504	0.0658
	特征向量法	33.19	2.36	14.22	8.65	14.44	7.25	9.56	10.33	8.6566	0.0665

续表

户口分层	计算方法	食品	烟酒	衣着	耐用品	医疗保健	交通通信	娱乐教育	居住	λ_{max}	C. R.
城镇居民	和积法	32.39	2.35	13.95	7.80	14.20	7.41	10.39	11.51	8.8583	0.0869
	方根法	34.01	2.34	14.71	7.17	13.65	7.48	10.12	10.51	8.8355	0.0846
	特征向量法	32.62	2.25	14.16	7.63	14.26	7.21	10.58	11.30	8.8561	0.0867
农村居民	和积法	32.58	2.54	13.48	8.30	14.82	7.36	9.86	11.07	8.6788	0.0687
	方根法	33.74	2.51	13.87	8.28	14.50	7.38	9.37	10.34	8.6684	0.0677
	特征向量法	32.95	2.47	13.62	8.25	14.95	7.19	9.86	10.70	8.6748	0.0683

从表6-20可知，从户口视角来分析居民的CPI权重，全省居民、城镇居民、农村居民在0.1的显著性水平下，均通过了一致性检验，说明各类型居民对相关问题具有相近的看法与感受。另外，从对应分类的权重分析，没有出现我们想象中的理想情况。例如，从食品消费方面来看，全省居民在方根法方法下的权重为33.96%、34.01%、33.74%，出现了城镇居民在食品消费方面权重高于农村居民消费权重的情况，这与我们通常认为城镇居民收入普遍高于农村居民，从而在食品方面权重低于农村居民权重的情况不一致。这些细微的差别也许说明我们的样本质量待提高，或者需要从实践中深入探索其原因。

（3）就业状况视角的居民CPI权重，如表6-21所示。

表6-21　　就业状况视角的居民 AHP 权重及一致性指标（2015年）　　单位：%

就业分层	计算方法	食品	烟酒	衣着	耐用品	医疗保健	交通通信	娱乐教育	居住	λ_{max}	C. R.
正常就业	和积法	32.80	2.45	14.06	8.52	14.41	7.42	9.63	10.71	8.6568	0.0665
	方根法	33.98	2.42	14.41	8.42	13.97	7.46	9.28	10.05	8.6476	0.0656
	特征向量法	33.18	2.38	14.25	8.50	14.45	7.23	9.61	10.40	8.6538	0.0662
失业(20)	和积法	24.65	2.02	8.39	9.95	20.53	5.42	13.20	15.84	9.7885	0.1812
	方根法	28.09	2.18	7.03	9.20	20.96	4.41	13.57	14.56	9.6901	0.1712
	特征向量法	24.90	1.87	7.86	9.24	22.40	5.18	12.69	15.85	9.7710	0.1794
一方就业	和积法	32.98	2.49	13.81	9.12	14.14	7.22	9.43	10.82	8.7808	0.0791
	方根法	34.35	2.47	14.36	8.84	13.81	7.21	8.75	10.20	8.7695	0.0779
	特征向量法	33.49	2.41	14.03	9.12	14.07	7.02	9.31	10.55	8.7772	0.0787
在家务农	和积法	32.07	2.63	14.20	8.38	14.96	7.79	10.35	9.62	8.7968	0.0807
	方根法	33.20	2.57	14.75	8.54	14.88	7.76	9.62	8.68	8.7764	0.0786
	特征向量法	32.38	2.53	14.35	8.33	15.25	7.73	10.36	9.06	8.7850	0.0795

就业分层	计算方法	食品	烟酒	衣着	耐用品	医疗保健	交通通信	娱乐教育	居住	λ_{max}	C.R.
离退休 （12）	和积法	22.61	2.58	13.80	9.36	19.15	12.30	9.90	10.30	8.5198	0.0526
	方根法	23.10	2.51	14.26	9.19	19.52	11.89	9.83	9.69	8.5126	0.0519
	特征向量法	22.56	2.53	13.88	9.22	19.42	12.47	9.77	10.15	8.5177	0.0524

注：第一列小括号中数值为相应群体的样本数。

从表6-21可知，从居民就业视角分析不同类型群体的消费结构差异性，在0.1的显著性水平条件下，失业群体的判断矩阵没有通过一致性检验，均出现了大于0.1的情形。这种情况说明抽样调查对失业群体的调查并不成功，结合样本的容量可知，这部分样本容量只有20个，显然，失业群体这部分样本没有反映失业群体的真实情况。另外，我们可以看到虽然离退休群体也只有12个调查单位资料，但它通过了一致性检验，说明这部分样本能够代表离退休群体的基本情况。

（4）文化程度视角的居民CPI权重，如表6-22所示。

表6-22　　　　　　　　文化程度视角的居民AHP权重及一致性指标（2015年）　　　　单位：%

文化分层	计算方法	食品	烟酒	衣着	耐用品	医疗保健	交通通信	娱乐教育	居住	λ_{max}	C.R.
初中及以下	和积法	32.67	2.62	13.49	8.25	15.00	7.26	9.74	10.98	8.6283	0.0636
	方根法	33.73	2.59	13.77	8.23	14.75	7.31	9.27	10.36	8.6204	0.0628
	特征向量法	33.06	2.55	13.62	8.18	15.07	7.12	9.72	10.67	8.6253	0.0633
高中中专	和积法	32.52	2.42	14.13	8.55	14.06	8.54	9.80	10.99	8.6832	0.0692
	方根法	33.81	2.40	14.55	8.42	13.43	7.60	9.52	10.28	8.6720	0.0680
	特征向量法	32.89	2.35	14.34	8.59	14.09	7.31	9.76	10.66	8.6805	0.0689
大专	和积法	33.50	2.24	14.91	9.78	13.89	6.69	9.35	9.62	8.853	0.0864
	方根法	34.98	2.22	15.54	9.64	13.43	6.82	8.69	8.67	8.8312	0.0842
	特征向量法	33.99	2.16	15.22	9.77	13.91	6.45	9.33	9.17	8.8452	0.0856
本科	和积法	32.86	2.36	13.96	8.80	14.67	7.55	9.43	10.36	8.6326	0.0640
	方根法	33.95	2.34	14.30	8.55	14.39	7.52	9.05	9.91	8.6268	0.0635
	特征向量法	33.33	2.30	14.14	8.74	14.61	7.37	9.37	10.15	8.6305	0.0638
研究生 （23）	和积法	30.16	2.36	14.06	9.68	13.79	11.42	8.70	9.84	9.0603	0.1074
	方根法	31.59	2.32	14.37	9.35	14.30	11.61	7.34	9.12	9.0232	0.1036
	特征向量法	30.60	2.24	14.50	9.64	13.58	11.75	8.40	9.29	9.0420	0.1055

注：第一列小括号中数值为相应群体的样本数。

从文化程度视角分析不同类型的消费群体，从表6-22可知，在0.1的显著性水平条件下，研究生及以上学历的消费群体，判断矩阵没有通过一致性检验，其他群体均通过一致性检验，结合这部分的样本情况分析，研究生及以上学历的群体只有23个调查单位资料，显然容量不够，样本的随机性比较大。这说明，在统计实践工作中，有时虽然总体数量的必要样本容量达到要求，对于各个类型的群体来说，不一定能够满足要求。

（5）不同收入视角的居民CPI权重，如表6-23所示。

表6-23　　　　　收入分层视角的居民AHP权重及一致性指标（2015年）　　　　单位：%

地域分层	计算方法	食品	烟酒	衣着	耐用品	医疗保健	交通通信	娱乐教育	居住	λ_{max}	C. R.
低收入	和积法	32.67	2.44	14.22	9.00	14.34	7.22	9.45	10.66	8.7560	0.0766
	方根法	34.06	2.44	14.74	8.90	13.92	7.27	8.77	9.90	8.7426	0.0752
	特征向量法	33.10	2.37	14.46	9.02	14.32	7.05	9.36	10.31	8.7516	0.0761
中下收入	和积法	34.21	2.50	15.19	8.79	13.07	7.51	9.31	9.42	8.7004	0.0709
	方根法	35.30	2.43	15.56	8.73	12.71	7.69	8.84	8.74	8.6889	0.0697
	特征向量法	34.84	2.42	15.43	8.74	12.96	7.38	9.15	9.09	8.6944	0.0703
中等收入	和积法	32.83	2.47	13.40	8.19	14.48	7.54	9.85	11.23	8.6404	0.0648
	方根法	34.04	2.46	13.64	8.08	14.09	7.62	9.57	10.50	8.6306	0.0638
	特征向量法	33.21	2.41	13.51	8.13	14.59	7.34	9.91	10.91	8.6380	0.0646
中上收入	和积法	30.86	2.51	13.59	8.75	15.44	8.02	10.20	10.62	8.5061	0.0512
	方根法	31.65	2.51	13.79	8.67	15.14	8.03	10.06	10.15	8.5015	0.0508
	特征向量法	31.17	2.47	13.73	8.66	15.52	7.85	10.21	10.39	8.5043	0.0510
高收入	和积法	32.80	2.29	14.28	9.11	14.57	7.18	9.28	10.50	8.8280	0.0838
	方根法	34.17	2.23	14.93	8.87	14.16	7.05	8.67	9.92	8.8172	0.0827
	特征向量法	33.23	2.21	14.59	9.16	14.53	6.98	9.12	10.19	8.8221	0.0832
官方权重	支出法	31.39	13.89	8.51	5.84	9.04	9.25	4.25	17.82	31.39	13.89

注：表中最后一行数据"官方权重"是作者根据2015年《中国统计年鉴》中相关数据估算得到。

从收入视角分析不同收入群体的AHP权重，显然效果要比其他分类要好，因为各收入群体的判断矩阵均通过了0.1的显著性水平条件下的一致性检验。同时，我们看到按照收入等分人口数，保证了各群体的样本容量，也就保证了研究所需的一些基本条件。同时，我们看到，低收入群体在食品等方面权重要高于其他群体，在医疗保健、娱乐教育文化、居住等方面权重要低于其他群体。

三、CPI 各类权重的对比分析

以上利用样本数据，从支出法、层次分析法等角度测度了浙江省各分类群体 CPI 的对应权重，那么这些指数之间是否具有一些显著性的差别，本书在这里进行一些简单的对比分析，考虑到各分类权重较多，这里仅从居民不同收入角度进行对比分析，其他对比不再赘述。同时，考虑到对比的全面性，本书将 CPI 支出法测度数值相应分类权重列于相应群体的最后一行，对应的权重情况如表 6-24 所示。

表 6-24　　　　　　　　　　不同收入群体权重对比分析（2015 年）　　　　　　单位：%

收入分层	计算方法	食品	烟酒	衣着	耐用品	医疗保健	交通通信	娱乐教育	居住
低收入	和积法	32.67	2.44	14.22	9.00	14.34	7.22	9.45	10.66
	方根法	34.06	2.44	14.74	8.90	13.92	7.27	8.77	9.90
	特征向量法	33.10	2.37	14.46	9.02	14.32	7.05	9.36	10.31
	支出法	27.61	4.94	10.09	7.18	6.13	7.82	14.36	21.88
中下收入	和积法	34.21	2.50	15.19	8.79	13.07	7.51	9.31	9.42
	方根法	35.30	2.43	15.56	8.73	12.71	7.69	8.84	8.74
	特征向量法	34.84	2.42	15.43	8.74	12.96	7.38	9.15	9.09
	支出法	26.53	5.03	9.48	7.40	7.59	7.88	14.49	21.60
中等收入	和积法	32.83	2.47	13.40	8.19	14.48	7.54	9.85	11.23
	方根法	34.04	2.46	13.64	8.08	14.09	7.62	9.57	10.50
	特征向量法	33.21	2.41	13.51	8.13	14.59	7.34	9.91	10.91
	支出法	23.97	4.87	11.03	8.16	7.30	8.21	14.71	21.75
中上收入	和积法	30.86	2.51	13.59	8.75	15.44	8.02	10.20	10.62
	方根法	31.65	2.51	13.79	8.67	15.14	8.03	10.06	10.15
	特征向量法	31.17	2.47	13.73	8.66	15.52	7.85	10.21	10.39
	支出法	22.87	5.24	11.68	9.02	7.22	9.22	13.48	21.27
高收入	和积法	32.80	2.29	14.28	9.11	14.57	7.18	9.28	10.50
	方根法	34.17	2.23	14.93	8.87	14.16	7.05	8.67	9.92
	特征向量法	33.23	2.21	14.59	9.16	14.53	6.98	9.12	10.19
	支出法	21.43	5.96	12.03	8.87	8.21	10.80	13.14	19.56
官方权重	支出法	31.39	13.89	8.51	5.84	9.04	9.25	4.25	17.82

注：由于全国乃至各省并不对外发布 CPI 分类权重，因此为了对比分析需要，上表中的官方权重为全国居民 CPI 分类权重，并且这一权重也是通过网络搜索等多方参考得到，不是权威数据。

由于各分类群体较多且情况相似，接下来仅以中等收入群体的消费权重为例，分析各种视角测度的权重差异性，然后与其他群体进行类比分析。

1. 食品方面权重

从表6-24可知，运用层次分析法和积法、方根法、特征向量法得到的食品方面权重分别为32.83%、34.04%、33.21%，支出法权重为23.97%，官方食品类权重为31.39%，可见，食品类权重这三个方面存在着分歧。层次分析法即中等收入群体对食品消费等满足居民温饱等基本需求方面的主观感受权重彼此之间没有什么差异，但是远远高于支出法权重23.97%，略高于官方权重，与官方权重非常接近。这一方面说明了居民对物价变化的主观感受比较准确，同时说明了支出法测度结果与居民的主观感受相差甚大。

2. 烟酒方面权重

从表6-24可知，运用层次分析法和积法、方根法、特征向量法得到的烟酒方面权重分别为2.47%、2.46%、2.41%，支出法权重为4.87%，官方烟酒类权重为13.89%，可见，烟酒类权重在这三个方面存在着巨大分歧。层次分析法即中等收入群体对烟酒消费等的主观感受权重彼此之间没有什么差异，但是低于支出法权重4.87%，也远远低于官方权重13.89%。无论从哪方面讲，官方数据远远大于根据样本数据测度及居民主观感受的"份量"。

3. 衣着方面权重

从表6-24可知，运用层次分析法和积法、方根法、特征向量法得到的衣着方面权重分别为13.40%、13.64%、13.51%，支出法权重为11.03%，官方衣着类权重为8.51%，可见，衣着类权重在这三个方面同样存在着巨大分歧。层次分析法即中等收入群体对衣着消费的主观感受权重彼此之间没有什么差异，稍高于支出法权重11.03%，远高于官方权重8.51%，与支出法权重非常接近。运用样本数据，从AHP与支出法方面测度的居民消费权重基本相差不大，但是与官方数据相差甚远。

4. 耐用品方面权重

从表6-24可知，运用层次分析法和积法、方根法、特征向量法得到的耐用品方面权重分别为8.19%、8.08%、8.13%，支出法权重为8.16%，官方耐用品类权重为5.84%，同样，耐用品类权重这三个方面也存在着明显差别。层次分析法即中等收入群体对耐用品消费等的主观感受权重彼此之间无显著差异，与支出法权重8.16%相差不大，但是它们均高于官方权重5.84%。这说明了中等收入居民在这方面的权重无论是用主观感受值还是运用支出法进行测度均无明显差别，比较一致，但再次与官方数据形成差异。

5. 医疗保健方面权重

从表6-24可知，运用层次分析法和积法、方根法、特征向量法得到的医疗保健方面权重分别为14.48%、14.09%、14.59%，支出法权重为7.30%，官方医疗保健类权重为9.04%，可见，医疗保健类权重在这三个方面同样差异明显。层次分析法即中等收入群体对医疗保健消费的主观感受权重彼此之间没有什么差异，但是远远高于支出法权重7.30%，略高于官方权重9.04%。这与老百姓普遍反映的看病贵、看病难等社会现象相吻合，虽然从支出法权重角度看不大，还低于官方权重9.04%，但是在居民心中的感受与焦虑情况却远远超过了实际情况。

6. 交通通信方面权重

从表6-24可知，运用层次分析法和积法、方根法、特征向量法得到的交通通信方面权重分别为7.54%、7.62%、7.34%，支出法权重为8.21%，官方交通通信类权重为9.25%，同样，交通通信类权重在这三个方面差异明显。层次分析法即中等收入群体对交通通信消费的主观感受权重彼此之间没有什么差异，稍低于支出法权重8.21%，同样也低于官方权重9.25%。这说明居民在交通通信方面的感受情况要小于支出法计算结果，也要小于官方计算结果。

7. 娱乐教育文化方面权重

从表6-24可知，运用层次分析法和积法、方根法、特征向量法得到的娱乐教育文化方面权重分别为9.85%、9.57%、9.91%，支出法权重为14.71%，官方娱乐教育文化类权重为4.25%，可见，娱乐教育文化类权重在这三个方面同样存在着巨大分歧。层次分析法即中等收入群体对娱乐教育文化消费的主观感受权重彼此之间没有什么差异，但是远远低于支出法权重14.71%，远远高于官方权重4.25%。实际上，小孩子的成长从幼儿园时期起，家长们就有了操不完的心，在这方面有成功的、有失败的，特别是对于独生子女这一代，全家人围着小孩子转的情况已经是一种普遍现象。在费用方面，社会上"不能输在起跑线上"的口号间接反映了居民在教育文化这方面花费绝对不会低，同时现在跨区费、择校费、出国留学、学杂费节节攀升等原因均加剧了居民在这方面的费用，显然官方数据的真实性有待商榷。

8. 居住方面权重

从表6-24可知，运用层次分析法和积法、方根法、特征向量法得到的居住方面权重分别为11.23%、10.50%、10.91%，支出法权重为21.75%，官方居住类权重为17.82%，可见，居住类权重这三个方面存在着巨大分歧。层次分析法即中等收入群体对居住消费的主观感受权重彼此之间没有什么差异，但是远远低于支出法权重21.75%与官方权重17.82%。

可以进一步对它们之间的权重以图形方式表达出来，以中等收入群体居民的权重对比分析情况为例，对比分析如图6-18所示。

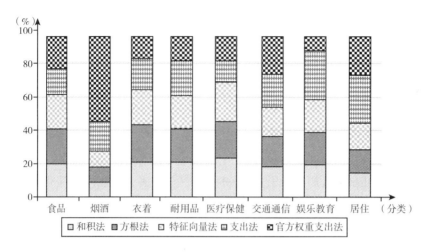

图6-18 浙江省中等收入居民权重对比分析（2015年）

第二节 多层次 CPI 的编制及实证分析

一、CPI 编制模型修正

目前，常用的价格综合指数编制方法有拉氏（Laspeyres）指数与派氏（Paasche）指数。拉氏指数是目前世界各个国家通用的编制模型与方法，Laspeyres 模型是德国经济学家拉氏佩尔于1864年创设的，派氏指数则是德国经济学家帕舍于1874年设立。如果用基期或者更远时期的居民生活商品与服务权重数据来编制报告期的 CPI，拉氏指数能够起到简化工作量、操作简单的作用，但同时运用相对滞后的权重数据来编制报告期的 CPI 又是它致命的缺陷。派氏指数则使用报告期的数量指标来充当同度量因素。理论上，派氏指数不仅能够比较准确地描述居民生活商品与服务价格从基期到报告期的变化情况，还同时能够说明，由于商品价格的变化，报告期居民实际消费支出额的变化情况，但在实际操作中派氏指数存在对报告期数据要求获取及时的缺点，因而使得它的数据编制与处理工作量大大增加。本书发现，通过对派氏指数公式进行适当的修正与变形，既可节省工作量，又可保留派氏指数创立的本意。

在整个 CPI 编制的主要环节中，CPI 编制方法与权重确定无疑是整个的工作关键。本书的统计资料时间是浙江省居民2015年的生活消费数据，商品与服务的分类价格指数与权数同属于一个时期（报告期），这样 CPI 编制方法就应该使用派氏指数模型。并且，我们对浙江省居民生活消费数据结构测度的是权重数据，不是权数，这样的派氏指数模型就要相应进行变形。

对 CPI 编制方法进行分析，根据指数理论，CPI 的编制宜用加权调和平均指数，公式修正及变形推导如下：

$$\overline{K}_p = \frac{\sum p_1 q_1}{\sum p_0 q_1} = \frac{1}{\sum p_0 \times \frac{q_1}{\sum p_1 q_1}} = \frac{1}{\sum \frac{1}{k_p} \times \frac{p_1 q_1}{\sum p_1 q_1}} = \frac{1}{\sum \frac{v}{k_p}} \qquad (6-14)$$

式（6-14）中，$\overline{K}_p$ 表示价格综合指数，p_0 表示商品与服务的基期价格，p_1 表示商品与服务报告期价格，q_1 表示商品与服务报告期销售量，k_p 表示商品与服务的个体价格指数，v 为代表性规格品的权重（实际编制中，逐步汇总为分类价格指数）。这样设计的理由是：不仅能够反映居民"菜篮子"价格的变化情况，同时，还能说明由于价格的变化，报告期居民生活费用的实际变化情况。我国现行 CPI 编制采用的是拉氏贝尔指数模型，公式如式（6-15）所示：

$$\overline{K}_p = \frac{\sum p_1 q_1}{\sum p_0 q_1} = \sum \frac{p_1}{p_0} \times \frac{p_0 q_1}{\sum p_0 q_1} = \sum k_p \times \omega \qquad (6-15)$$

式（6-15）中的 ω 表示相应商品或服务所占的权重，这样的权重采用的是基期的价格，虽然能够简化 CPI 编制的工作量，但在反映商品与服务价格的变化情况方面具有明显"滞后"特征。并且在式（6-14）中，也只要商品价格的个体指数与相应的权重这两个条件，与式（6-15）相比较而言，式（6-14）要合理得多。

二、基本初级指数与分类指数

（一）基本初级指数与分类指数

（1）基本初级指数。基本初级指数是指某个单一商品或服务，在一定时期价格变化的相对数。我国目前入篮居民日常消费商品与服务有几千种，CPI 理论上是综合反映这些规格品价格变化情况，是一个平均数。由前面我们提到的 CPI 编制流程可知，我国 CPI 采用的是多阶段加权平均的编制过程，这些原始的个体价格指数被层层加权平均，到最后的综合指数 CPI 可能与原始的个体指数变化情况相去甚远。西方一些国家，如美国直接采用一次性的加权平均方式编制 CPI，减去了许多中间环节，相对保持了原始规格品价格变化性质与特征。

（2）分类指数。CPI 的编制流程是从下往上进行的，按照 8 个大类、62 个中类、

262 个小类、几千种具体的规格品（旧分类体系）形成的四级结构展开的。由最底层的个体指数，按照预先设置的权重，层层加权得到最后的总指数。这其中分类指数就是对它所包含的下级指数加权平均得到的，是对下一级指数整理的结果，是形成最后总指数的直接依据。

同时，我们必须明白这样的一个道理，就是从收入、户口性质、地域、文化程度、就业状况等多维度所划分的不同群体居民，他们面对的消费环境是一样的，不同的只是他们消费结构的差异，即在不同的消费商品与服务上消费支出比重的不同。因此，社会上的商品与服务价格对所有群体来说是一样的。

（二）浙江省分类指数

本书抽样调查于 2016 年展开，调查的是浙江省 2015 年全省居民的 CPI 相关数据，因此，根据规格品汇总的各分类数据，编制的 CPI 数据是浙江省居民 2015 年的年度数据。要计算 CPI，权重资料在前几节已经有了较为详细的测度结果，另一个重要因素即浙江省 2015 年各规格品分类数据，如图 6 - 19 所示（各分类价格指数为环比年度指数）。

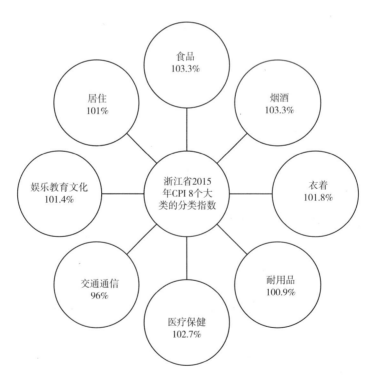

图 6 - 19　浙江省 2015 年 CPI 各分类价格指数

资料来源：浙江省统计信息网站《2015 年浙江省统计年鉴》，http：//www. zj. stats. gov. cn/tjsj/tjnj/。

从图6-19可知，2015年，浙江省食品类、烟酒类价格比上年（2014年）均上涨了3.3%，衣着类价格上涨了1.8%，家庭设备耐用品及服务类价格上涨了0.9%，医疗保健类价格上涨了2.7%，只有交通通信类价格下降幅度4%，娱乐教育文化类价格上涨了1.4%，居住类价格上涨了1%，总体呈现出上涨的基本态势。

三、AHP权重的多层次CPI

多层次CPI的编制就是首先测度出不同消费群体的消费结构，然后与商品及服务的分类价格指数加权平均得到居民消费价格总指数。"篮子商品"价格分类指数我们可以直接从浙江省统计网站上获取，不同消费群体的消费结构在前面已经进行了详细的描述与计算，现在我们将它们进行结合，来编制多层次CPI。

本书按照上述不同消费群体权重测度的顺序，编制对应的多层次CPI。与以往不同的是，我们这里编制的是不同消费群体的派氏指数。

1. 地域位置视角的多层次CPI

根据地域视角测度的CPI权重，结合浙江省8大分类项目指数，编制的多层次CPI（派氏指数）如图6-20所示。

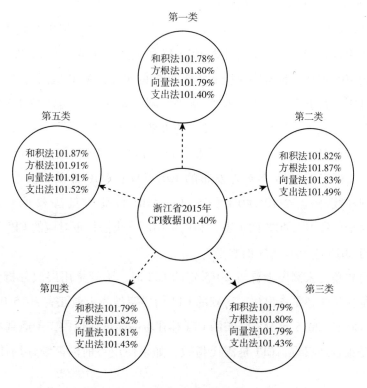

图6-20　地域位置视角的多层次CPI

从图 6 - 20 可知，利用样本数据测度的 2015 年浙江省第一类地域位置 ｛1：宁波市、丽水市、台州市、杭州市、金华市｝消费者价格指数 AHP 和积法权重对应的 CPI 为 101.78%，高于浙江省 2015 年对外发布的 101.40%；AHP 方根法权重对应的 CPI 为 101.80%，同样高于全省 101.40% 的水平；AHP 特征向量法^①权重对应的 CPI 为 101.70%，大于全省 101.40% 的水平；利用常用的支出法权重对应的 CPI 为 101.40%，与浙江省 2015 年 101.40% 的水平持平。

第二类地域位置 ｛2：温州市｝消费者价格指数 AHP 和积法权重对应的 CPI 为 101.82%，高于浙江省 2015 年对外发布的 101.40%；AHP 方根法权重对应的 CPI 为 101.87%，同样高于全省 101.40% 的水平；AHP 特征向量法权重对应的 CPI 为 101.83%，大于全省 101.40% 的水平；利用常用的支出法权重对应的 CPI 为 101.49%，同样高于浙江省 2015 年 101.40% 的水平。

第三类地域位置 ｛3：湖州市、省外｝消费者价格指数 AHP 和积法权重对应的 CPI 为 101.79%，高于浙江省 2015 年对外发布的 101.40%；AHP 方根法权重对应的 CPI 为 101.80%，同样高于全省 101.40% 的水平；AHP 特征向量法权重对应的 CPI 为 101.79%，大于全省 101.40% 的水平；利用常用的支出法权重对应的 CPI 为 101.43%，与浙江省 2015 年 101.40% 的水平持平。

第四类地域位置 ｛4：嘉兴市、绍兴市、衢州市｝消费者价格指数 AHP 和积法权重对应的 CPI 为 101.79%，高于浙江省 2015 年对外发布的 101.40%；AHP 方根法权重对应的 CPI 为 101.82%，同样高于全省 101.40% 的水平；AHP 特征向量法权重对应的 CPI 为 101.81%，大于全省 101.40% 的水平；利用常用的支出法权重对应的 CPI 为 101.43%，稍高于浙江省 2015 年 101.40% 的水平。

第五类地域位置 ｛5：舟山市｝消费者价格指数 AHP 和积法权重对应的 CPI 为 101.87%，高于浙江省 2015 年对外发布的 101.40%；AHP 方根法权重对应的 CPI 为 101.91%，同样高于全省 101.40% 的水平；AHP 特征向量法权重对应的 CPI 为 101.91%，大于全省 101.40% 的水平；利用常用的支出法权重对应的 CPI 为 101.52%，也高于浙江省 2015 年 101.40% 的水平。

从地域位置角度来测度浙江省 2015 年的 CPI 时，不管是用层次分析法的和积法、方根法、特征向量法还是支出法，得到的 CPI 均要明显高于浙江省 2015 年对外发布的 CPI。这说明浙江省 2015 年对外公布的 CPI 存在着明显低估现象，考虑到本书编制 CPI 时，使用的是报告期权重，CPI 是派氏指数，如果使用目前国家统计局使用的拉氏指

---

① 图 6 - 20 中的向量法对应的是层次分析法中的特征向量法，由于在图形编辑过程中空间范围限制，图形中的特征向量法仅用"向量法"来替代，以下相同。

数，得到的指数将更高，偏差更大。

2. 户口性质视角的多层次 CPI

从图 6-21 可知，城镇居民 2015 年消费者价格指数 AHP 和积法权重对应的 CPI 为 101.78%，明显高于浙江省 2015 年对外发布的 101.40% 水平；AHP 方根法权重对应的 CPI 为 101.82%，高于全省 101.40% 的水平；AHP 特征向量法权重对应的 CPI 为 101.79%，大于全省 101.40% 的水平；利用常用的支出法权重对应的 CPI 为 101.40%，与浙江省 2015 年 101.40% 的水平持平。

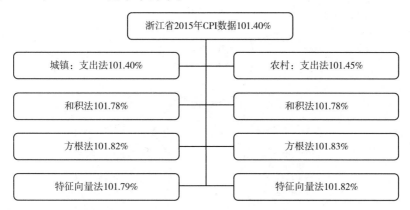

图 6-21　户口性质视角的多层次 CPI

农村居民 2015 年消费者价格指数 AHP 和积法权重对应的 CPI 为 101.78%，也明显高于浙江省 2015 年对外发布的 101.40% 水平；AHP 方根法权重对应的 CPI 为 101.83%，高于全省 101.40% 的水平；AHP 特征向量法权重对应的 CPI 为 101.82%，大于全省 101.40% 的水平；利用常用的支出法权重对应的 CPI 为 101.45%，稍高于浙江省 2015 年 101.40% 的水平。

不管是哪一种情况，得到的 CPI 均高于浙江省 2015 年对外公布数据，浙江省的 CPI 再次低估了居民消费商品与服务价格变化情况。

3. 就业状况视角的多层次 CPI

从图 6-22 可知，正常就业群体 2015 年消费者价格指数 AHP 和积法权重对应的 CPI 为 101.79%，明显高于浙江省 2015 年对外发布的 101.40% 水平；AHP 方根法权重对应的 CPI 为 101.82%，高于全省 101.40% 的水平；AHP 特征向量法权重对应的 CPI 为 101.81%，大于全省 101.40% 的水平；利用常用的支出法权重对应的 CPI 为 101.38%，略低于浙江省 2015 年 101.40% 的水平。

失业群体 2015 年消费者价格指数 AHP 和积法权重对应的 CPI 为 101.77%，明显高于浙江省 2015 年对外发布的 101.40% 水平；AHP 方根法权重对应的 CPI 为 101.91%，高于全省 101.40% 的水平；AHP 特征向量法权重对应的 CPI 为 101.82%，大于全省

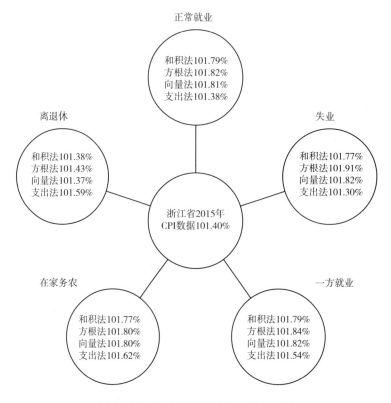

正常就业

和积法101.79%
方根法101.82%
向量法101.81%
支出法101.38%

离退休

和积法101.38%
方根法101.43%
向量法101.37%
支出法101.59%

失业

和积法101.77%
方根法101.91%
向量法101.82%
支出法101.30%

浙江省2015年
CPI数据101.40%

在家务农

和积法101.77%
方根法101.80%
向量法101.80%
支出法101.62%

一方就业

和积法101.79%
方根法101.84%
向量法101.82%
支出法101.54%

图 6-22 就业状况视角的多层次 CPI

101.40%的水平；利用常用的支出法权重对应的 CPI 为 101.30%，略低于浙江省 2015年 101.40%的水平。

只有一方就业群体 2015 年消费者价格指数 AHP 和积法权重对应的 CPI 为 101.79%，明显高于浙江省 2015 年对外发布的 101.40%水平；AHP 方根法权重对应的 CPI 为 101.84%，高于全省 101.40%的水平；AHP 特征向量法权重对应的 CPI 为 101.82%，大于全省 101.40%的水平；利用常用的支出法权重对应的 CPI 为 101.54%，高于浙江省 2015 年 101.40%的水平。

在家务农群体 2015 年消费者价格指数 AHP 和积法权重对应的 CPI 为 101.77%，明显高于浙江省 2015 年对外发布的 101.40%水平；AHP 方根法权重对应的 CPI 为 101.80%，高于全省 101.40%的水平；AHP 特征向量法权重对应的 CPI 为 101.80%，大于全省 101.40%的水平；利用常用的支出法权重对应的 CPI 为 101.62%，明显高于浙江省 2015 年 101.40%的水平。

离退休群体 2015 年消费者价格指数 AHP 和积法权重对应的 CPI 为 101.38%，略低于浙江省 2015 年对外发布的 101.40%水平；AHP 方根法权重对应的 CPI 为 101.43%，稍高于全省 101.40%的水平；AHP 特征向量法权重对应的 CPI 为 101.37%，略低于全省101.40%的水平；利用常用的支出法权重对应的 CPI 为 101.59%，明显高于浙江省 2015 年 101.40% 的水平。

对于离退休群体来说，相对于浙江省 2015 发布的 CPI，不同方法测度得到的 CPI 有高有低，但是支出法测度得到的 CPI 要明显高于官方数据。

4. 文化程度视角的多层次 CPI

从图 6－23 可知，就不同群体的文化程度来看，初中及以下文化程度群体 2015 年消费者价格指数 AHP 和积法权重对应的 CPI 为 101.80%，明显高于浙江省 2015 年对外发布的 101.40% 水平；AHP 方根法权重对应的 CPI 为 101.81%，高于全省 101.40% 的水平；AHP 特征向量法权重对应的 CPI 为 101.83%，大于全省 101.40% 的水平；利用常用的支出法权重对应的 CPI 为 101.47%，也高于浙江省 2015 年 101.40% 的水平。

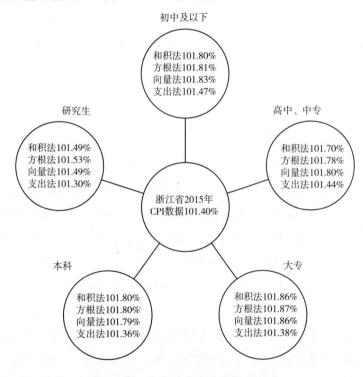

初中及以下
和积法101.80%
方根法101.81%
向量法101.83%
支出法101.47%

研究生
和积法101.49%
方根法101.53%
向量法101.49%
支出法101.30%

高中、中专
和积法101.70%
方根法101.78%
向量法101.80%
支出法101.44%

浙江省2015年
CPI数据101.40%

本科
和积法101.80%
方根法101.80%
向量法101.79%
支出法101.36%

大专
和积法101.86%
方根法101.87%
向量法101.86%
支出法101.38%

图6－23　不同文化程度居民的 CPI

高中、中专文化程度群体 2015 年消费者价格指数 AHP 和积法权重对应的 CPI 为 101.70%，明显高于浙江省 2015 年对外发布的 101.40% 水平；AHP 方根法权重对应的 CPI 为 101.78%，高于全省 101.40% 的水平；AHP 特征向量法权重对应的 CPI 为 101.80%，大于全省 101.40% 的水平；利用常用的支出法权重对应的 CPI 为 101.44%，稍高于浙江省 2015 年 101.40% 的水平。

大专文化程度群体 2015 年消费者价格指数 AHP 和积法权重对应的 CPI 为 101.86%，明显高于浙江省 2015 年对外发布的 101.40% 水平；AHP 方根法权重对应的

CPI 为 101.87%，高于全省 101.40% 的水平；AHP 特征向量法权重对应的 CPI 为 101.86%，大于全省 101.40% 的水平；利用常用的支出法权重对应的 CPI 为 101.38%，略低于浙江省 2015 年 101.40% 的水平。

本科文化程度群体 2015 年消费者价格指数 AHP 和积法权重对应的 CPI 为 101.80%，明显高于浙江省 2015 年对外发布的 101.40% 水平；AHP 方根法权重对应的 CPI 为 101.80%，高于全省 101.40% 的水平；AHP 特征向量法权重对应的 CPI 为 101.79%，大于全省 101.40% 的水平；利用常用的支出法权重对应的 CPI 为 101.36%，略低于浙江省 2015 年 101.40% 的水平。

研究生及以上文化程度群体 2015 年消费者价格指数 AHP 和积法权重对应的 CPI 为 101.49%，稍高于浙江省 2015 年对外发布的 101.40% 水平；AHP 方根法权重对应的 CPI 为 101.53%，高于全省 101.40% 的水平；AHP 特征向量法权重对应的 CPI 为 101.49%，稍高于全省 101.40% 的水平；利用常用的支出法权重对应的 CPI 为 101.30%，略低于浙江省 2015 年 101.40% 的水平。

就文化程度视角研究居民的 CPI，对于绝大多数群体来说，计算得到的 CPI 均高于浙江省 2015 年的 CPI 数据，同样，再次论证浙江省 2015 年 CPI 存在低估特征。

5. 人口数五等份多层次 CPI

从西方经济学基本理论中关于消费者消费行为理论可知，从收入角度研究的消费行为与物价影响是最直接的因素。从图 6-24 可知，就不同群体的收入差异程度来看，低收入群体 2015 年消费者价格指数 AHP 和积法权重对应的 CPI 为 101.80%，明显高于浙江省 2015 年对外发布的 101.40% 水平；AHP 方根法权重对应的 CPI 为 101.82%，高于全省 101.40% 的水平；AHP 特征向量法权重对应的 CPI 为 101.83%，大于全省 101.40% 的水平；利用常用的支出法权重对应的 CPI 为 101.55%，也高于浙江省 2015 年 101.40% 的水平。

中等偏下收入群体 2015 年消费者价格指数 AHP 和积法权重对应的 CPI 为 101.80%，明显高于浙江省 2015 年对外发布的 101.40% 水平；AHP 方根法权重对应的 CPI 为 101.81%，高于全省 101.40% 的水平；AHP 特征向量法权重对应的 CPI 为 101.81%，大于全省 101.40% 的水平；利用常用的支出法权重对应的 CPI 为 101.55%，高于浙江省 2015 年 101.40% 的水平。

中等收入群体 2015 年消费者价格指数 AHP 和积法权重对应的 CPI 为 101.79%，明显高于浙江省 2015 年对外发布的 101.40% 水平；AHP 方根法权重对应的 CPI 为 101.80%，高于全省 101.40% 的水平；AHP 特征向量法权重对应的 CPI 为 101.79%，大于全省 101.40% 的水平；利用常用的支出法权重对应的 CPI 为 101.48%，稍高于浙江省 2015 年 101.40% 的水平。

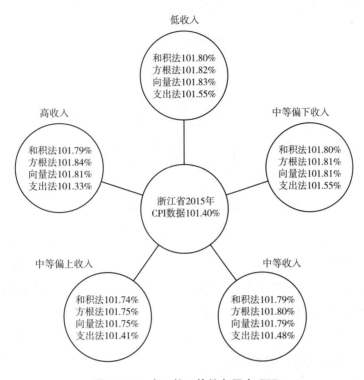

图 6 - 24　人口数五等份多层次 CPI

中等偏上收入程度群体 2015 年消费者价格指数 AHP 和积法权重对应的 CPI 为 101.74%，明显高于浙江省 2015 年对外发布的 101.40% 水平；AHP 方根法权重对应的 CPI 为 101.75%，高于全省 101.40% 的水平；AHP 特征向量法权重对应的 CPI 为 101.75%，大于全省 101.40% 的水平；利用常用的支出法权重对应的 CPI 为 101.41%，稍高于浙江省 2015 年 101.40% 的水平。

高收入群体 2015 年消费者价格指数 AHP 和积法权重对应的 CPI 为 101.79%，高于浙江省 2015 年对外发布的 101.40% 水平；AHP 方根法权重对应的 CPI 为 101.84%，高于全省 101.40% 的水平；AHP 特征向量法权重对应的 CPI 为 101.81%，高于全省 101.40% 的水平；利用常用的支出法权重对应的 CPI 为 101.33%，略低于浙江省 2015 年 101.40% 的水平。

从不同群体的收入差异角度，实证结果显示对于绝大多数群体来说，计算得出的 CPI 均高于浙江省 2015 年的 CPI 数据，同样，再次论证浙江省 2015 年 CPI 存在低估特征。

四、聚类分析权重对应的多层次 CPI

1. 离差平方和法聚类结果 3 分法 CPI

根据对居民收入情况，使用离差平方和法进行聚类分析，将结果进行 3 分法，相应权重对应的多层次 CPI 如图 6 - 25 所示。

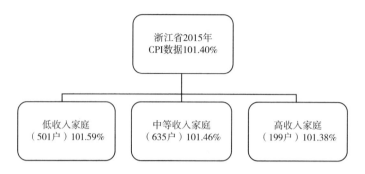

图 6 - 25   离差平方和法聚类结果 3 分法 CPI

从图 6 - 25 可知，离差平方和法聚类结果实行 3 分法的自然结构，相应层次居民对应的 CPI 分别为 101.59%、101.46%、101.38%，表现出收入越低、CPI 越大的特征，与 2015 年浙江省官方的 CPI 数据 101.40% 相比，中、低收入阶层的 CPI 存在低估性质。

2. 离差平方和法聚类结果 5 分法 CPI

如果我们对居民收入情况，使用离差平方和法的聚类结果，进行 5 分法，相应权重对应的多层次 CPI 如图 6 - 26 所示。

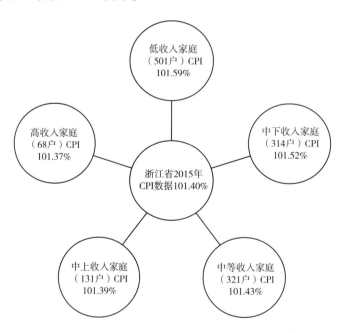

图 6 - 26   离差平方和法聚类结果 5 分法 CPI

从图 6 - 26 可知，对居民收入使用离差平方和法的聚类结果，如果实行 5 分法的自然结构，相应层次居民对应的 CPI 分别为 101.59%、101.52%、101.43%、101.39%、101.37%，同样呈现出表现出收入越低、CPI 越大的特征，与 2015 年浙江省官方的 CPI

数据101.40%相比,中低收入阶层的CPI依旧存在低估性质。

3. 类平均法聚类结果(6组)CPI

考虑到居民收入的两极分化现象,类平均法的聚类结果3分法,得到3个自然的层次结构(分别有1267户、63户、5户),但是低收入阶层数量太多,把它单独拿出来,再用类平均法,分成4个自然的群体(424户、375户、330户、138户),与原来的中高收入两组合并,共得到6个自然的消费群体,分别为424户、375户、330户、138户、63户、5户等分布。他们对应的多层次CPI如图6-27所示。

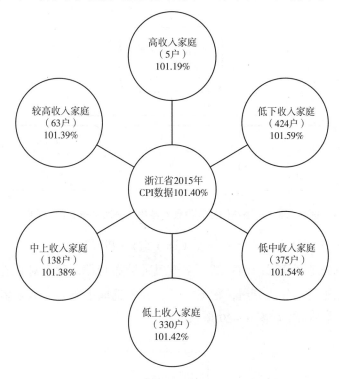

图6-27 类平均法聚类结果(6组)CPI

从图6-27可知,由于居民收入存在两极分化现象,对于类平均法聚类结果,如果考察3分法的自然结构,发现低收入阶层数量过于庞大(1267户,占比94.91%),因此,必须将低收入阶层单独游离出来,再次研究它们的自然结构,经过观测选取了4个自然分组,与原来的两个分组一起组成6个自然分组,对应的家庭数量分别为1267户(又分424户、375户、330户、138户)、63户、5户等分布状况,对应的CPI分别为101.59%、101.54%、101.42%、101.38%、101.39%、101.19%。显然呈现出:收入越低、CPI越大;收入越高、CPI越小的特点。

4. 消费结构多变量聚类结果7分法(选3组)CPI

现在我们直接对居民消费结构进行多变量聚类分析,根据初步的观测,结合居民两极分化特征，我们对聚类结果首先选择了 7 分法分组，但是有些组别中个体数太少而不予考虑。我们选择了 3 个分组。相应的分组结果如图 6 - 28 所示。

从图 6 - 28 可知，存在的 3 个聚集明显的组中第一组有 843 户家庭、CPI 为101.56%，第二组有 270 户家庭、CPI 为 101.46%，第三组有 202 户家庭、CPI 为101.37%。结合表 6 - 12 的情况可知，第一组为低收入群体，第二组为中等收入群体，第三组为高收入群体。他们的 CPI 与 2015 年浙江省的官方数据 101.40% 相比，低收入的 CPI 要高于官方数据，而高收入群体的 CPI 要低于官方数据。

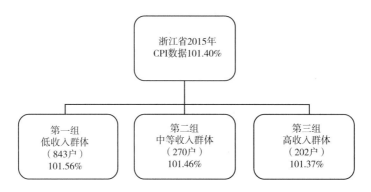

图 6 - 28　消费结构多变量聚类结果 7 分法（选 3 组）CPI

5. 消费结构多变量聚类结果 9 分法（选 4 组）CPI

为了更加细致地探索居民消费结构多变量的分布特征，我们对它进行更加细化分组，将聚类结果进行 9 分法分组，根据观察，我们选取了家庭户数较多的 4 组进行分析，编制 CPI，相关情况如图 6 - 29 所示。

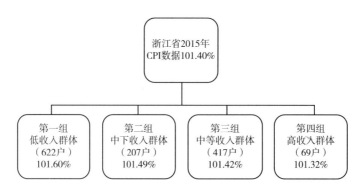

图 6 - 29　消费结构多变量聚类结果 9 分法（选 4 组）CPI

从图 6 - 29 可知，存在的 4 个聚集明显的组中第一组有 622 户家庭、CPI 为101.60%，第二组有 207 户家庭、CPI 为 101.49%，第三组有 417 户家庭、CPI 为101.42%，第四组有 69 户家庭、CPI 为 101.32%。结合表 6 - 13 的情况可知，第一组为低收入群体，第二组为中下收入群体，第三组为中等收入群体，第四组为高收入群体。他们的 CPI 与 2015 年浙江省的官方数据 101.40% 相比，低收入的 CPI 要高于官方数据，而高收入群体的 CPI 要低于官方数据。

6. 消费结构多变量聚类结果 11 分法（选 6 组）CPI

我们对居民消费结构做进一步细化分组，进行 11 分法，根据实际情况我们选取了 6 个分组[①]。根据这 6 个分组的居民消费结构，相关的多层次 CPI 情况如图 6 - 30 所示。

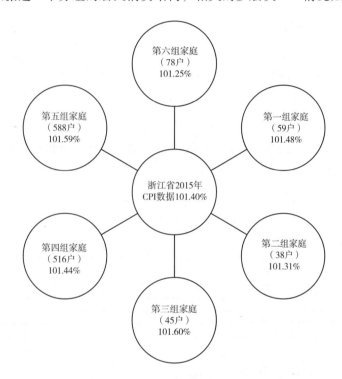

图 6 - 30　消费结构多变量聚类结果 11 分法（选 6 组）CPI

从图 6 - 30 可知，存在的 6 个聚集明显的组中第一组有 59 户家庭、CPI 为 101.48%，第二组有 38 户家庭、CPI 为 101.31%，第三组有 45 户家庭、CPI 为 101.60%，第四组有 516 户家庭、CPI 为 101.44%，第五组有 588 户家庭、CPI 为 101.59%，第六组有 78 户家庭、CPI 为 101.25%。这说明居民的消费结构具有明显的集聚特征，并且他们对应的 CPI 也具有明显的差异性。与 2015 年浙江省的官方数据 101.40% 相比，低收入的 CPI 要高于官方数据，而高收入群体的 CPI 要低于官方数据。

7. 居民对 CPI 感受情况对应的 CPI

根据感受差异分组，相关的多层次 CPI 情况如图 6 - 31 所示。

---

① 不管我们做多少次细化分组，因为居民消费结构群体常常选在 5 个左右，文中的 9 分法，我们只能选择出来 4 个分组，因此，此处进一步进行细化分组是有必要的。

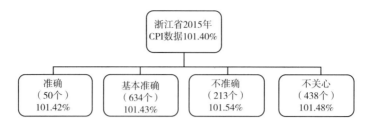

图 6 - 31　居民对 CPI 准确性感受情况对应的 CPI

从图 6 - 31 可知，相比较浙江省 2015 年 CPI 的发布数据 101.40% 来说，各群体对它的感受情况具有一些差异，按照感受差异分组得到的各群体（准确、基本准确、不准确、不关心），计量的 CPI 值分别为 101.42%、101.43%、101.54%、101.48%；对应的样本数分别为 50 个、634 个、213 个、438 个。

8. 居民对真实 CPI 估计分组对应的 CPI

根据居民对真实 CPI 的估计变量进行不断的细化分组，可以大致得到 7 个分组的情况，如图 6 - 32 所示。

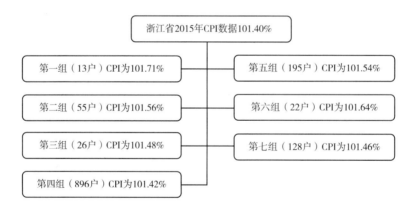

图 6 - 32　居民对真实 CPI 值估计的聚类分组对应的 CPI

从图 6 - 32 可知，第一组至第七组分别包括 13 户、55 户、26 户、896 户、195 户、22 户、128 户家庭，按照这些群体的消费结构，编制的多层次 CPI 分别为 101.71%、101.56%、101.48%、101.42%、101.54%、101.64%、101.46%。与浙江省 2015 年的官方数据 101.40% 相比，均呈现显著性差异特征。

五、多层次 CPI 与官方数据对比分析

1. AHP 权重对应的多层次 CPI 比较

从上述测度结果可知，从不同维度计算得到的 CPI 与浙江省 2015 年对外发布数据

比较，有些高于官方数据，有些低于官方数据，现在对它们进行整理（主要以 AHP 权重编制的 CPI 为例），了解它们集中对比情况，具体情况见表 6-25 所示。

表 6-25　　　　多维度 CPI 与官方数据高低对比（2015 年）　　　单位：%

	按地域特征编制				按户口性质编制		
	权重方法	CPI	高（√）低（×）		权重方法	CPI	高（√）低（×）
第一类	和积法	101.78	√	城镇居民	和积法	101.78	√
	方根法	101.80	√		方根法	101.82	√
	特征向量法	101.79	√		特征向量法	101.79	√
	支出法	101.40	平		支出法	101.40	平
第二第	和积法	101.82	√	农村居民	和积法	101.78	√
	方根法	101.87	√		方根法	101.83	√
	特征向量法	101.83	√		特征向量法	101.82	√
	支出法	101.49	√		支出法	101.45	√
第三类	和积法	101.79	√				
	方根法	101.80	√				
	特征向量法	101.79	√				
	支出法	101.43	√				
第四类	和积法	101.79	√		2015 年浙江省 CPI（环比指数）为 101.40%		
	方根法	101.82	√				
	特征向量法	101.81	√				
	支出法	101.43	√				
第五类	和积法	101.87	√				
	方根法	101.91	√				
	特征向量法	101.91	√				
	支出法	101.52	√				

****

	按就业状况编制				按文化程度编制		
	权重方法	CPI	高（√）低（×）		权重方法	CPI	高（√）低（×）
正常就业	和积法	101.79	√	初中及以下	和积法	101.80	√
	方根法	101.82	√		方根法	101.81	√
	特征向量法	101.81	√		特征向量法	101.83	√
	支出法	101.30	×		支出法	101.47	√
失业	和积法	101.77	√	高中、中专	和积法	101.70	√
	方根法	101.91	√		方根法	101.78	√
	特征向量法	101.82	√		特征向量法	101.80	√
	支出法	101.30	×		支出法	101.44	√

按就业状况编制				按文化程度编制			
	权重方法	CPI	高（√）低（×）		权重方法	CPI	高（√）低（×）
一方就业	和积法	101.79	√	大专	和积法	101.86	√
	方根法	101.84	√		方根法	101.87	√
	特征向量法	101.82	√		特征向量法	101.86	√
	支出法	101.54	√		支出法	101.38	×
在家务农	和积法	101.77	√	本科	和积法	101.80	√
	方根法	101.80	√		方根法	101.80	√
	特征向量法	101.80	√		特征向量法	101.79	√
	支出法	101.62	√		支出法	101.36	×
离退休	和积法	101.38	×	研究生	和积法	101.49	√
	方根法	101.43	√		方根法	101.53	√
	特征向量法	101.37	×		特征向量法	101.49	√
	支出法	101.59	√		支出法	101.30	×

*********************************** 按照不同收入编制 ***********************************

	权重方法	CPI	高（√）低（×）		权重方法	CPI	高（√）低（×）
低收入	和积法	101.80	√	中等收入	特征向量法	101.79	√
	方根法	101.82	√		支出法	101.48	√
	特征向量法	101.83	√	中上收入	和积法	101.74	√
	支出法	101.55	√		方根法	101.75	√
中下收入	和积法	101.80	√		特征向量法	101.75	√
	方根法	101.81	√		支出法	101.41	√
	特征向量法	101.81	√	高收入	和积法	101.79	√
	支出法	101.55	√		方根法	101.84	√
中等收入	和积法	101.79	√		特征向量法	101.81	√
	方根法	101.80	√		支出法	101.33	×

从表6-25可知，与浙江省2015年对外发布的101.40%的CPI相比，利用样本数据计算得到的多层次CPI绝大多数要比官方数据高。从地域位置来分析，第一类地域位置按照层次分析测度得到的CPI分别为101.78%、101.80%、101.79%，均比官方数据高，支出法测度的CPI与101.40%持平；第二类地域位置按照层次分析法与支出法测度的CPI分别为101.82%、101.87%、101.83%、101.49%，均比官方数据要高；第三类地域位置测度得到CPI分别为101.79%、101.80%、101.79%、101.43%，均比官方数据高；第四类地域位置计量的各CPI分别为101.79%、101.82%、101.81%、101.43%，比官方数据高；第五类地域位置测度的各类CPI分别为101.87%、

101.91%、101.91%、101.52%，也比官方数据高。

从城乡居民的户口性质分析，城镇居民 AHP 法、支出法计算的 CPI 分别为 101.78%、101.82%、101.79%、101.40%，除了支出法计算的 CPI 与官方数据持平外，其余均高于官方数据；农村居民 AHP 法、支出法测度的 CPI 分别为 101.78%、101.83%、101.82%、101.45%，显然都比官方数据高。

从就业状况角度分析，正常就业群体 AHP 法、支出法测度的 CPI 分别为 101.79%、101.82%、101.81%、101.30%，支出法测度的 CPI 低于官方数据，其余均高于官方数据；失业群体按照层次分析法与支出法测度的 CPI 分别为 101.77%、101.91%、101.82%、101.30%，支出法测度的 CPI 低于官方数据，其余均高于官方数据；只有一方就业群体按照层次分析法与支出法测度的 CPI 分别为 101.79%、101.84%、101.82%、101.54%，显然，各指数均高于官方数据；在家务农群体按照层次分析法与支出法测度的 CPI 分别为 101.77%、101.80%、101.80%、101.62%，各指数均高于官方数据；离退休群体按照层次分析法与支出法测度的 CPI 分别为 101.38%、101.43%、101.37%、101.59%，同样，各指数也高于官方数据。

从文化程度角度分析，初中及以下文化程度群体 AHP 法、支出法测度的 CPI 分别为 101.80%、101.81%、101.83%、101.47%，均高于官方数据；高中、中专文化程度群体按照层次分析法与支出法测度的 CPI 分别为 101.70%、101.78%、101.80%、101.44%，各指数均高于官方数据；大专文化程度群体按照层次分析法与支出法测度的 CPI 分别为 101.86%、101.87%、101.86%、101.38%，支出法得到的 CPI 低于官方数据，其余指数均高于官方数据；本科文化程度群体按照层次分析法与支出法测度的 CPI 分别为 101.80%、101.80%、101.79%、101.36%，支出法计算的 CPI 低于官方指数，其余各指数均高于官方数据；研究生及以上文化程度群体按照层次分析法与支出法测度的 CPI 分别为 101.49%、101.53%、101.49%、101.30%，支出法计算的 CPI 低于官方指数，其余各指数均高于官方数据。

从各阶层的收入状况分析，低收入群体 AHP 法、支出法计算的 CPI 分别为 101.80%、101.82%、101.83%、101.55%，均高于官方数据；中等偏下收入群体 AHP 法、支出法测度的 CPI 分别为 101.80%、101.81%、101.81%、101.55%，显然都比官方数据高。中等收入群体居民 AHP 法、支出法计算的 CPI 分别为 101.79%、101.80%、101.79%、101.48%，均高于官方数据；中等偏上收入群体居民 AHP 法、支出法测度的 CPI 分别为 101.74%、101.75%、101.75%、101.41%，都比官方数据高；高收入群体居民 AHP 法、支出法计算的 CPI 分别为 101.79%、101.84%、101.81%、101.33%，支出法 CPI 略低于官方数据，其余指数均高于官方数据。

现在，将各指数与官方数据对比情况汇总如图6-33所示。

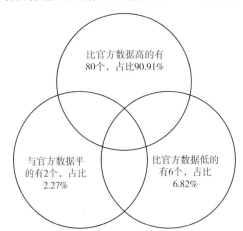

图 6-33　多维度 CPI 与官方数据对比结果

从图 6-33 可知，在编制的 88 个各类 CPI 中，高于官方 CPI 的有 80 个，占比 90.91%，与官方 CPI 数据持平的有 2 个，占比 2.27%，低于官方 CPI 的有 6 个，占比 6.82%。因此，我们现在可以得出一个基本的实证结论：政府对居民 CPI 存在着低估现象。

2. 聚类自然结构对应的多层次 CPI

对居民生活消费相关变量的聚类分析，探索他们生活的"自然聚集"状况，也得到了一些基本信息，编制了相对应的多层次 CPI，相关情况汇总如表 6-26 所示。

表 6-26　　　　　　聚类结果的自然结构对应的 CPI（2015 年）

方法	第一组	第二组	第三组	第四组	第五组	第六组	第七组
离差平方和法聚类结果 3 分法	低收入（501 户）	中等收入（635 户）	高收入（199 户）				
	101.59%	101.46%	101.38%				
离差平方和法聚类结果 5 分法	低收入（501 户）	中下收入（314 户）	中等收入（321 户）	中上收入（131 户）	高收入（68 户）		
	101.59%	101.52%	101.43%	101.39%	101.37%		
类平均法聚类结果 6 分法	低下收入（424 户）	低中收入（375 户）	低上收入（330 户）	中上收入（138 户）	较高收入（63 户）	高收入（5 户）	
	101.59%	101.54%	101.42%	101.38%	101.39%	101.19%	
多变量聚类结果 7 分法	低收入（843 户）	中等收入（270 户）	高收入（202 户）				
	101.56%	101.46%	101.37%				

方法	第一组	第二组	第三组	第四组	第五组	第六组	第七组
多变量聚类结果9分法	低收入（622 户）	中下收入（207 户）	中等收入（417 户）	高收入（69 户）			
	101.60%	101.49%	101.42%	101.32%			
多变量聚类结果11分法	低收入（45 户）	中下收入（588 户）	中等收入（59 户）	中上收入（516 户）	较高收入（38 户）	高收入（78 户）	
	101.60%	101.59%	101.48%	101.44%	101.31%	101.25%	
真实CPI估计7分法	第一组（13 户）	第二组（55 户）	第三组（26 户）	第四组（896 户）	第五组（195 户）	第六组（22 户）	第七组（128 户）
	101.71%	101.56%	101.48%	101.42%	101.54%	101.64%	101.46%

从表 6-26 可知，根据对居民生活消费的主要影响因素（人均可支配收入）的聚类分析及居民消费结构的多变量聚类结果的分析，它们存在"自然聚集"特征。在离差平方和法中如果进行自然的 3 分法，对应群体的 CPI 分别为 101.59%、101.46%、101.38%；如果进行 5 分法的分组，对应的 CPI 分别为 101.59%、101.52%、101.43%、101.39%、101.37%。

如果对居民人均可支配收入变量进行类平均法聚类结果的分析，呈现出明显的 3个群体聚集特征，分别有 1267 户、63 户、5 户，由于第一组过于庞大，我们再对它进行细分成 4 组（424 户、375 户、330 户、138 户），对应群体的 CPI 分别为 101.59%、101.54%、101.42%、101.38%、101.39%、101.19%。

同时，对居民消费结构直接进行多变量的聚类分析，根据对谱系图形的观察，居民消费结构的分组是一个无限细化的过程，由于极端值的影响及样本数据质量的原因，本书依次做了 7 分法、9 分法、11 分法尝试。首先，这样的划分显示出明显的聚集特征；其次，不同群体居民的消费结构具有显著差异性；最后，普遍呈现出低收入阶层CPI 被低估现象。

从居民对真实 CPI 估计的聚类结果进行 7 分法得到的多层次 CPI 显示：划分的各自然群体间的 CPI 差异明显，最高为 101.71%，最低为 101.42%，均高于浙江省 2015 年的官方 CPI 数据 101.40%。

第三节　多层次 CPI 满意度分析

利用样本数据多层次测度了居民的 CPI 后，我们还必须对它们的满意度情况进行分析研究。即编制的哪一类 CPI 更能够反映居民生活用品价格的实际变化情况。或者说居民对商品价格变化的"亲身"感受值到底是多少？这需要我们对编制的多层次 CPI 返回居民生活中去，询问他们的意见，看哪一类 CPI 更接近居民"心中"的 CPI。对此，我们设计居民对 CPI 的满意度指标展开分析研究。CPI 的满意度即我们利用抽样调查数据得到的多层次 CPI 是否能够准确地反映居民生活消费品与服务价格变化情况。

一般来说，如果编制的多层次 CPI 居民满意了，那么说明课题研究具有一定的意义，能够反映居民消费商品与服务的价格变化情况。如果不满意，与居民心中认为的"真实"CPI 偏差比较大，说明研究结果还需要进行改进。按照一般的研究步骤与思路，要达到这样的需求，一般是在多层次 CPI 编制出来以后，将多层次 CPI 再返回到统计实践工作之中，调查居民对此研究结果的满意度。显然，实际上这是不可能的，因为：第一，经费开支大，项目研究用于抽样调查阶段费用有限，不大可能再次返回进行研究结果的满意度调查；第二，按照一般的做法，应该将项目研究结果返回给那些首次抽样调查的居民。由于我们使用的简单随机调查，要想把研究结果返回给原来的调查单位进行满意度分析，也不太可能。为此，项目在调查方案设计时，针对这一问题，在首次的调查表中预先设置了这方面的问题，即要求接受调查的居民在回答相关问题时，同时回答调查表的第三部分内容"您认为 2015 年我省发布的 CPI 准确吗？""您感觉 2015 年我省的 CPI 应该是多少？"等问题（具体见附表 1）。这样，通过一次性的抽样调查，就把要研究的问题都进行了调查，这样可以大大节省时间、经费与工作量。即可在一定程度上检验研究效果。另外，同时对比分析测度值与浙江省官方 CPI 数据的偏差情况，研究它们之间的偏差关系。

现在将编制结果与居民感受值、官方 CPI 值的偏差及对比情况整理如表 6 – 27、表 6 – 28 所示。

表 6 –27　　　　　多层次 CPI 与官方数据、居民感受值偏差对比（2015 年）　　　单位：%

按地域特征编制					按户口性质编制				
	权重方法	CPI	偏差 1	偏差 2		权重方法	CPI	偏差 1	偏差 2
第一类	和积法	101.78	0.38	−3.23	城镇居民	和积法	101.78	0.38	−2.77
	方根法	101.80	0.4	−3.21		方根法	101.82	0.42	−2.73
	特征向量法	101.79	0.39	−3.22		特征向量法	101.79	0.39	−2.76
	支出法	101.40	0	−3.61		支出法	101.40	0	−3.15
第二类	和积法	101.82	0.42	−2.53	农村居民	和积法	101.78	0.38	−3.85
	方根法	101.87	0.47	−2.48		方根法	101.83	0.43	−3.8
	特征向量法	101.83	0.43	−2.52		特征向量法	101.82	0.42	−3.81
	支出法	101.49	0.09	−2.86		支出法	101.45	0.05	−4.18

按地域特征编制					按户口性质编制			
	权重方法	CPI	偏差1	偏差2		权重方法	CPI	偏差1	偏差2
第三类	和积法	101.79	0.39	−3.16					
	方根法	101.80	0.4	−3.15					
	特征向量法	101.79	0.39	−3.16					
	支出法	101.43	0.03	−3.52					
第四类	和积法	101.79	0.39	−3.91					
	方根法	101.82	0.42	−3.88		2015 年浙江省全省居民 CPI（环比指数）为101.40%			
	特征向量法	101.81	0.41	−3.89		2015 年浙江省城镇居民 CPI（环比指数）为101.40%			
	支出法	101.43	0.03	−4.27		2015 年浙江省农村居民 CPI（环比指数）为101.40%			
第五类	和积法	101.87	0.47	−1.07					
	方根法	101.91	0.51	−1.03					
	特征向量法	101.91	0.51	−1.03					
	支出法	101.52	0.12	−1.42					

****

按就业状况编制					按文化程度编制				
	权重方法	CPI	偏差1	偏差2		权重方法	CPI	偏差1	偏差2
正常就业	和积法	101.79	0.39	−3.00	初中及以下	和积法	101.80	0.4	−3.59
	方根法	101.82	0.42	−2.97		方根法	101.81	0.41	−3.58
	特征向量法	101.81	0.41	−2.98		特征向量法	101.83	0.43	−3.56
	支出法	101.30	−0.1	−3.49		支出法	101.47	0.07	−3.92
失业	和积法	101.77	0.37	−5.85	高中、中专	和积法	101.70	0.3	−2.99
	方根法	101.91	0.51	−5.71		方根法	101.78	0.38	−2.91
	特征向量法	101.82	0.42	−5.8		特征向量法	101.80	0.4	−2.89
	支出法	101.30	−0.1	−6.32		支出法	101.44	0.04	−3.25
一方就业	和积法	101.79	0.39	−3.94	大专	和积法	101.86	0.46	−4.21
	方根法	101.84	0.44	−3.89		方根法	101.87	0.47	−4.2
	特征向量法	101.82	0.42	−3.91		特征向量法	101.86	0.46	−4.21
	支出法	101.54	0.14	−4.19		支出法	101.38	−0.02	−4.69
在家务农	和积法	101.77	0.37	−3.07	本科	和积法	101.80	0.4	−2.98
	方根法	101.80	0.4	−3.04		方根法	101.80	0.4	−2.98
	特征向量法	101.80	0.4	−3.04		特征向量法	101.79	0.39	−2.99
	支出法	101.62	0.22	−3.22		支出法	101.36	−0.04	−3.42
离退休	和积法	101.38	−0.02	−8.54	研究生	和积法	101.49	0.09	−1.12
	方根法	101.43	0.03	−8.49		方根法	101.53	0.13	−1.08
	特征向量法	101.37	−0.03	−8.55		特征向量法	101.49	0.09	−1.12
	支出法	101.59	0.19	−8.33		支出法	101.30	−0.1	−1.31

****************************** 按照不同收入编制 ******************************

	权重方法	CPI	偏差1	偏差2		权重方法	CPI	偏差1	偏差2
低收入	和积法	101.80	0.4	-4.36	中等收入	特征向量法	101.79	0.39	-3.06
	方根法	101.82	0.42	-4.34		支出法	101.48	0.08	-3.37
	特征向量法	101.83	0.43	-4.33	中上收入	和积法	101.74	0.34	-2.66
	支出法	101.55	0.15	-4.61		方根法	101.75	0.35	-2.65
中下收入	和积法	101.80	0.4	-4.19		特征向量法	101.75	0.35	-2.65
	方根法	101.81	0.41	-4.18		支出法	101.41	0.01	-2.99
	特征向量法	101.81	0.41	-4.18	高收入	和积法	101.79	0.39	-2.2
	支出法	101.55	0.15	-4.44		方根法	101.84	0.44	-2.15
中等收入	和积法	101.79	0.39	-3.06		特征向量法	101.81	0.41	-2.18
	方根法	101.80	0.4	-3.05		支出法	101.33	-0.07	-2.66

注：（1）偏差1为多层次CPI减去官方数据得到的偏差；（2）偏差2为多层次CPI减去居民真实感受值的偏差。

表6-28　　　　　　不同方法编制的多层次CPI对比分析（2015年）　　　　单位：%

测度方法	均值	中位数	标准差	极差	极大值	极小值	偏度	峰度
AHP法	101.78	101.80	0.103	0.54	101.91	101.37	-2.49	6.477
支出法	101.44	101.43	0.094	0.30	101.60	101.30	0.103	-0.778
感受值	105.23	104.90	1.499	7.31	109.92	102.61	1.331	4.029

一、测度值与感受值偏差

1. 各种方法测度的均值大小不一

从表6-28可知，在我们测度的结果中，从均值来看，感受值最大、AHP值其次、支出法值最小。居民的CPI感受值最大，均值为105.23%，标准差为1.499%，极差为7.31%，最小值为102.61%，最大值为109.92%。AHP法均值为101.78%，标准差为0.103%，极差为0.54%，最小值为101.37%，最大值为101.91%。支出法测度值最小，其中均值为101.44%，标准差为0.094%，极差为0.30%，最小值为101.30%，最大值为101.60%。

2. 各群体的CPI标准差不均

进一步分析发现，各群体对CPI的感受值极差为7.31%，说明各消费群体对CPI的感受情况存在很大的差异性。在对CPI感受情况中，其中离退休群体的感受值最高，为 109.92%，文化程度中研究生群体对 CPI 的感受值最小，为 102.61%①。关于其中原因湖南农业大学工学院的"心巢行动"研究小组（主要由本科生构成）曾经对此做过调查研究，发现老年人的生活压力除了物价压力外，还有健康方面、医疗费用、子女及孙子女的抚养、情感方面等来自各方的压力，这一群体的压力最大，对 CPI 压力感受也最大。从文化程度方面来分析，研究生群体一般属于高收入群体，他们有地位又成熟，他们对 CPI 压力的承受能力强，对 CPI 上涨的压力感受相对比较小。

同时，AHP 法的标准差为 0.103%，支出法的标准差为 0.094%。这说明 AHP 法、支出法测度的 CPI 比较稳定，代表性也要好些。尤其是 AHP 法的标准差这么小，这充分地说明了各群体居民对真实 CPI 的认识具有比较一致性的意见，这也说明了 AHP 测度 CPI 权重与指数的可信度。

3. 各群体 CPI 感受值差异情况

CPI 感受值即各群体认为 CPI 的"真实值"。从数据测度的结果来看，离退休群体的感受值为 109.92%，即离退休群体认为浙江省 2015 年"真实"的 CPI 数据应该是 109.92%，为各群体中感受值最大的人群。感受值最低研究生群体，他们认为 2015 年浙江省"真实"的 CPI 应该是 102.61%。

4. 各群体支出法的 CPI 差异

利用样本数据，运用居民消费支出情况测度的 CPI，从表 6-27 可知，最大的是离退休群体，为 101.59%，最小的是正常就业群体、失业群体及研究生群体，均为 101.30%。对于离退休群体来说，他们的 CPI 值高些容易理解，主要是因为他们的消费支出比较明确，也比较稳定。最大的问题是正常就业群体与失业群体、研究生群体测度的 CPI 是一样的，可能需要深入分析其中原因。可能的原因是我国对于失业群体的登记及数据统计还不是很完善，导致一些数据失真所致。

5. 各群体 AHP 法的 CPI 差异

AHP 是通过对居民的主观赋权计算的 CPI，这是一个目前正在探索的 CPI 权重测度法。从表 6-27 结果可知，AHP 测度的结果普遍要高于支出法指数，小于 CPI 的感受值。但是，居民的 AHP 法得到的指数标准差比较小，均值代表性好，并且 AHP 法测度各群体 CPI 得到的结果基本在 101.78% 左右，很稳定。它的稳定性可以与支出法相提并论。再次说明 AHP 是对 CPI 测度方法的有益补充形式。

总之，表 6-27 中偏差数据全部为负数，说明利用样本数据编制的多层次 CPI 远远小于居民心中对 2015 年浙江省真实 CPI 的感受值，说明居民对物价上涨压力的亲身感

---

① 根据抽样调查的样本值测度得到。

受远比"客观、冷漠"的数据要深刻。同时，任何维度的分类群体中，层次分析法测度的权重要比支出法权重大很多。例如，对于收入分层群体来说，低收入群体和积法编制得到的 CPI 为 101.80%，方根法为 101.82%，特征向量法为 101.83%，而支出法则为 101.55%，基本上皆高出 0.3% 左右，其他分类群体均具有这样的特点。本书认为支出法是客观计量的结果，层次分析法是居民心中对物价变化主观判断的结果，本书更愿意认为这些"超出"部分，是居民物价上涨的厌恶"情绪"。

二、测度值与官方数据偏差

本书结果与浙江省 2015 年全省的 CPI（环比 101.4%）相比，呈现出以下 3 个特征。

1. 官方 CPI 数据偏低

从表 6 - 27 可知，偏差 1 为多层次 CPI 减去官方数据的差额，偏差 1 皆为正，说明编制的多层次 CPI 均高于官方数据；偏差 2 为多层次 CPI 减去居民对 CPI 真实值的感受数据，偏差 2 皆为负数，说明多层次 CPI 均小于居民的 CPI 感受值。这说明了它们之间的关系如下。

$$CPI 感受值 > 多层次 CPI > 官方 CPI \qquad (6-16)$$

显然，式（6 - 16）表明不管从哪个角度来对比分析，官方数据最小。因此，我们可以得出这样一个结论，即官方 CPI 数据对居民消费商品与服务价格的变化情况存在着低估现象。

低估 CPI 的可能原因有以下 2 点：（1）温和通货膨胀能够促进经济增长。西方经济学认为经济增长、充分就业、物价稳定、进出口平衡是一个国家宏观经济调控与管理的重要目标。但是，在经济实际中要同时实现这些目标不太现实，因此，一个国家的宏观调控与管理需要在这四者之间进行选择。现代货币数量学说代表人米尔顿·弗里得曼（Milton Friedman）认为，货币在短期内是非中性的，温和的通货膨胀对经济具有一定的刺激与促进作用，它可以通过提升需求，促进劳动力与资源的充分就业，挖掘经济潜在的增长率。只要政府实施积极的财政政策与货币政策，扩张需求，就能刺激经济增长。实践证明，世界多数国家基本奉行的是这一经济政策，我国也不例外。（2）发展经济始终是我国一切工作的重点。我国是一个发展中国家，发展经济是第一要务，对于宏观目标之间的矛盾与取舍，我国政府毫不迟疑地选择了发展经济这个主要矛盾，历来政府就主张"在发展中解决发展中的一切问题"。因此，自实施改革开放政策以来，我国在绝大部分时间内实施的都是积极的财政、货币政策。经济虽然保持了高速增长态势，但是物价水平也急剧攀升。相关指标（环比发展速度:%）对比情况如图 6 – 34 所示。

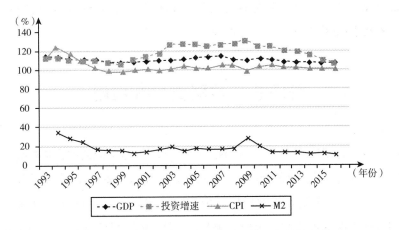

图 6 – 34 GDP、固定资产投资、CPI 及 M2 增速对比（1993 ~ 2015 年）

从图 6 – 34 可知，1993 ~ 2015 年，我国 GDP 的增长速度介于固定资产投资增长速度与 CPI 增长速度之间，比 CPI 增长速度略高一些，比固定资产投产增长速度要低一些，M2 的增长速度要比其他三者小一些。显然，我国经济的长期增长主要是依靠投资拉动①。从这个角度就不难理解，我国长期投放巨大的资金量，从事基础设施的建设，包括公路、铁路、港口、通信网络、军工、房屋等。

2. 多层次 CPI 与官方值差异大

多层次 CPI 与官方 CPI 对比具有差异性。从表 6 – 27 可知，多层次 CPI 与官方 CPI 对比偏差最大为 0.51%，是基于地域视角编制的第五类居民（省外）的 CPI；偏差最小的是失业群体的 CPI，比官方数据要低 0.1%。

从图 6 – 33 可知，按照本书多层次视角编制的 CPI 共有 88 个，其中有 2 个指数与政府发布的指数持平，6 个略低于相对应的 CPI，有 80 个指数稍高于政府的发布指数、占比 90.91%，处于绝对的优势地位。如果考虑到本书编制的 CPI 使用的是派氏指数，而政府目前广泛应用的是拉氏指数，偏差结果应该更大。

3. 多层次 CPI 与居民感受值差异

多层次 CPI 与居民感受真实的 CPI 对比具有差异。从表 6 – 27 可知，偏差最大的为 8.55%，是离退休群体的 AHP 法 CPI；偏差最小的是地域角度的第五类居民（省外居民），为 1.03%。

---

① 其实拉动我国经济长期增长有 3 个因素：固定资产投资、国内消费需求、对外贸易。从货币论的角度看，本书主要列举了固定资产投资与货币投放量。

同时，从本书结论可知，AHP 法相对于支出法来说，更加接近居民心中的感受值。因此，考虑到我国经济发展的不平衡性与居民消费结构的多样性、差异性，运用 AHP 法是对目前支出法测度的有益补充形式，至于如何在更为广阔的范围内实施 AHP 法测度 CPI 权重，还有待于进一步研究与检验。

第四节　多层次 CPI 应用

对于本书测度的多层次 CPI，我们现在揭示它对普通民众的收入影响情况到底是一个什么程度。现在选择全国 CPI 与浙江省 CPI 进行对比分析，数据来源于"中经网统计数据库"，选择了环比发展速度指标，由于浙江省环比发展速度统计编制始于 1984 年，考虑到时间方面的可比性，选取了 1984～2015 年的统计数据，经过简单的处理后折算了以 1983 年为基期的定基发展速度。它们的时间序列指标发展情况如图 6 – 35 所示。

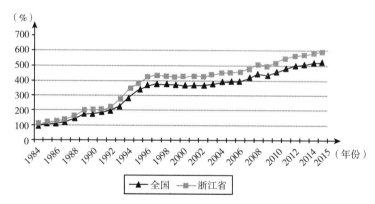

图 6 – 35　全国与浙江省环比 CPI（1984～2015 年）

从图 6 – 35 可知，全国 CPI 要低于浙江省 CPI，从 1984～2015 年经过 32 年的商品价格累计效果，全国 CPI 定基发展速度为 527.35%，浙江省 CPI 定基发展速度为 585.93%。显然，物价水平为基期的 5 倍左右。那么它们对我们收入的影响怎样？下面我们将对这些指标一一分析。

一、CPI 折算

利用本书结果，首先我们要对样本测度值、官方 CPI 间的关系进行折算，才能考察这些年真实 CPI 对我们收入的影响情况。

1. 样本测度 CPI 基本情况

如果要按照本书结论折算收入情况，首先需要计算浙江省从 1984～2015 年的定基发展速度，相关指标如表 6－29 所示。

表 6－29　　　　　　　　　　浙江省 CPI 环比、定基指标　　　　　　　单位：%

年份	环比指标	定基指标
1984	103.00	103.00
1990	102.10	200.33
1995	116.60	388.57
2000	101.00	428.80
2005	101.30	454.84
2006	101.10	459.85
2007	104.20	479.16
2008	105.00	503.12
2009	98.50	495.57
2010	103.80	514.40
2011	105.40	542.18
2012	102.20	554.11
2013	102.30	566.85
2014	102.10	578.76
2015	101.40	586.86

注：考虑到篇幅问题，2015 年以前的 CPI 只列示几个主要的指标。

经过简单的折算，从表 6－29 可知，浙江省的环比 CPI、定基 CPI 均呈现出稳步上涨的态势。以 1983 年为基期，2015 年的定基 CPI 为 568.86%。根据浙江省官方 CPI 数据，可以对居民生活商品及服务价格的变动情况进行简单的测算。

2. 样本测度 CPI 调整

根据样本数据测度的是浙江省 2015 年的 CPI，而浙江省 2015 年的官方数据为 101.40%，显然，每一种方法与官方数据相比均具有一个偏差。同时，2000 年后的宏观经济环境大体平稳，有理由认为这些偏差是正常的偏差部分。那么，通过计算 1984～2015 年期间浙江省官方 CPI 的平均数后，再加上相应的偏差部分，就是 1984～2015 年期间样本测度值相比官方数据的 CPI，最后根据这些环比 CPI，计算出 1984～2015 年期间的定基 CPI。具体计算结果如表 6－30 所示。

表 6 – 30　　　　　　　　　　　根据历年官方数据调整样本值　　　　　　　　　单位：%

测度方法	2015 年样本均值	2015 年官方值	偏差值	1984～2015 年CPI 均值	调整后每年的 CPI	1984～2015 年定基指数
AHP 法	101.78	101.40	0.38	105.68	106.06	657.13
支出法	101.44	101.40	0.04	105.68	105.72	592.96
感受值	105.23	101.40	3.83	105.68	109.51	1830.29

注：表中第 4 列的偏差为第 2 列的样本值减去第 3 列的官方值；第 5 列浙江省的 CPI 均值为 1984～2015 年环比 CPI 的几何平均数；第 6 列调整后的 CPI 等于第 4 列值加上第 5 列值；第 7 列的定基指数等于第 6 列 CPI 的 32 次方结果。

从表 6 – 30 可知，AHP 法测度的结果均值为 101.78%，比浙江省 2015 年的 CPI 101.40% 高 0.38%，经过计算 1984～2015 年浙江省 CPI 环比指数平均值为 105.68%，那么经过调整后，AHP 法在 1984～2015 年的 CPI 环比指数均值为 106.06%、支出法均值为 105.72%、感受值法均值为 109.51%。最后，它们的定基指数分别为 657.13%、592.96%、1830.29%。

从调整后的 CPI 可见，浙江省 2015 年官方 CPI 年均低估值在 4.32% ～ 8.11% 之间。

二、CPI 对收入影响

1. 按照官方 CPI 数据，对人民币 100 元的影响

按照本书指数测定的结果，我们可以考察 2015 年的 100 元人民币相当于 1983 年的多少钱：

全国：2015 年的 100 元人民币相当于 1983 年的钱数为 $= \dfrac{100}{5.2735} = 18.96$(元)

浙江省：2015 年的 100 元人民币相当于 1983 年的钱数为 $= \dfrac{100}{5.8593} = 17.07$(元)

从上面计算的结果可知，对于浙江省居民来说，现在的 100 元人民币相当于 1983 年的 17.07 元，这个结果与大家心目中的感受情况如何？这样的结果，我们还可以反过来分析，即 1983 年的 100 元人民币相当于 2015 年的 585.93 元，这种说法大家是否更通俗易懂。

2. 按照样本测度 CPI 数据，对人民币 100 元的影响

那么，2015 年的 100 元人民币相当于 1983 年的钱数为：

AHP法：2015年的100元人民币相当于1983年的钱数为 $=\dfrac{100}{6.5713}=15.22(元)$

支出法：2015年的100元人民币相当于1983年的钱数为 $=\dfrac{100}{5.9296}=16.86(元)$

感受法：2015年的100元人民币相当于1983年的钱数为 $=\dfrac{100}{18.3029}=5.46(元)$

从上面计算的结果可知，对于浙江省居民来说，按照AHP法来评估，现在的100元相当于1983年的15.22元；按照支出法来评估，现在的100元相当于1983年的16.86元；按照居民的感受情况来评估，现在的100元相当于1983年的5.46元。

反过来分析，按照AHP法来评估，1983年的100元相当于2015年的657.13元；按照支出法来评估，1983年的100元相当于2015年的592.96元；按照居民的感受情况来评估，1983年的100元相当于2015年的1830.29元。

第五节　网购商品价格对CPI的影响

影响CPI的因素很多，有许多问题一直在争论，至今悬而未决。例如，房价对CPI的影响、季节性商品的影响、产品质量的影响等。本书重点研究网购商品价格对CPI数据真实性的影响情况。

一、网络商品价格对CPI的影响

我国的电子商务自马云的阿里巴巴集团创建以来，带动了网络零售额的"井喷"式增长，以年均50%左右的速度增长，到2014年后增速逐步"稳速"在35%左右。截至2016年底，网络零售总额达到5.2218万亿元①，首次超过5万亿元的大关。2011年以来的相关情况我们整理如图6-36所示。

从图6-36可知，2012年行业增速以64.70%的增长率居于高点，2013年以后渐渐地回落，2015～2016年增速分别为35.70%、36.40%，比较接近，但是交易规模整体仍然呈现出扩张势头，并且在2016年的交易规模首次超过5万亿元。

同时，我国电子商务带动的网络零售额在全国社会商品零售总额中的占比越来越大，相关数据对比情况整理如图6-37所示。

---

①　网络零售额统计的是B2C（Business-to-Customer）、C2C（Customer-to-Customer），并不统计B2B（Business-to-Business）、批发、O2O（Online-to-Offline）等业务数据。

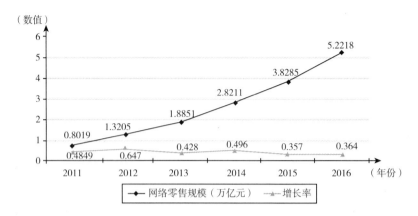

图 6 – 36　网络零售额情况（2011～2016 年）

资料来源：根据中国电子商务研究中心（www. 100ec. cn）相关数据整理得到。

图 6 – 37　网络零售额与全国社会商品零售额对比情况（2011～2016 年）

资料来源：根据中国电子商务研究中心（www. 100ec. cn）与"中经网统计数据库"相关数据整理得到。

从图 6 – 37 可知，我国网络零售额的增长远远高于社会商品零售额的增长速度，并且网络零售额的占比也越来越大，从 2014 年开始，网络零售额在社会商品零售额中的占比就达到 10.38%，2015～2016 年的占比分别达到 12.72%、15.71%。显然，如此庞大的消费额，必须引起充分重视。

按照 CPI 代表性规格品的选择原则，对于那些交易量大、价格走势稳定、与居民生活密切相关的商品应该计入 CPI 的"篮子商品"。但是，目前我国的 CPI 并没有将网络商品及价格纳入进来（只是将网购商品作为价格调查点，收集少量规格品价格进行研究），这不能不说是一个亟待解决与完善的问题。

反观美国，政府统计机构一般先将网络零售商计入调查点的样本框之中，然后按照概率抽样方式来确定哪些网络零售商（B2C、C2C）作为价格调查点（不包含 B2B、O2O）。同时，美国 CPI 数据的 9% 左右，加拿大 CPI 数据的 5%～10% 价格数据都是通过来源于互联网的价格数据。

　　总的来看，按照CPI编制原则，凡是居民正常的消费支出都要计入CPI之中。在我国将网络零售商品及价格计入CPI价格数据的采集体系之中是大势所趋。然而，我国目前的CPI还没有充分考虑到网购商品价格的影响。显然，网购现象说明我国目前的CPI不能全面的描述居民消费品价格变化情况，CPI是有偏差的。

　　国外就网购现象对CPI的影响，相关文献成果主要集中在以下三个方面：第一，网购消费的原因。雷因斯多夫（Reinsdorf，1993）等人的研究结果认为：相对于实体店商品来说，网店在场地的规模、租金、税费、管理等方面的成本大大减少，对应的商品具有明显的成本优势，网购的商品价格要低些，这是许多消费者转向网购进行消费的主要原因。第二，代表性商品的分类价格指数与权重测度。杜博克斯和萨利奥（Dubeaux & Saglio，1995）等人的研究认为：研究网购商品及服务价格对CPI的影响，首先必须考虑到它们在总体范围方面符合一致性的原则要求，其次，还要研究它们在不同销售点之间对应商品的同质可比性问题。卷（Vol，2000）则主要从代表性商品的分类价格指数与权重这两个方面，主要考虑商品销售点的变化对CPI影响。因为如果将新的销售点商品与服务纳入CPI的固定篮子时，规格品就形成了一个新的"篮子商品"，新的篮子商品与原有篮子中的商品相比，对应项目的分类价格指数与权重都需要运用专门的统计方法进行适度的调整，然后根据调整后的分类商品价格指数与权重就可以计量新的CPI*，并据此修正原有的CPI。第三，CPI测度模型与偏差。希尔（Hill，1997）的研究显示：通过预先设置一个比较高的、新销售点商品初始价格，在理论上就可以及时将由于销售点的变化、商品价格变化的情况进行测度，从而将新销售点商品价格变化情况纳入CPI。普赖姆和萨利奥（Prime & Saglio，1995）则认为商品销售点变化的影响主要取决于商品销售点之间商品价格的相对变化情况，通常，居民会从商品价格高的销售点转向价格低的新的销售点，这样就对CPI带来向下的负影响。萨利奥（1995）研究结论显示：销售点替代对CPI的影响还与CPI汇编使用什么样的模型相关，如果使用拉氏指数会导致CPI偏高，使用派氏指数则会使CPI偏低。关于CPI偏差的估计始于1998年博斯金委员会对美国CPI偏差问题的研究，研究结果显示：年度CPI偏差估算的范围在0.8个~1.6个百分点之间，点估计为1.1%，博斯金对当时CPI的偏差估算是将各种偏差简单的累加。

　　我国关于网购商品价格对CPI的研究尚处于起步阶段，已经有一些学者意识到了网购对CPI的显著性影响，并对CPI与网购商品价格情况做了一些简单的比较性分析（田涛，2016；马文革，2016；方匡南，2018）。

　　目前，相对于世界其他各国的网购情况来说，中国网购发展十分迅速，网购商品价格对 CPI 的影响也越来越大，但是，少有从网购视角测度它们对 CPI 影响程度的专业性文献成果，这方面研究急需完善起来。因此，本书从 CPI 编制理论与定量研究方面，开展网购现象对 CPI 影响程度的研究。

二、研究假设与偏差定义

目前国内外的研究一致性认为，网购是一种由于商品价格差异引起的商品销售点的替代现象，对于 CPI 编制来说本质上是一种新增的商品销售点与价格调查单位，如果不及时将网购商品价格纳入 CPI 指数体系，它会导致 CPI 失真、产生销售点替代偏差。

1. 研究假设

对 CPI 销售点替代偏差问题进行研究，需要强调几个基础知识，以研究假设形式提出。

假设 1：CPI 是中国反映居民线下商品与服务价格变化情况权威性指标，居于主导地位。

之所以要研究快速增长的网购现象对 CPI 的冲击与影响，就是因为长期以来，CPI 只反映实体店（线下）商品与服务价格变化情况，并未充分考虑到网购（线上）商品与服务价格变化的影响情况。从这种角度来看，CPI 并未全面描述居民生活商品与服务价格的影响情况，这是一种系统性的偏差。

目前，CPI 仍然是中国宏观经济政策决策的主要依据，也是中国目前唯一可供参考的权威性统计指标，国家每年投入了巨大的资金在不断地完善与编制尽可能真实的 CPI。尽管中国目前的 CPI 存在着各种质疑的声音，但是仍然没有其他的统计指标能够替代它的职能。因此，本书强调指出 CPI 是反映居民消费商品与服务价格变化情况的权威性指标、居于主导地位。也就是说，本项目研究将网购商品价格作为 CPI 的重要补充形式，用于修正与完善现行的 CPI，而不是相反。

假设 2：网购价格指数（aSPI、aSPI-core）正确地反映了线上商品与服务价格变化情况。

阿里巴巴集团的网络零售额在整个网络零售额中的占比超过一半，是中国电商领域绝对的龙头企业。它销售的商品、提供的服务覆盖 CPI 规格品 70% 的范围，具有很好的代表性。阿里巴巴研究院编制的网购价格指数（aSPI、aSPI-core）运用了不同的编制理论与方法，从不同角度对销售的商品与服务价格变化进行描述，这对了解与判断网购商品价格变化情况提供了很好的参考依据。

由于线上、线下商品与服务特定环境的差异，本书假定目前的网购价格指数

（aSPI、aSPI-core）准确地描述了所有网购商品与服务价格变化情况。

假设 3：基于平均指标抽象的、一般水平的含义，研究网购商品价格对 CPI 的影响。

提出假设 2 与假设 3 的理由是目前的物价指数，不管是 CPI 还是 aSPI 或 aSPI-core，本质上都是平均指标。这样的物价指数首先是它们诠释了平均指标的含义，它们描述的是居民生活商品与服务价格抽象的、一般水平的变化情况。在对比的两个时期之间，尽管居民生活商品与服务价格具有结构性的变化特征，但是最终汇总编制得到的都是抽象的平均指标，反映的是居民消费品与服务价格变化的一般水平。其次，指数模型公理化检验法则。不管是初级价格指数模型，还是高级价格指数汇编模型，既要求它们能够描述商品价格综合变化情况，也要求它们满足一些基本的公理化检验法则。在这些公理化的检验法则中，有两个检验法则为本书运用网购交易额在社会商品零售总额中的占比，研究网购交易额对 CPI 的影响提供了启示与理论依据。这两个检验法则如下。

（1）报告期价格的正比性。如果 $\mu > 0$，那么 $P(p^0, \mu p^1) = \mu P(p^0, p^1)$，如果时期 1 的所有商品价格向量 p^1 变为原来的 μ 倍，那么初始价格指数变为原来的 μ 倍。

（2）基期价格的反比性。如果 $\mu > 0$，那么 $P(\mu p^0, p^1) = \mu^{-1} P(p^0, p^1)$，也就是如果时期 0 的所有商品价格向量 p^0 变为原来的正 μ 倍，那么初始价格指数变为原来的 $1/\mu$ 倍。

这两个检验法则是公理化的检验法则。实质上从基期到报告期，规格品中的代表性商品与服务价格的变化结构性的变化是常态，等比例、均匀性的变化是特例，但在这两个检验法则中常数 μ 就是抽象了商品价格结构化变化特征，诠释出抽象的、一般性水平上的物价变动特征。本书也是基于平均指标的抽象性、一般性特征，研究网购商品价格对 CPI 的影响。

假设 4：线上线下对应的商品是同质的。

本书研究对象是网购现象对 CPI 的影响程度问题。因此，对线上线下对应的商品（即同规格的商品），假设它们没有质量上的差别，纯粹是因为销售点的变化导致商品价格的变化，进而对 CPI 产生的影响。

2. 总体范围处理

将网购商品与服务纳入 CPI 编制体系，首先必须处理的问题就是总体范围的整合。由于网购商品与服务有 10 大类，只覆盖 CPI 规格品目录的 70%，且成交额要远远小于线下成交额，根据假设 1，我们只需要考虑将网购商品价格按照 CPI 的 8 大类项目来整合。

根据平均指标含义与模型公理化检验法则，尽管网购商品价格具有结构性变化特征，但是通过平均指标的抽象后，可以将它们理解为所有网购商品价格，等比例的、一般水平的变动情况。此时，运用部分样本数据或者全部价格数据测度得到的价格指数结果是一样的，无显著性差异。

根据假设2与假设3，如果从抽象的、一般水平的角度来研究，那么局部性商品的价格变化情况与总体商品的价格变化情况是一致的，网购商品价格指数的测度就与范围无关，反映阿里巴巴网络零售平台核心商品（10个大类）的价格变化情况指数与按照CPI范围来整合后的（8个大类）商品价格变化情况是一致的。在此种情况下，阿里巴巴网购平台的局部性网购价格指数就代表了所有网购商品价格变动情况。这是本书对网购商品与实体商品范围整合的理论基础。

考虑到数据可获得性与便利性。如果CPI与网购指数的分类价格指数与权重数据都能够得到，那么只要对它们进行适当的商品质量调整、归类、合并，组成一个新的"篮子商品"，最后运用加权平均就能够得到修正的CPI*。然而，即使我们知道网购商品价格指数的分类价格指数与权重，但是关于CPI的8大商品与服务项目的分类权重数据也无法得到（国家统计局并不对外发布CPI中8大分类商品与服务项目权重数据）。因此，关于线下与线上这两大分类商品价格变化情况，我们必须运用间接方法进行测度。

3. 偏差定义

（1）网购视角的CPI销售点替代偏差：在其他条件不变的情况下，包含了网购商品价格的CPI*与原CPI之间的偏差①。

根据假设1~假设3可知，CPI只是反映线下商品价格变化情况，网购价格指数只是反映线上商品价格变化情况，只有将它们进行整合后，才是比较全面反映居民消费商品价格变化情况。如果仅用目前的CPI来表示居民所有的生活商品与服务价格变化情况，显然欠妥且有"以点代面"的嫌疑。那么，真实的居民生活商品与服务价格指数应该是综合考虑线上与线下商品及服务价格变化情况的相对数。

（2）修正系数设计。理论上，研究网购现象对CPI的影响，应该将所有的网购商品与服务价格纳入CPI编制体系，但实际上因为各种原因，网购商品与服务价格数据并不容易获取。阿里巴巴研究院针对中国目前快速增长的网购现象，以2011年1月为基期，从2011年2月开始发布以阿里巴巴网络零售平台为总体的全网价格指数（alib-

---

① 西方国家对CPI偏差的定义往往是：CPI与生活费用指数COLI之间的差（Abraham，1998），这里同时需要指出的是CPI偏差与单纯分析网购商品价格导致的CPI偏差（即销售点替代偏差）是有区别的。实际上，这里的定义还有另一个隐含的研究假设：即CPI是正确反映实体店商品与服务价格变化情况的指数，aSPI及aSPI-core是正确反映网购商品与服务价格变化情况的指数。因此，在其他条件不变的情况下，将线上与线下商品及服务价格充分考虑到的、新的CPI*，将是比较合理、真实的居民消费价格指数。

aba Shopping Price Index，aSPI）与核心商品价格指数（alibaba Shopping Price Index-core，aSPI-core），将网购商品与服务划分为 10 个大类、46 个中类、500 个小类（比 CPI 分类多了"办公用品及服务、爱好收藏投资"两个大类），涵盖 CPI 商品与服务范围的 70% 左右[①]。这是首次专门就网购商品价格变化情况正式编制与发布的价格指数，代表性高，参考价值大。考虑到阿里巴巴集团在中国以至于国际上的重要影响，本书基于网购视角研究 CPI 的销售点替代偏差情况时，这是一个极有参考价值、可以充分利用的文献资料与数据，它在一定程度上能够测度与诠释网购商品价格对 CPI 的影响情况，达到修正现实 CPI 的目标。

因此，本书基于网购视角研究 CPI 的销售点替代偏差情况时，就研究网购价格指数对 CPI 的影响情况。网购商品价格指数究竟能在多大程度上影响 CPI，对 CPI 产生多大的偏差，取决于网购交易额对社会商品零售总额的重要程度。为此，本书提出利用网购交易额与社会商品零售总额，构建对应的修正系数。修正系数（λ）定义公式如下：

$$\lambda = \frac{网购交易额}{社会商品零售总额} \qquad (6-17)$$

式（6-17）表明，修正系数为网购交易额在社会商品零售总额中所占的比重。这个修正系数本质上就是网购价格指数对 CPI 影响程度的一个权重，网购交易额越大、修正系数越大；网购商品价格对 CPI 影响大，网购交易额越小、修正系数越小；网购商品价格对 CPI 影响小，最终新的 CPI 是对网购价格指数与 CPI 加权平均的结果。

显然，网购商品价格对 CPI 的影响关键不是指数汇编的技术问题，主要是要考虑到数据的可获得性。在中国电子商务研究中心网站（www.100ec.cn）上能够得到网购交易额数据，在《中国统计年鉴》中能够得到社会商品零售总额数据，考虑数据的可获得性与便利性，基于宏观角度分析，利用网购交易额在社会商品零售总额中的比重，构建对应的修正系数，修正现实 CPI，测度网购商品价格对 CPI 的销售点替代偏差，切实可行。

三、比较分析及偏差测度

1. 理论分析

目前，学术界对 CPI 偏差可归结为上层替代偏差、初级汇总偏差、产品质量变化

---

① 根据阿里巴巴研究院（www.aliresearch.com）相关资料与数据整理得到。

引起的偏差、新产品偏差与销售点替代偏差 5 种情况。网购现象被认定为销售点替代偏差（Baker，1998）。对销售点替代偏差进行计量需要注意的两个主要问题：一是消费者在新旧销售点之间消费转移时，需要考虑到商品权重与范围问题；二是不同销售点间商品的质量变化问题。对于消费者在销售点间转移的原因，一般认为是消费者从价格高的销售点转向价格低的销售点。这样，对于特定的商品来说，就降低了它的平均价格，从而降低了 CPI。但是，当政府编制 CPI 时，如果没有考虑到消费者在销售点间转移的现象，仍然按照旧的销售点商品价格编制 CPI，就会高估 CPI。针对经济现实中存在着的这两类重要指数，它们的主要区别体现在如下两个方面。

（1）指数编制理论差异。目前 CPI 编制的理论基础公认有两个：一个是固定篮子指数理论（Fixed Basket Index，FBI）；另一个是生活费用指数理论（Cost of Living Index，COLI）（徐强，2006）。固定篮子指数是测度两个对比时期固定篮子商品与服务价格变动情况的相对数，生活费用指数是测度居民在两个对比时期为了某种固定效应（福利、生活标准等）所需要的最低支出的比例。这两种价格指数编制理论在规格品选择、篮子商品的组成、指数计算方法等方面具有显著差异。

aSPI 以生活费用指数理论为基础，编制的是生活费用指数；aSPI-core 与 CPI 以固定篮子指数理论为基础[①]，编制固定篮子商品价格变化的相对数。这是它们在理论基础方面的本质差异。

（2）编制方法。CPI 的编制方法本质上是对代表性的规格品价格初级指数进行加权平均而得。但是，怎样对规格品的初级价格指数进行平均，目前主要有两种方法。

第一种，多阶段加权平均。我国目前使用多阶段层层加权平均方法计算 CPI，并且这种指数计算的是国家一级的 CPI。具体的编制流程是这样的：首先，在统计工作的最基层，编制市、县一级的本地 CPI；其次，各省根据市、县指数加权计算得到省级的 CPI；最后，国家统计局根据各省上报的价格指数，根据全国消费结构加权计算全国性的 CPI。这种价格指数编制方法的优点是满足了各级地方政府分级管理的需要，简化了国家与省级等上级机构的价格指数编制工作量。存在的缺陷就是层层加权，中间环节太多，增加了许多不确定性因素，降低了价格指数的代表性，增加了基层统计工作量，使得最终的数据质量难有保障。

第二种，一次性加权平均。随着互联网技术的发展与大数据技术的成熟，网购商品价格指数（aSPI、aSPI-core），采用的是一次性加权平均的结果，直接汇总编制全网域性的一级价格指数。即先计算各种规格品在全网域范围内的平均价格与初级价

---

① 全网价格指数（aSPI）与网购核心商品价格指数（aSPI-core）编制的理论基础参见阿里巴巴研究院（www. aliresearch. com）网页中关于网购指数的专题介绍。

格指数、基本分类价格指数，然后根据预置的权重（或者报告期权重）计算商品与服务的分类价格指数，得到全网域的消费者价格总指数。这样的编制方法好处一是增强规格品价格空间代表性；二是一次性地进行综合汇总，避免干扰；三是操作简单、规范。

2. 实证分析

不管 CPI 与网购价格指数的差异性如何，它们还是具有一些共同的特征。即都是反映居民消费品与服务价格变化情况的相对数。现就 CPI 与网购商品价格指数进行实证分析。

（1）描述性统计分析。考虑到网购商品价格指数的正式编制与发布的实际情况，结合样本数据的可获得性与比较的便利性，本书选取了 2011 年 2 月～2016 年 4 月的 aSPI-core、aSPI、CPI 月度环比变化率原始数据进行分析。相关指标的基本情况如表 6 - 31 所示。

表 6 - 31　　　aSPI-core、aSPI、CPI 的基本信息情况（2014 年 2 月～2016 年 4 月）　　单位：%

aSPI-core		aSPI		CPI	
平均	− 0.210	平均	0.370	平均	0.200
中位数	− 0.260	中位数	0.530	中位数	0.100
众数	− 0.130	众数	0.530	众数	0.100
标准差	0.691	标准差	2.539	标准差	0.498
峰度	3.423	峰度	1.417	峰度	0.651
偏度	0.640	偏度	− 0.515	偏度	0.655
最小值	− 2.290	最小值	− 7.100	最小值	− 0.910
最大值	2.310	最大值	7.410	最大值	1.560

从表 6 - 31 可知，aSPI-core、aSPI、CPI 的均值为分别为 − 0.210%、0.370%、0.200%，aSPI 的均值最大、aSPI-core 的均值最小、CPI 的均值居于中间；aSPI-core、aSPI、CPI 的标准差分别为 0.691%、2.539%、0.498%，aSPI 的波动性最大、CPI 的波动性最小；aSPI 的最大值为 7.410%，最小值为 − 7.10%，远远大于 CPI 的最大值 1.560% 与最小值 − 0.910%。从变量分布特征看，aSPI 的变化率偏度系数为 − 0.515、呈现出负偏特征，aSPI-core、CPI 的偏度系数分别为 0.640、0.655，呈现出正偏特征；aSPI、CPI 变化率峰度系数分别为 1.417、0.651，变量分布曲线为 "U" 形分布，呈现出 "中间少、两头多" 的特征，aSPI-core 的峰度系数为 3.423，变量分布呈现出尖顶

特征。

（2）方差分析。为了进一步研究 aSPI-core、aSPI、CPI 变量间的变化关系，现对 aSPI-core、aSPI、CPI 等变量接着进行单因子方差分析。运用 EXCEL 2003 检验得到的结果如表 6 - 32 所示。

表 6 - 32　　　　　　　aSPI-core、aSPI、CPI 变量间的单因子方差分析

比较因子	差异源	SS	df	MS	F	P-value	F crit
aSPI-core 与 aSPI	组间	10.5966	1	10.5966	3.059968	0.082717	3.91755
	组内	429.4092	124	3.462977			
	总计	440.0058	125				
aSPI 与 CPI	组间	0.90187	1	0.90187	0.269339	0.6047	3.91755
	组内	415.2085	124	3.348455			
	总计	416.1103	125				
aSPI-core 与 CPI	组间	5.31567	1	5.31567	14.64448	0.000205	3.91755
	组内	45.00966	124	0.362981			
	总计	50.32533	125				

从表 6 - 32 可知，aSPI-core 与 aSPI 间的 F 值为 3.059968，无显著性差异的原假设概率为 0.082717，大于常用的 0.05 的显著性水平。aSPI 与 CPI 间的 F 值为 0.269339，无显著性差异的原假设概率为 0.6047，大于常用的 0.05 的显著性水平。aSPI-core 与 CPI 间的 F 值为 14.64448，无显著性差异的原假设概率为 0.000205，小于常用的 0.05 的显著性水平。可见，这些变量中，只有 aSPI-core 与 CPI 之间存在着显著性差异。

从网购指数的本身来分析，以阿里巴巴平台编制的全网购价格指数 aSPI 的理论基础是生活费用理论，而阿里巴巴网购核心价格指数 aSPI-core 编制的理论基础是固定篮子价格指数。这两种指数编制理论具有一些本质上的差别，而中国目前 CPI 编制的理论基础就是固定篮子指数。同时，由于网购核心价格指数（aSPI-core）是反映网购 10 大分类商品价格变化情况，这些核心分类商品目录一般比较固定，价格波动具有长期趋势性，能够很好地说明网购商品价格变化情况，代表性高，单因子方差分析也表明它与 CPI 的变化具有显著性的差异。

显然，不管是从指数的编制理论基础分析，还是方差分析的结果来看，研究网购商品价格对 CPI 的影响，分析 aSPI-core 的变化对 CPI 的影响具有一定的代表性。

3. 偏差测度

（1）修正系数估计。社会商品零售总额数据来源于历年《中国统计年鉴》，网购商品交易额数据取自"中国电子商务研究中心（www.100ec.cn）"历年相关的专题报告，测度的修正系数如图6-38所示。

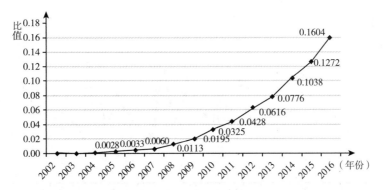

图6-38 网购交易额在社会商品零售额占比情况

从图6-38可知，网购交易额在社会商品零售总额的占比逐年提高，从2012年起，占比为6.16%、首次超过5%，2014年占比10.38%、首次超过10%，上涨明显。另外，网购商品价格指数（aSPI，aSPI-core）以2011年1月为基期，编制并发布有月环比指数、月同比指数，本书研究网购价格指数对CPI的影响，选用的是月环比指数。

（2）销售点替代偏差定性分析。由于阿里巴巴研究院（www.aliresearch.com）编制的网购价格指数是以2011年1月为基期，2011年2月对外发布aSPI、aSPI-core月度变化率数据，因此，本书运用图6-38估计的修正系数，从2011年2月起对CPI进行修正，并计算同期的CPI偏差：

$$调整后的 CPI^* = \lambda \times 网购核心商品价格指数 + (1 - \lambda) \times CPI \qquad (6-18)$$

$$CPI 销售点替代偏差 = CPI - 调整后的 CPI^* \qquad (6-19)$$

由式（6-18）、式（6-19）可得：

$$CPI 销售点替代偏差 = \lambda \times (CPI - 网购核心商品价格指数) \qquad (6-20)$$

由表6-32可知，网购核心商品价格指数（aSPI-core）在统计意义上显著小于CPI[①]，那么式（6-20）表明：CPI与网购核心商品价格指数的差为正数，与CPI的销售点替代偏差呈现出同向变化关系。当CPI与aSPI-core的差额越大、CPI销售点替代

---

① 由于网购商品相对于实体店商品具有比较成本优势，一般认为网购商品价格要小于实体店的商品价格，这样的结论与目前国内外学术界相关的研究一致。

偏差也大,当 CPI 与 aSPI-core 的差额小、CPI 销售点替代偏差也小。由式(6 - 20)还可知,CPI 销售点替代偏差为 CPI、aSPI-core 之间差额的 λ 倍。

根据式(6 - 18)、式(6 - 19),CPI 与测度得到的 CPI^* 对比情况如图 6 - 39 所示。

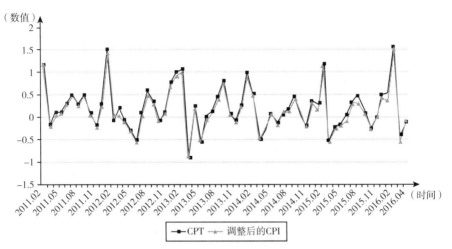

图 6 - 39　CPI 与调整后的 CPI 对比分析(2011 年 2 月 ~ 2016 年 4 月)

从图 6 - 39 可知,充分考虑到网购商品价格的影响后,经过修正系数(λ)调整后得到新的 CPI^* 与原 CPI 的对比分析呈现出很强的一致性变化特征,但是,调整后的 CPI^* 整体上要稍低于原有的 CPI。这种特征与学术界研究得出的成本因素等原因,导致网购商品价格要明显低于实体店商品价格的观点是一致的。

(3)销售点替代偏差实证分析。为了进一步详细研究修正系数的变化对 CPI 的影响,本书对样本数据的时间段进行细分,阶段性考察修正系数与 CPI 偏差间的关系,相关结果如表 6 - 33 所示。

表 6 - 33　　　　　　　不同时间段修正系数与 CPI 销售点替代偏差情况　　　　　　单位:%

时段	修正系数	月均偏差
整个样本时间段(2011. 2 ~ 2016. 4)	9. 35	0. 0305
2011 年(2011. 2 ~ 2012. 12)	4. 28	0. 0328
2012 年	6. 16	0. 0341
2013 年	7. 76	0. 0273
2014 年	10. 38	0. 0186
2015 年	12. 72	0. 0349
2016 年(2016. 1 ~ 2016. 4)	16. 04	0. 0460

注:(1)整个样本时间段的修正系数通过对原始数据线性折算后计算得到;(2)月均偏差为几何平均值。

从表6-33可知，在整个样本期间折算的修正系数为9.35%，月均销售点替代偏差为0.0305%；在2011年的11个月内，修正系数为4.28%，月均销售点替代偏差为0.0328%；2012年，修正系数为6.16%，月均销售点替代偏差为0.0341%；2013年，修正系数为7.76%，月均销售点替代偏差为0.0273%；2014年，修正系数为10.38%，月均销售点替代偏差为0.0186%；2015年，修正系数为12.72%，月均销售点替代偏差为0.0349%；2016年前4个月内，修正系数为16.04%，月均销售点替代偏差为0.0460%。显然，随着修正系数的增大，月均偏差虽然呈现出一定的波动性，但总的趋势表现为逐渐增大的态势，这说明网购商品价格对CPI影响程度也越来越大。

现在进一步对它们之间的关系进行模型分析，运用SPSS分析，结果如表6-34所示。

表6-34　　　　　　　　　模型汇总和参数估计值（2011~2016年）

方程	模型汇总					参数估计值		
	R^2	F	df1	df2	Sig.	常数	b1	b2
线性回归	0.158	0.748	1	4	0.436	0.024	0.000857	
二次回归	0.725	3.949	2	3	0.144	0.066	-0.009016	0.000492

注：模型解释变量为网购零售额在社会商品零售额中的占比，被解释变量为CPI销售点替代偏差。

从表6-34可知，从CPI销售点替代偏差对网购销售额在社会商品零售额中的占比回归结果来看，线性回归方程的截距为0.024，斜率为0.000857，这说明解释变量与被解释变量间呈现出同向变化关系，但是拟合优度仅为0.158，显示线性回归方程的代表性欠理想。

相对于线性回归方程，二次回归的结果显示拟合优度大幅提高到0.725，比线性回归方程要好得多。同时，一次项系数为-0.009016，二次项系数为0.000492，这说明CPI销售点替代偏差这些年虽然有所反复，但是总的变化呈现出逐渐提高与增大的趋势。这再次说明了随着网购销售额的增大，网购商品价格对CPI的影响增大，导致CPI销售点替代偏差增大的态势。这种结论与线性回归揭示的结果是一样的，只不过二次回归结果比较细致地揭示了它们之间的变化过程。

修正系数与对应的CPI销售点替代偏差关系，可用图6-40形象直观地来表现出来。

从图6-40可知，随着时间的变化，修正系数（即网购交易额）在社会商品零售总额中的比重越来越大，相应的销售点替代偏差（图中标示为观测值）虽然有所起伏，但总体上呈现出向上变化趋势。这说明随着修正系数（即网购交易额）所占比重的增大，网购商品价格对现实CPI的冲击也越来越大。

从表6-34中的拟合优度及图6-40中所拟合的趋势线，很显然二次回归（即非线性回归）的结果更加符合销售点替代偏差的变化与波动情况。

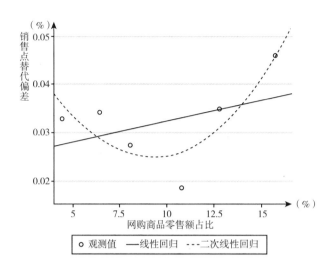

图6-40 CPI销售点替代偏差对网购零售额占比回归情况（2011~2016年）

此外，关于居住类消费对CPI影响一直是国内外学术界争论的焦点问题。多数学者认为，房价不能直接纳入CPI的计量范围，一是根据国际上通行的国民经济核算准则，CPI的统计口径须与国民经济核算体系中的消费分类相一致。那么，根据这个分类，目前许多的商品房购买行为属于投资范畴，而不是日常的生活消费行为。二是商品房的购买存在着与当期消费不同步特征，购买支出多数与当期的实际住房消费行为往往不对等。因此，有理由认为不能直接把住房价格变化情况像普通消费或者服务的价格情况一样纳入CPI核算范围内。

但是，理论上CPI是对居民生活支出费用变化情况的全面体现，对政策具有很强地指导作用，那么国民经济核算体系的分类就不应当束缚商品房作为一定意义上消费品的核算。实际上，关于如何测算居住类权重，尤其是自有住房权重，各国的处理方法多种多样，主要有净获取法（如澳大利亚、新西兰），等值租金法（如美国、德国、日本），消费成本法（如英国、加拿大）等。

我国CPI中居住类消费权重偏低一直以来都受到社会的广泛关注和质疑。美国公布的2004年CPI中居住类权重高达42%，而中国2006年CPI中居住类权重仅为13.6%，2011~2015年居住类权重上升到17.22%，仍然难以准确反映消费者感受到房价上涨所带来的消费压力。中国的住房自有率相比于世界很多国家都偏高，2005年中国城镇居民中自有住房率高达83%，而美国同期为68.3%。王军平（2006）认为，在计算自有住房租金时，国家统计局采用的是"城镇及工矿区个人建房单位面积工程造价"而不是"商品房销售价格"，从而可能严重低估自有住房虚拟租金，进而低估自有住房消费权重。孙文凯和罗圣杰（2011）采用成本法计算自有住房支出，对住房类消费的权重进行修正，得到居住类消费的权重在20%~50%之间。

　　从一定意义上说，采用支出法计算的住房消费权重（17.22%）更能够准确地反映了城镇居民住房消费压力，具有较大参考性。而层次分析法测算的居住类消费权重仅为10%左右，主要原因是判断矩阵的考察角度是住房消费相比于其他消费的重要性程度，对大多数家庭而言，房屋的购买行为是短期内大量金额的集中支付，而在消费阶段并不需要支付租金，购买行为和消费行为的不同步使得被调查者低估了住房消费的压力和重要性。同时，不同家庭对于房价感受的基础是不一样的，对于城镇居民来说，许多成年人曾经享受过政府的福利房，他们对于房价压力感受不是很大。对于年轻人来说，特别是"80后、90后"的年轻人，高房价对他们的日常生活具有一定的影响。

　　同时，由于我国目前对居住类价格变化主要是从"房租、建房及装修材料、物业费、房屋维修费、自有住房贷款利息、水电燃气以及其他与居住相关的服务费用"等方面予以考虑，但是对于农村居民来说，他们对于房租、物业费、自有住房的贷款利息、水电燃气等项目价格变化来说，比较陌生且无感受，或者感受不准确。因为农村居民多数居住的是自有住房，不需要考虑成本，许多建筑材料自给自足。例如，对于农村居民来说，许多建房材料是自己上山采伐的树木、自己打制的土砖、水是自家的井水、烧的是废弃的木材等，外加购买一些有限的水泥、钢材等材料，所以他们对于居住价格的感受差别很大。如果不做出具体分析、区别对待，居住类权重偏差较大。

第六节　结论及对策建议

一、结论

1. CPI权重差异显著

　　根据样本数据，运用聚类方法研究了居民消费的自然分层结构、测度了相应群体消费结构权重，运用AHP法、多维度测度了居民消费结构权重。结果发现不仅聚类分析得到的自然分层群体间消费结构权重差异明显，AHP法测度的居民消费结构权重差异也很明显，并且，AHP法测度的CPI权重要普遍高于支出法测度的CPI权重。

2. 多层次CPI差异

　　结合2015年浙江省居民生活消费的分类价格指数，测度的多层次CPI彼此之间存在着显著性差异，与浙江省2015年环比CPI（101.40%）相比，各种视角测度的CPI高于官方数据有80个，占比90.91%；与官方数据持平的CPI有2个，占比2.27%；低于官方数据的有6个，占比6.82%。绝大多数CPI呈现出：居民感受得到的多层次CPI > AHP法得到的多层次CPI > 支出法得到的多层次CPI > 官方CPI的关系。其中居民感受值比官方数据偏差最大为 8.55%。

根据对居民收入的聚类分析，居民生活消费具有明显的自然聚集状况，不同群体的 CPI 差异明显。再次对居民消费结构的多变量直接的聚类分析结果显示，居民的消费结构也具有明显的自然聚集性质，并且不同群体之间的 CPI 差异明显，低收入阶层的 CPI 普遍存在着被低估现象。

3. CPI 偏差因素

在影响 CPI 偏差的众多因素中，住房与网络销售额可能是最大的因素，房价未能直接计入 CPI 以及居住类权重偏低可能是导致 CPI 偏差的主要原因。同时，网络零售商品价格变化情况也没有计入 CPI，这也是 CPI 失真的重要原因之一。

实证研究发现：纳入网购商品价格后 CPI^* 要小于目前的 CPI，这样的研究结论与学术界关于网购商品价格由于具有相对成本优势、从而导致销售点替代现象、降低社会整体物价水平的结论是一致的，从而进一步验证了在中国，网购现象对 CPI 的影响同样具有这样的特征。同时，根据网购商品交易额对整个社会商品零售总额的占比，一定程度上揭示了网购商品价格对实体店商品价格变化的影响程度，随着网购交易额在社会零售额中占比的增大，网购商品价格影响增强，导致 CPI 偏差增加。

二、建议

1. 进一步深入研究 CPI 分类编制

目前我国的城乡居民 CPI 划分具有明显的单一性特征，未能充分反映我国居民消费结构的差异性情况。考虑到我国经济发展不平衡特征，收入分配不合理性质，建议多层次编制与居民消费结构相适应的 CPI 体系。这种多层次 CPI 体系，不要局限于城乡居民的分割状况编制，而是应该从居民消费结构的内在差异性方面进行编制。例如，地域视角（东部地区、中部地区、西部地区、东北地区）或者收入分层视角等。

这些工作需要国家统计局牵头，在全国范围内首先进行一次大规模的抽样调查分析，按照本书方法进行深入分析研究与选择即可。这方面已经有成功、可借鉴的案例，我国的香港、中国澳门，对居民消费结构分层仔细，分门别类地编制了相对应的 CPI 体系就给我们提供了很好的经验与启示。

2. 加强房价、电子商务对 CPI 偏差影响研究

自 2005 年来，我国大部分地区居民的储蓄几乎都投入到了房地产市场，但是我国目前的 CPI 对这方面的情况未能充分予以考虑，这是导致 CPI 偏差的重要因素。西方国家也有将住房价格纳入 CPI 进行研究的。我们至少在学术上需要重新审视我国 CPI 编制的理论基础，研发适合我国国情的 CPI 编制理论体系。同时，随着我国电子商务

的快速发展，网络零售额越来越大，我们不能无视它的影响，同样需要将网络零售商品的价格变化考虑在内，减小 CPI 的差异性。

3. 提高居民对 CPI 的认识，增强 CPI 的权威性

按照 GDDS 原则，透明、公开地公布我国 CPI 编制工作等一切环节，提高居民对 CPI 的认识，增强 CPI 的权威性。2002 年我国加入 GDDS，CPI 编制从数据采集、处理方法、编制理论、最终结果、数据发布等环节必须公开、透明，这也是我们未来统计工作的要求。我们必须按照 GDDS 的基本要求，尽快将 CPI 统计工作完善起来，编制准确反映居民生活商品价格情况的 CPI。

4. 加强统计宣传与统计知识普及，提高国民的统计素养

目前我国居民整体统计素养有待提高。在抽样调查过程中，对调查目的、统计指标含义不甚了解，被调查者的态度往往不太端正、不配合，这样的情况都影响了统计数据的真实性与准确性。政府管理层除了加大宣传力度、提高国民的统计素养外，还需要从机制设计角度考虑，设计带有约束力，更加科学、合理地统计抽样调查体系。

附录 1

《中华人民共和国统计法》第一章第九条规定：统计机构和统计人员对在统计工作中知悉的国家秘密和个人信息，应当予以保密。	居民 CPI 编制权重情况调查问卷	制表单位：CPI 研究课题组 有效期至：2016 年 12 月

1. 地域位置：□　①杭州市　②宁波市　③温州市　④嘉兴市　⑤湖州市　⑥绍兴市　⑦金华市　⑧衢州市　⑨舟山市　⑩台州市　⑪丽水市　⑫省外
2. 家庭户口性质：□　① 城镇　②农村

一、基本情况

1. 填表人基本情况：
（1）您家庭的年总收入_____万元
（2）您家庭的人口数_____个
（3）您父母亲目前的就业状况：□　①正常就业　②失业　③只有一方就业　④在家务农　⑤离退休
（4）您父母亲的文化程度（选择高的一方）：□　①初中及以下　②高中、中专　③大专　④本科　⑤研究生

二、调查内容

1. 您家庭今年食品类消费支出是_____万元
2. 您家庭今年烟酒及其他饮料消费支出是_____万元
3. 您家庭今年衣服、鞋袜等消费支出是_____万元
4. 您家庭今年家庭设备耐用品及服务消费支出是_____万元
5. 您家庭今年医疗保健及个人用品消费支出是_____万元
6. 您家庭今年交通和通信消费支出是_____万元
7. 您家庭今年娱乐教育文化用品及服务消费支出是_____万元
8. 您家庭今年居住消费支出是：现自住房估算的市场租金 + 物业费 + 水电费共_____万元

三、居民对物价的感受及主要影响因素

1. 您感觉 2015 年我省发布的 CPI 准确吗？
①准确　②不准确　③基本准确　④不关心
2. 您认为 2015 年我省真实的 CPI 应该是多少？

时间	2015 年（环比）
浙江省发布的 CPI（%）	101.4
您认为 CPI 应该是（%）	

3. 您认为影响居民生活的主要因素是什么？请按影响程度以 1、2、3 标出前三项：
第一重要_____；第二重要_____；第三重要_____
①食品价格　②烟酒及其他饮料　③衣着　④家庭设备耐用品及服务
⑤医疗保健及个人用品　⑥交通和通信　⑦娱乐教育文化用品及服务　⑧居住

注：居住消费支出估算为（①＋③或者②＋③）：①租房包括公有房屋、私有房屋租用费等；②自有住房包括住房估算租金、物业管理费、维护修理费等；③水电和燃料包括水电费、液化气、管道天然气或煤气等。

附录 2

《中华人民共和国统计法》第一章第九条规定：统计机构和统计人员对在统计工作中知悉的国家秘密和个人信息，应当予以保密。	居民 CPI 编制权 重层次分析问卷	制表单位：CPI 研究课题组 有效期至：2016 年 12 月

1. 地域位置：□　①杭州市　②宁波市　③温州市　④嘉兴市　⑤湖州市　⑥绍兴市
　　　　　　　　⑦金华市　⑧衢州市　⑨舟山市　⑩台州市　⑪丽水市　⑫省外
2. 家庭户口性质：□　①城镇　②农村

一、基本情况

1. 填表人基本情况：
　（1）您家庭的年总收入_____万元
　（2）您家庭的人口数_____个
　（3）您父母亲目前的就业状况：□　①正常就业　②失业　③只有一方就业　④在家务农　⑤离退休
　（4）您父母亲的文化程度（选择高的一方）：□①初中及以下 ②高中、中专　③大专 ④本科 ⑤研究生

二、1~9 标度的含义

标度 a_{ij}	含义
1	元素 i 与 j 相比，同样重要
3	元素 i 与 j 相比，稍微重要
5	元素 i 与 j 相比，明显重要
7	元素 i 与 j 相比，强烈重要
9	元素 i 与 j 相比，极端重要
2，4，6，8	元素 i 与 j 相比，同样重要
$1/a_{ij}$	i 与 j 得 a_{ij}，则 j 与 i 得 $1/a_{ij}$

三、CPI 各要素两两对比的判断矩阵

	食品	烟酒	衣服	耐用品	医疗保健	交通通信	教育文化	居住
食品	1							
烟酒		1						
衣服			1					
耐用品				1				
医疗保健					1			
交通通信						1		
教育文化							1	
居住								1

附录 3

```
#居民人均收入的"自然结构"R 程序
cpi <- read.table(file = 'c:\\cpi.txt')
head(cpi)
names(cpi) <- c('wz','fk','yy','wh','in','sp',
'yj','yf','nyp','yl','jt','edu','hou','gs','tru','y1','y2','y3')
d <- dist(cpi[,5])
hc1 <- hclust(d,"single")              #最短距离法
hc2 <- hclust(d,"complete")            #最长距离法
hc3 <- hclust(d,"median")              #中间距离法
hc4 <- hclust(d,"ward")                #离差平方和法
hc5 <- hclust(d,"centroid")            #重心法
hc6 <- hclust(d,"average")             #类平均法
opar <- par(mfrow = c(1,2))
plot(hc1,hang = -1);plot(hc2,hang = -1)
plot(hc3,hang = -1);plot(hc4,hang = -1)
plot(hc5,hang = -1);plot(hc6,hang = -1)
par(opar)
```

附录 4

```
#cpi 离差平方和法的聚类分析(R 程序)
cpi <- read. table(file = 'c:\\cpi. txt')
head(cpi)
names(cpi) <- c('wz','fk','yy','wh','in','sp',
'yj','yf','nyp','yl','jt','edu','hou','gs','tru','y1','y2','y3')
x <- cpi[ ,5]
d <- dist(x)
#cpi. hc <- hclust(dist(cpi[ ,5]))
#hc1 <- hclust(d,"single")
#hc2 <- hclust(d,"complete")
#hc3 <- hclust(d,"median")
hc4 <- hclust(d,"ward")
#opar <- par(mfrow = c(2,2))
#plot(hc1,hang = -1);#plot(hc2,hang = -1)
#plot(hc3,hang = -1)
plot(hc4,hang = -1)
#par(opar)
# plot(cpi. hc,hang = -1)
plclust(hc4,labels = FALSE,hang = -1)
re <- rect. hclust(hc4,k =5)
cpi. id <- cutree(hc4,5)
```

附录5

#离差平方和法聚类结果的3分组或者5分组基本信息（R 程序）

```
cpi <- read. table(file = 'c:\\cpi. txt')
head(cpi)
names(cpi) <- c('wz','fk','yy','wh','in','sp',
'yj','yf','nyp','yl','jt','edu','hou','gs','tru','y1','y2','y3')
x <- cpi[,5]
d <- dist(x)
#cpi. hc <- hclust(dist(cpi[,5]))
#hc1 <- hclust(d,"single")
#hc2 <- hclust(d,"complete")
#hc3 <- hclust(d,"median")
hc4 <- hclust(d,"ward")
#opar <- par(mfrow = c(2,2))
#plot(hc1,hang = -1);#plot(hc2,hang = -1)
#plot(hc3,hang = -1)
plot(hc4,hang = -1)
#par(opar)


# plot(cpi. hc,hang = -1)
plclust(hc4,labels = FALSE,hang = -1)
re <- rect. hclust(hc4,k = 5)
cpi. id  <-  cutree(hc4,5)
#table(cpi. id,Species)
cpi <- transform(cpi,a1 = cpi. id)
#head(cpi)
summary(subset(cpi,a1 <2))        #第 1 小组
```

```
dim( subset( cpi, a1 < 2 ) )
#head( subset( cpi, a1 < 2 ) )
summary( subset( cpi, a1 < 3&a1 > 1 ) ) #第 2 小组
dim( subset( cpi, a1 < 3&a1 > 1 ) )
#head( subset( cpi, a1 < 3&a1 > 1 ) )
summary( subset( cpi, a1 < 4&a1 > 2 ) ) #第 3 小组
dim( subset( cpi, a1 < 4&a1 > 2 ) )
#head( subset( cpi, a1 < 4&a1 > 2 ) )
summary( subset( cpi, a1 < 5&a1 > 3 ) ) #第 4 小组
dim( subset( cpi, a1 < 5&a1 > 3 ) )
summary( subset( cpi, a1 > 4 ) )         #第 5 小组
dim( subset( cpi, a1 > 4 ) )
```

附录6

#类平均法聚类结果,剔除极端值后的再次聚类结果分组(R 程序)

```
cpi <- read. table( file = 'c:\\cpi. txt')
  head( cpi)
  names( cpi) <- c('wz','fk','yy','wh','in','sp',
  'yj','yf','nyp','yl','jt','edu','hou','gs','tru','y1','y2','y3')
  x <- cpi[ ,5]
  d <- dist( x)
  #cpi. hc <- hclust( dist( cpi[ ,5]))
  #hc1 <- hclust( d,"single")
  #hc2 <- hclust( d,"complete")
  #hc3 <- hclust( d,"median")
  hc4 <- hclust( d,"average")
  #opar <- par( mfrow = c(2,2))
  #plot( hc1,hang = -1);#plot( hc2,hang = -1)
  #plot( hc3,hang = -1)
  plot( hc4,hang = -1)
  #par( opar)

  # plot( cpi. hc,hang = -1)
  plclust( hc4,labels = FALSE,hang = -1)
  re <- rect. hclust( hc4,k =3)
  cpi. id <- cutree( hc4,3)
  #table( cpi. id,Species)
  cpi <- transform( cpi,a1 = cpi. id)
  #head( cpi)
```

```
summary(subset(cpi,a1 <2))          #第 1 小组
dim(subset(cpi,a1 <2))
#head(subset(cpi,a1 <2))
summary(subset(cpi,a1 <3&a1 >1))#第 2 小组
dim(subset(cpi,a1 <3&a1 >1))
#head(subset(cpi,a1 <3&a1 >1))
summary(subset(cpi,a1 <4&a1 >2))#第 3 小组
dim(subset(cpi,a1 >2))


cpi2 <- subset(cpi,a1 <2)           #剔除极端值后,再次进行聚类分析
head(cpi2)
y <- cpi2[,5]
d <- dist(y)
hc <- hclust(d,"average")
#plot(hc,hang = -1)
plclust(hc,labels = FALSE,hang = -1)
re <- rect. hclust(hc,k =4)
cpi. id2  <-  cutree(hc,4)
cpi3 <- transform(cpi2,a2 = cpi. id)
# head(cpi3)


summary(subset(cpi3,a2 <2))          #第 1 小组
dim(subset(cpi3,a2 <2))
summary(subset(cpi3,a2 <3&a2 >1))#第 2 小组
dim(subset(cpi3,a2 <3&a2 >1))
summary(subset(cpi3,a2 <4&a2 >2))#第 3 小组
dim(subset(cpi3,a2 <4&a2 >2))
summary(subset(cpi3,a2 >3))          #第 4 小组
dim(subset(cpi3,a2 >3))
```

参 考 文 献

［1］蔡晓陈：《中国二元经济结构变动与全要素生产率周期性——基于原核算与对偶核算 TFP 差异的分析》，载《管理世界》2012 年第 6 期。

［2］陈宝泉、李春玉、陈新钱：《CPI 涨幅与居民实际感受偏差问题研究》，载《福建金融》2007 年第 4 期。

［3］方匡南、曾武雄：《阿里网购价格指数与官方 CPI 的关系》，载《统计与信息论坛》2018 年第 2 期。

［4］高艳云：《提高我国 CPI 编制质量的几点思考》，载《价格理论与实践》2008 年第 4 期。

［5］高艳云：《中美 CPI 数据质量的比较分析——基于国际货币基金组织的 DQAF 框架》，载《统计研究》2008 年第 11 期。

［6］胡祖光：《基尼系数理论最佳值及其简易计算公式研究》，载《经济研究》2004 年第 9 期。

［7］黄晓燕、万国威：《新生代农民工就业权益保障的现实效度分析——基于 8 个城市农民工群体的实证调查》，载《南开学报》（哲学社会科学版)2016 年第 4 期。

［8］何运信、耿中元、李翔：《消费者通货膨胀感受的性别差异及原因》，载《财贸经济》2016 年第 8 期。

［9］何晓群：《多元统计分析》，中国人民大学出版社 2012 年版。

［10］郝德员：《教育与心理统计》，教育科学出版社 1962 年版。

［11］李红玲、戴国海：《居民通货膨胀感受及预期形成机制研究》，载《金融纵横》2008 年第 6 期。

［12］李永杰：《居民通胀预期的异质性及其形成机理》，载《经济视角》（下）2013 年第 7 期。

［13］吕力：《归纳逻辑在管理案例研究中的应用：以 AMJ 年度最佳论文为例》，载《南开管理评论》2014 年第 1 期。

［14］马文革：《电子商务对中国 CPI 统计的影响分析》，载《价格理论与实践》2016 年第 2 期。

［15］彭定赟：《要素价格失衡与收入差距变化的动态关联研究》，载《华中师范大学学报》（人文社会科学版)2013 年第 1 期。

［16］孙慧钧、蒋红：《对西方偏误理论的再认识》，载《财经问题研究》1998 年第 9 期。

［17］石刚：《提高 CPI 数据质量的编制技术研究评述》，载《统计研究》2012 年第 5 期。

［18］田涛：《电商发展对 CPI 的影响研究》，载《上海经济研究》2016 年第 3 期。

［19］伍超标、杨维权：《数理统计学及其应用领域——兼谈数理统计方法在企业经营管理中的应用》，载《统计与预测》2000 年第 11 期。

［20］王勇：《我国分层消费者价格指数的编制与应用研究》，南京大学博士论文，No. DG1202011，2015 年。

［21］王小鲁、樊纲：《中国收入差距的走势和影响因素分析》，载《经济研究》2005 年第 10 期。

［22］王世群、李文明：《经济转型期我国城乡居民消费结构的分析与比较》，载《特区经济》2010 年第 10 期。

［23］王颂吉、白永秀：《城乡要素错配与中国二元经济结构转化滞后：理论与实证研究》，载《中国工业经济》2013 年第 7 期。

［24］徐国祥：《统计指数理论、方法与应用研究》，上海人民出版社 2011 年版。

［25］徐国祥、常宁：《现代服务业统计标准的设计》，载《统计研究》2004 年第 12 期。

［26］徐国祥：《基金价格指数研究》，载《统计研究》1999 年第 11 期。

［27］熊剑、赵永坚：《香港 CPI 的计算》，载《统计教育》1996 年第 3 期。

［28］徐强：《CPI 编制中的几个基本问题探析》，载《统计研究》2007 年第 8 期。

［29］徐强：《OECD 国家 CPI 编制的国际比较及借鉴》，载《统计研究》2013 年第 6 期。

［30］徐强：《CPI 的理论框架：固定篮子指数还是生活费用指数?》，载《财经问题研究》2006 年第 4 期。

［31］徐奇渊：《2010 年 CPI 走势展望——基于猪肉、蔬菜价格和基期效应》，载《宏观经济研究》2010 年第 6 期。

［32］许涤龙、谢敏：《CPI 编制方法的国际比较》，载《中国统计》2008 年第 7 期。

［33］肖争艳、唐寿宁、石冬：《中国通货膨胀预期异质性研究》，载《金融研究》2005 年第 9 期。

［34］ 杨灿：《现代指数形式理论评析》，载《厦门大学学报》（哲学社会科学版）2002 年第 3 期。

［35］ 张伟、朱孔来：《CPI 理论框架研究——固定篮子价格指数的缺陷及改进》，载《财经理论与实践》2014 年第 3 期。

［36］ 赵晓：《物价压力的背后：收入分配日益悬殊》，载《学习月刊》2008 年第 1 期。

［37］ Abraham K. G. , J. S. Greenlees & B. R. Moulton, Working to Improve the Consumer Price Index. *Journal of Economic Perspectives*, Vol. 12, No. 1, January 1998, pp. 27 – 36.

［38］ Amble N. and K. Stewart, Experimental price index for elderly consumers. *Montly Labor Review*, Vol. 117, No. 5, May 1994, pp. 11 – 16.

［39］ Aizcorbe A. M. and P. C. Jackman, The commodity substitution effect in CPI data：1982 – 1991. *Monthly Labour Review*, Vol. 116, No. 12, December 1993, pp. 25 – 33.

［40］ Atuk O. , M. U. Ozmen and O. Sevinc, Treatment of Seasonal Products and CPI Volatility. *Central Bank Review*, Vol. 13, No. 1, January 2013, pp. 51 – 82.

［41］ Baker D. and J. B. Dean, Getting Prices Right：the Debate Over the Consumer Price Index. *Industrial & Labor Relations Review*, Vol. 58, No. 1, January 1998, pp. 153 – 154.

［42］ Biggeri L. and A. Giommi, On the Accuracy and Precision of the Consumer Price Indices. Methods and Applications to Evaluate the Influence of the Sampling of Households, Proceedings of the 46th Session of the ISI（International StatisticalInstitute）, Book 2, Tokyo,1987.

［43］ Banks J. , R. Blundell and A. Lewbel, Quadratic Engel curves and consumer demand. *Review of Economics and Statistics*, Vol. 79, No. 4, April 1997, pp. 527 – 539.

［44］ Balk B. M. , Axiomatic Price Index Theory：A Survey. *International Statistical Review*, Vol. 63, No. 1, January 1995, pp. 69 – 93.

［45］ Berube C. , Selecting a Formula for the Canadian CPI：1962 – 1994 ［R］, Statistics Canada, Ottawa, Prices Division Analytical Series, No. 7, 1996.

［46］ Boskin M. J. , E. R. Dulberger, R. J. Gordon, Z. Griliches and D. W. Jorgenson, Consumer Prices, the Consumer Price Index, and the Cost of Living. *Journal of Economic Perspectives*, Vol. 12, No. 1, January 1998, pp. 3 – 26.

［47］ Boskin M. J. et al. , Towards a More Accurate Measure of the Cost of Living. Final Report to the Senate Finance Committee from the Advisory Commission to the Study of the Consumer Price Index, 1996.

［48］ Brachinger H. W. , A new index of perceived inflation：Assumptions, method, and application to Germany. *Journal of Economic Psychology*, Vol. 29, No. 4, April 2008, pp. 433 – 457.

［49］Biggeri L. & L. Leoni. , Families of consumer price indices for different purposes. CPIs for sub-groups of population. *Statistical Journal of the United Nations Economic Commission for Europe*, Vol. 21, No. 2, February 2004, pp. 157 – 165.

［50］Brent R. M. & K. J. Stewart, An overview of experimental U. S. consumer price index. *Journal of Business & Economics*, Vol. 17, No. 2, February 1999, pp. 141 – 151.

［51］Bryan M. F. and G. Venkatu, The demographics of inflation opinion surveys. Economic Commentary Federal Reserve Bank of Cleveland, No. 10, 2002.

［52］Bryan N. F. and G. Venkatu, The Curiously Different Inflation Perspectives of Men and Women. Federal Reserve Bank of Cleveland Economic Commentary, 2001a.

［53］Bryan N. F. and G. Venkatu, The Demographics of Inflation Opinion Surveys. Federal Reserve Bank of Cleveland Economic Commentary, 2001b.

［54］Blundell R. , P. Pashardes and G. Weber, What do we learn about consumer demand patterns from micro data. *The American Economic Review*, Vol. 83, No. 3, March 1993, pp. 570 – 597.

［55］Bruce W. H. , Using Engel's Law to Estimate CPI Bias. *The American Economic Review*, Vol. 91, No. 3, March 2001, pp. 619 – 630.

［56］Carruthers A. G. , D. J. Sellwood and P. W. Ward, Recent Developments in the Retail Prices Index. *The Statistician*, Vol. 29, No. 1, January 1980, pp. 1 – 32.

［57］Clements K. W. and H. Y. Izan, A Note on Estimating Divisia Index Numbers. *in International Economic Review*, Vol. 22, No. 22, November 1981, pp. 745 – 747.

［58］Clements K. W. and H. Y. Izan, The Measurement of Inflation: A Stochastic Approach. *in Journal of Business and Economic Statistics*, Vol. 5, No. 3, March 1987, pp. 339 – 350.

［59］Christensen L. R. , Jorgenson, D. W. and L. J. Lau, Transcendental logarithmic utility functions. *The American Economic Review*, Vol. 65, No. 3, March 1975, pp. 367 – 383.

［60］Costa D. L. , Estimating Real Income in the United States from 1888 to 1994: Correcting CPI Bias Using Engel Curves. *Journal of Political Economy*, Vol. 109, No. 6, June 2001, pp. 1288 – 1310.

［61］Dalen J. , Computing elementary aggregates in the Swedish consumer price index. *Journal of Official Statistics*, Vol. 8, No. 2, February 1992, pp. 129 – 147.

［62］Deaton A. and J. Muellbauer, An almost ideal demand system. *The American eco-*

nomic review, Vol. 70, No. 3, March 1980, pp. 312 – 326.

［63］ Denton F. T. , D. C. Mountain and B. G. Spencer, Age, trend, and cohort effects in a macro model of Canadian expenditure patterns. *Journal of Business & Economic Statistics*, Vol. 17, No. 4, April 1999, pp. 430 – 443.

［64］ Deaton A. Getting prices right: What should be done? *Journal of Economic Perspectives*, Vol. 12, No. 1, January 1998, pp. 37 – 46.

［65］ Diewert W. E. , Fisher Ideal Output, Input and Productivity Indexes Revisited. *Journal of Productivity Analysis*, Vol. 3, No. 3, March 1992, pp. 211 – 248.

［66］ Diewert W. E. , Exact and Superlative Welfare Change Indicators. *Economic Inquiry*, Vol. 3, No. 4, April 1992, pp. 565 – 582.

［67］ Diewert W. E. 1993a, The early History of Price Index Research, in W. E. Diewert and A. O. Nakamura (eds): Essays in Index Number Theory, Vol. 1, Contributions to Economic Analysis 217 (Amsterdam: North-Holland), pp. 33 – 65.

［68］ Diewert W. E. , 1993b, Duality Approaches to Microeconomic Theory, in W. E. Diewert and A. O. Nakamura (eds): Essays in Index Number Theory, Vol. 1, Contributions to Economic Analysis 217 (Amsterdam: North-Holland), pp. 105 – 175.

［69］ Diewert W. E. , 1993c, Symmetric Means and Choice under Uncertainty, in W. E. Diewert and A. O. Nakamura (eds): Essays in Index Number Theory, Vol. 1, Contributions to Economic Analysis 217 (Amsterdam: North-Holland), pp. 355 – 433.

［70］ Diewert W. E. , 1993d, Overview of Volume 1, in W. E. Diewert and A. O. Nakamura (eds): Essays in Index Number Theory, Vol. 1, Contributions to Economic Analysis 217 (Amsterdam: North-Holland), pp. 1 – 33.

［71］ Diewert W. E. , 1995a, Axiomatic and Economic Approaches to Elementary Price Indexes, Discussion Paper No. 95 – 101, Department of Economics, Vancouver: University of British Columbia.

［72］ Diewert W. E. , 1995b, On the Stochastic Approach to index Numbers, Discussion Paper No. 95 – 131, Department of Economics, Vancouver: University of British Columbia.

［73］ Diewert W. E. , 1996a, Comment on CPI biases, University of British Columbia Department of Economics, Discussion Paper No. 96 – 107, February 1996.

［74］ Diewert W. E. , 1996b, Sources of bias in consumer price index, Discussion Paper, University of New South Wales, School of Economics.

［75］ Diewert W. E. , Index Number Issues in the Consumer Price Index. *Journal of Eco-*

nomic Perspectives, Vol. 12, No. 1, January 1998, pp. 47 – 58.

[76] Ducharme L. M., Bias in the CPI: Experimences from Five OECD Countries, Prices Division Analytical Series, Statistics Canada, Ottawa, No. 10, 1997.

[77] Denton F. T., D. C. Mountain, B. G. Spencer, Age, trend, andcohort effects in a macro model of Canadian expenditure patterns. *Journal of Business & Economic Statistics*, Vol. 17, No. 4, April 1999, pp. 430 – 443.

[78] Ennett S. T., B. M. Devellis, J. A. Earp, D. Kredich, R. W. Warren, Disease experience and psychosocial adjustment in children with juvenile rheumatoid arthritis: children's versus mothers reports. *Journal of pediatric psychology*, Vol. 16, No. 5, May 1991, pp. 557 – 568.

[79] Dubeaux D. and A. Saglio, Modification des Circuits de Distribution et Evolution de Prix Alimentaires. *Economie et Statistique*, Vol. 285, No. 1, January 1995, pp. 49 – 58.

[80] Edgeworth F. Y., Some New Methods of Measuring Variation in General Prices. *Journal of the Royal Statistical Society*, Vol. 51, No. 2, February 1988, pp. 346 – 368.

[81] Femwick D., The Boskin Report from a United Kingdom perspective. In Ducharme (ed), 1997, Bias in the CPI: Experimences from Five OECD Countries, Prices Division Analytical Series, Statistics Canada, Ottawa, No. 10, 1997.

[82] Fisher I., The Best Form of Index Number. *Journal of the American Statistical Association*, Vol. 133, No. 17, August 1921, pp. 533 – 537.

[83] Fisher I., The making of index numbers: A study of their varieties, tests, and reliability, Kessinger University Press, 1922.

[84] Fixler D., The Consumer Price Index: Underlying Concepts and Caveats. *Monthly Labor Review*, Vol. 116, No. 12, December 1993, pp. 3 – 12.

[85] Garner T. I., D. S. Johnson, M. F. Kokoski, An experimental consumer price index for the poor. *Monthly Labor Review*, Vol. 119, No. 9, September 1996, pp. 32 – 42.

[86] Genereux P. A., Impact of the Choice of Formulas on the Canadian Consumer Price Index. In Diewert and Montmarquette (eds), Price Level Measurement, Proceedings from a conference sponsored by Statistics Canada, Statistics Canada, Ottawa, 1983.

[87] Greenlees J. S. 1997a, Expenditure weight updates and measured inflation. Paper prepared for the 3rd meeting of the Ottawa Group on price indices, Voorburg, April 1997.

[88] Giovane P. D. and R. Sabbatini, Perceived and measured inflation after the launch of the euro: expaining the gap in Ltaly. Giornale degli Economisti e Annali di Economia, 2006.

［89］ Greenlees J. S. and E. W. Washington, Reconsideration of Weighting and Updating Procedures in the US CPI. *Jahrbücher für Nationalökonomie und Statistik*, Vol. 230, No. 6, June 2010, pp. 741 – 758.

［90］ Greenlees J. S. and R. McClelland, Does Quality Adjustment Matter for Technologically Stable Products? An Application to the CPI for Food. *American Economic Review*, Vol. 101, No. 5, May 2011, pp. 200 – 205.

［91］ Gazdar H. and H. B. Mallah, Inflation and Food Security in Pakistan: Impact and Coping Strategies. *IDS Bulletin*, Vol. 44, No. 3, March 2013, pp. 31 – 37.

［92］ Hamilton B. W. , Using Engel's Law to Estimate CPI Bias. *American Economic Review*, Vol. 91, No. 3, March 2001, pp. 619 – 630.

［93］ Hansen C. B. , Price-updating of weights in the CPI. *Statistical Journal of the United Nations ECE*, Vol. 23, No. 4, April 2006, pp. 249 – 262.

［94］ Hicks J. R. , The Valuation of the Social income, Economica, Volume 7, August 1940.

［95］ Hill P. , The Measurement of Inflation and Changes in the Cost of Living, Paper prepared for the Joint ECE/ILO meeting on consumer price indices, No. 11, 1997.

［96］ Homme, M. Updating the Canadian CPI expenditure weights: Past experiences, current practices, and future prospects. *Statistical Journal of the United Nations Economic Commission for Europe*, Vol. 21, No. 2, February 2004, pp. 125 – 137.

［97］ International Labour Organization, Consumer Price Index Manual: Theory and Practice, available at http: //www. ilo. org/public/english/bureau/stat/Download/cpi/order. pdf ［EB/OL］, 2004.

［98］ Jevons W. S. , A Serious Fall in the Price of Gold Ascertained and its Social Effects Set Forth, reprinted in Investigations in Currency and Finance (London: Macmillan and Co. , 1884), 1863.

［99］ Jevons W. S. , The Variation of Price and the Value of the Currency since 1782. *Journal of the Statistical Society of London*, Vol. 28, No. 5, May 1984, pp. 119 – 150.

［100］ Jungermann H. , H. W. Brachinger, J. Belting, K. Grinberg and E. Zacharias, The Euro Changeover and the Factors Influencing Perceived Inflation. *Journal of Consumer Policy*. Vol. 30, No. 4, April 2007, pp. 405 – 419.

［101］ Konüs A. A. , The Problem of the True Index of the Cost of Living. *Econometrica*, Vol. 7, No. 1, January 1939, pp. 10 – 29.

［102］ Kreuger A. B. , Aaron Siskind, Assessing the bias in the Consumer Price Index,

NBER Working Paper, Number 6450, Cambridge Massachusetts, No. 3, 1998.

[103] Lamla M. J. , S. M. Lein. The Role of Media for Consumers Inflation Expectation Formation. KOF Working Paper Series, No. 201, 2012.

[104] Lein, S. M. and T. Maag, The Formation of Inflation Perceptions Some Empirical Facts for European Countries. KOF Working Papers, No. 204, 2012.

[105] Lowe J. , 1823. *The Present State of England in Regard to Agriculture*, Trade and Finance Press, 1982.

[106] Lebow D. E. & R. B. Jemery, Measurement Error in the Consumer Price Index: Where do We Stand? *Journal of Economic Literature*, Vol. 41, No. 1, January 2003, pp. 159 – 201.

[107] Logan T. D. , Are Engel Curve Estimates of CPI Bias Biased. *Journal of Quantitative and Interdisciplinary History*, Vol. 42, No. 3, March 2009, pp. 97 – 110.

[108] Lequiller F. , Does the French Consumer Price Index Overstate Inflation? Vol. 42, No. 3, March 1997, pp. 99 – 115.

[109] Obst C. , A review of bias in the CPI. *Statistical Journal of the United Nations ECE*, No. 17, 2000.

[110] OECD, Main Economic Indicators Comparative Methodological Analysis: Industry, Retail and Construction Indicators (Complete Edition-ISBN 9264197265). Sourceoecd Statistics Sources & Methods, Vol. 82, No. 2, February 2002, pp. 1 – 81.

[111] Pollak R. A. , The Theory of the Cost-of-Living Index. *Contributions to Economic Analysis*, Vol. 196, No. 8, August 1990, pp. 5 – 77.

[112] Prime M. & A. Saglio, Indices de Prix et Prix Moyen: une etude de cas, Economie et Statistique. No. 1, 1995.

[113] Reinsdorf M. The Effect of Outlet Price Differentials in the U. S. Consumer Price Index. University of Chicago Press, Chicago, 1993.

[114] Samuelson P. A. & S. Swamy, Invariant economic index numbers and canonical duality: survey and synthesis. *The American Economic Review*, Vol. 64, No. 4, April 1974, pp. 566 – 593.

[115] Schultz B. , Choice of price index formulae at the micro-aggregation level: The Canadian empirical evidence, Paper prepared for the Joint ECE/ILO meeting on consumer price indices, Geneva, No. 11, 1995.

[116] Saglio A. , Changements du tissu commercial et mesure de l'évolution des prix. *économie et statistique*, Vol. 285, No. 5, March 1995, pp. 9 – 33.

[117] Stewart K. J., The experimental consumer price index for elderly Americans (CPI-E): 1982 – 2007. *Monthly Labor Review*, Vol. 131, No. 4, April 2008, pp. 19 – 24.

[118] Stix H., Perceived inflation and the euro: Evidence from an Austrian survey. *European Journal of Political Economy*, Vol. 25, No. 4, April 2009, pp. 547 – 561.

[119] Theil H., Theory and measurement of consumer demand. *Economic Journal*, Vol. 88, No. 9, September 1976, pp. 161 – 170.

[120] Vogt A. & D. M. J. Barta, *The Making of Tests for Index Numbers*. Yale University Press, 1997.

[121] Vol N., A review of Bias in the CPI. *Statistical Journal of the United Nations Economic Commission for Europe*, Vol. 17, No. 3, March 2000, pp. 37 – 57.

[122] Walsh C. M., *The measurement of general exchange-value*. Macmillan University Press, 1901.

[123] Walsh C. M., 1921b, Discussion. *Journal of the American Statistical Association*, Vol. 17, No. 3, March 1921, pp. 537 – 544.

[124] Wynne M. A., Commentary, in Federal Reserve Bank of St. *Louis Review*, Vol. 79, No. 3, March 1997, pp. 161 – 167.

[125] Wynne M., Core Inflation: A Review of Some Conceptual Issues. *Working Papers*, Vol. 90, No. 3, March 2008, pp. 205 – 228.

后　记

　　本书是作者主持的第一个国家社科基金项目成果，项目研究中既有科研的艰辛，也有成果收获的喜悦。在项目研究中，主要的工作是抽样调查与数据处理问题，其中数据处理特别是运用聚类分析对居民生活进行客观分层问题，需要运用相关软件编制程序，按照研究思路，自由探索其中的层次性。对于一个老教授来讲有点难度，交给别人去做，又总是不能深入领会作者的研究意图，经过一段时间的学习，终于初步掌握了 R 软件基本知识，针对性的拼凑了聚类分析程序，能够自由探索居民生活消费的客观分层问题，这是项目研究中获取的最大乐趣（相关程序附录在本书末尾）。经过本项目的研究，对 CPI 编制过程中涉及的系列问题有了完整的了解，对 CPI 编制中亟须研究的前沿问题也有了清晰的认识与准确的把握，这是项目研究的最大收获。

　　在项目研究过程中，滕清秀老师以其扎实的文献专业知识在文献资料收集、整理、数据录入与审核等方面做出了艰辛的劳动，并具体负责了第一章与第二章的编写工作。项目研究前后耗时近 5 年时间，其间陪伴家人、关怀子女方面存在不足之处，谢谢家人的理解与宽容，希望在以后生活中多多弥补。